Piano für Dummies

Schummelseite

GLOSSAR MUSIKALISCHER SYMBOLE UND BEGRIFFE

Hier eine nette Liste mit Symbolen und Begriffen, die Sie kennen sollten, wenn Sie Musik spielen und Ihre Musikfreunde beeindrucken möchten:

VORZEICHEN

erhöht   vermindert   Auflösung

FERMATE

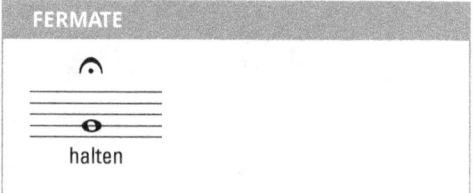

halten

NOTENSCHLÜSSEL

Violin-   Bass-
schlüssel   schlüssel

OKTAVENWECHSEL

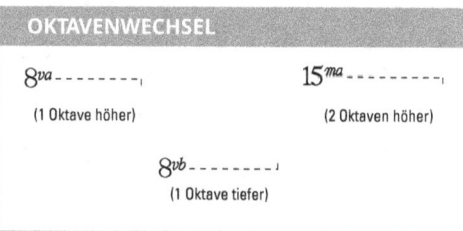

(1 Oktave höher)   (2 Oktaven höher)

(1 Oktave tiefer)

CRESCENDO UND DECRESCENDO

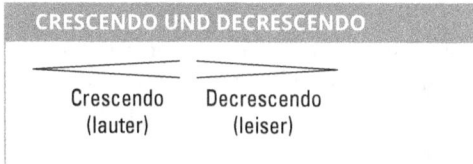

Crescendo   Decrescendo
(lauter)   (leiser)

TAKTZEICHEN

4 Schläge je Takt   3 Schläge je Takt

PUNKTIERTE NOTEN

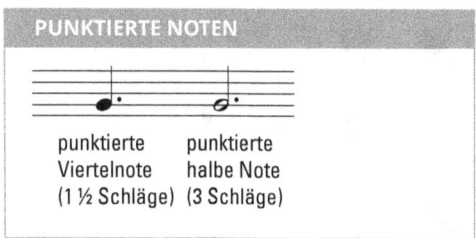

punktierte   punktierte
Viertelnote   halbe Note
(1 ½ Schläge)   (3 Schläge)

TRIOLEN

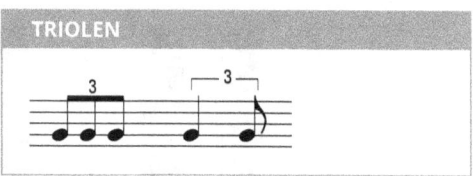

Piano für Dummies

Schummelseite

NOTEN

PAUSEN

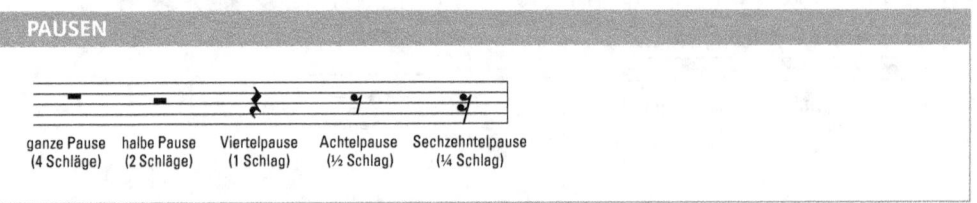

LIGATUR (ÜBERBINDUNG)

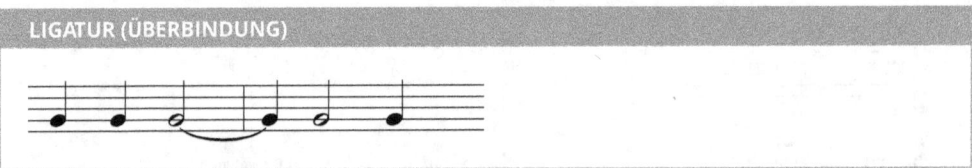

DIE TASTEN FÜR IHREN ERFOLG

Trennen Sie diese Seite vorsichtig aus dem Buch, und stellen Sie sie genau über die Tasten Ihres Klaviers oder Keyboards. Das hilft Ihnen sofort, sich an die Namen der Noten für jede Taste zu erinnern.

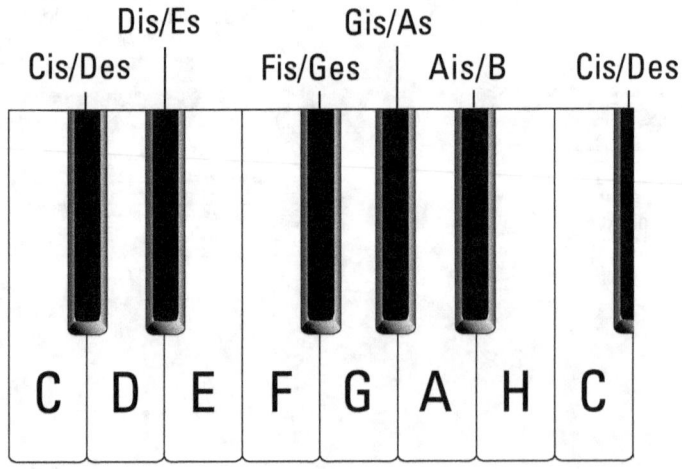

Piano für Dummies

**Blake Neely
Oliver Fehn**

Piano für dummies®

Übersetzung aus dem Amerikanischen von
Günther Apfeld und Harriet Gehring
Fachkorrektur von Hansmartin Kleine-Horst

4. Auflage

WILEY-VCH GmbH

Piano für Dummies

Bibliografische Information der Deutschen Nationalbibliothek

Die Deutsche Nationalbibliothek verzeichnet diese Publikation in der Deutschen Nationalbibliografie; detaillierte bibliografische Daten sind im Internet über http://dnb.d-nb.de abrufbar.

4. Auflage 2024

© 2024 Wiley-VCH GmbH, Boschstraße 12, 69469 Weinheim, Germany

Original English language edition Piano for Dummies © 1998 by Wiley Publishing, Inc.
All rights reserved including the right of reproduction in whole or in part in any form. This translation published by arrangement with John Wiley and Sons, Inc.

Copyright der englischsprachigen Originalausgabe Piano for Dummies © 1998 by Wiley Publishing, Inc.
Alle Rechte vorbehalten inklusive des Rechtes auf Reproduktion im Ganzen oder in Teilen und in jeglicher Form. Diese Übersetzung wird mit Genehmigung von John Wiley and Sons, Inc. publiziert.

Wiley, the Wiley logo, Für Dummies, the Dummies Man logo, and related trademarks and trade dress are trademarks or registered trademarks of John Wiley & Sons, Inc. and/or its affiliates, in the United States and other countries. Used by permission.

Wiley, die Bezeichnung »Für Dummies«, das Dummies-Mann-Logo und darauf bezogene Gestaltungen sind Marken oder eingetragene Marken von John Wiley & Sons, Inc., USA, Deutschland und in anderen Ländern.

Das vorliegende Werk wurde sorgfältig erarbeitet. Dennoch übernehmen Autorin und Verlag für die Richtigkeit von Angaben, Hinweisen und Ratschlägen sowie eventuelle Druckfehler keine Haftung.

Coverillustration: © anatolir - stock.adobe.com
Korrektur: Geesche Kieckbusch, Hamburg
Satz: Straive, Chennai, India
Druck und Bindung:

Print-ISBN: 978-3-527-72248-8
ePub-ISBN: 978-3-527-84979-6

Bevollmächtigte des Herstellers gemäß EU-Produktsicherheitsverordnung ist die Wiley-VCH GmbH, Boschstr. 12, 69469 Weinheim, Deutschland, E-Mail: Product_Safety@wiley.com.

Über die Autoren

Blake Neely spielt schon seit seinem vierten Lebensjahr Piano. Er ist Komponist, Arrangeur, Dirigent und Autor von mehr als 25 Büchern. Zudem hat er bei unzähligen Produktionen für Film und Fernsehen mitgewirkt und war für seine Musik bereits mehrfach für den Emmy nominiert.

Oliver Fehn bekam als Siebenjähriger eine Mundharmonika geschenkt und schaffte es, sofort darauf zu spielen; seitdem war die Musik seine große Liebe. Später lernte er Gitarre und Klavier, trat schon als Teenager als Singer/Songwriter vor Publikum auf und war vor allem als Musiklehrer sowie als Autor und Übersetzer von Musik-Fachliteratur tätig. Für die *...für Dummies*-Reihe schrieb er die Bücher *Harmonielehre für Dummies* und *Übungsbuch Musiktheorie für Dummies*, mehr als zehn weitere Bücher aus der Reihe wurden von ihm übersetzt und bearbeitet. Das bewährte Buch *Piano für Dummies* von Blake Neely hat er für diese Neuausgabe erweitert, an vielen Stellen umgearbeitet und für den Anfänger noch transparenter gemacht. Neben seiner musikalischen Tätigkeit schrieb Oliver Fehn auch Kurzgeschichten und Psychothriller wie *Die Klavierbrücke* oder *Das Wolkenhotel* (Pandämonium-Verlag, Söhrewald).

Über den Fachkorrektor

Hansmartin Kleine-Horst (Jhg. 1962) studierte klassisches Klavier an der MHS Köln und ist seitdem als selbständiger Pianist und Klavierpädagoge im Bereich Klassik, Jazz & Pop tätig. 2009 erschien seine Solo-CD »coloured dreams« mit 16 pop-romantischen Eigenkompositionen. Des Weiteren betreibt er unter anderem die erfolgreiche Webseite www.gehoerbildung-musiktheorie.de, welche als Unterstützung vor allem im Bereich »Gehörbildung« von vielen angehenden Musikstudenten, Schülern und interessierten Hobbymusikern genutzt wird. H. Kleine-Horst lebt mit seiner Familie in Nümbrecht. Webseite: www.kleine-horst.de

Auf einen Blick

Einführung ... **19**

Teil I: Warm werden mit Tasteninstrumenten ... **23**
Kapitel 1: Lernen Sie die Familie der Tasteninstrumente kennen ... 25
Kapitel 2: Was Ihre Eltern Ihnen nie über Stellungen erzählt haben ... 37
Kapitel 3: 88 Tasten, drei Pedale, zehn Finger und zwei Füße ... 47

Teil II: Wie man Musik zu Papier bringt ... **55**
Kapitel 4: Waagerechte und senkrechte Linien ... 57
Kapitel 5: Wir bringen Rhythmus in die Musik ... 69
Kapitel 6: Wir ändern den eingeschlagenen Weg ... 85

Teil III: Eine Hand nach der anderen ... **97**
Kapitel 7: Wir spielen eine Melodie ... 99
Kapitel 8: Auf zu neuen Höhen ... 111
Kapitel 9: Halt, vergessen Sie nicht die Linke! ... 125

Teil IV: In bester Harmonie ... **139**
Kapitel 10: Bausteine der Harmonie ... 141
Kapitel 11: Alle Arten von Tonarten ... 157
Kapitel 12: Bereichern Sie Ihren Sound mit Akkorden ... 167

Teil V: Technik ist alles ... **183**
Kapitel 13: Wir polieren Ihre Musik auf ... 185
Kapitel 14: Grooves, Intros, Outros, Riffs & Co ... 203
Kapitel 15: Finden Sie zu Ihrem eigenen Stil ... 225

Teil VI: So viel Spielzeug und so wenig Zeit ... **247**
Kapitel 16: So finden Sie das perfekte Tasteninstrument ... 249
Kapitel 17: Sorgen Sie für Ihr Keyboard ... 263

Teil VII: Der Top-Ten-Teil ... **271**
Kapitel 18: Zehn Pianistentypen und ihre Aufnahmen ... 273
Kapitel 19: Wie es jetzt für Sie weitergeht ... 291
Kapitel 20: Blakes zehn Tipps, wie man den richtigen Klavierlehrer findet ... 295

Anhang A: Glossar musikalischer Fachbegriffe ... 301
Anhang B: Audiobeispiele zum Download ... 307

Abbildungsverzeichnis ... **311**

Stichwortverzeichnis ... **315**

Inhaltsverzeichnis

Einführung **19**
    Über dieses Buch 19
    Was Sie nicht lesen müssen 20
        Teil I: Warm werden mit Tasteninstrumenten 20
        Teil II: Wie man Musik zu Papier bringt 20
        Teil III: Eine Hand nach der anderen 20
        Teil IV: In bester Harmonie 21
        Teil V: Technik ist alles 21
        Teil VI: So viele Spielzeug und so wenig Zeit 21
        Teil VII: Der Top-Ten-Teil 21
        Symbole, die in diesem Buch verwendet werden 21

TEIL I
WARM WERDEN MIT TASTENINSTRUMENTEN 23

Kapitel 1
Lernen Sie die Familie der Tasteninstrumente kennen 25
    Akustische Tasteninstrumente 25
        Das Innenleben 26
        Klaviere 27
        Cembalos 31
        Orgeln 33
        Andere Holzkisten mit lustigen Namen 34
    Elektronische Keyboards 34
        Muttern und Schrauben (und Griffe und Knöpfe) 35
        Weitere Vorzüge eines Keyboards 35
        Synthesizer 35
        Elektronische Klaviere und Orgeln 36

Kapitel 2
Was Ihre Eltern Ihnen nie über Stellungen erzählt haben 37
    Sitzen oder nicht sitzen 37
        Stühle contra Bänke 38
        Ständer und Racks 40
    Es liegt alles in Ihren Händen 41
        Beugen Sie die Finger 42
        Einen Finger, irgendeinen Finger 42
    Ein schlimmer Schmerz 43
        Krämpfe 44
        Sehnenscheidenentzündung 44

Kapitel 3
88 Tasten, drei Pedale, zehn Finger und zwei Füße ... 47
- Blakes Tastenfinder ... 47
  - Die weißen Tasten ... 48
  - Die schwarzen Tasten ... 50
- Die Power der Pedale ... 51
  - Welches Pedal wozu da ist ... 51
  - Die Pedale der elektronischen Keyboards ... 53

TEIL II
WIE MAN MUSIK ZU PAPIER BRINGT ... 55

Kapitel 4
Waagerechte und senkrechte Linien ... 57
- Noten, Linien und Schlüssel ... 57
  - Humoresque ... 58
  - Fünf Linien zu Ihren Diensten ... 58
  - Alles hängt an einem Schlüssel ... 59
- Zwei Notenzeilen, doppelter Spaß ... 63
  - Das Doppelsystem ... 63
  - Gedränge in der Mitte ... 64
  - Wir klettern die Notenzeile hinauf und noch weiter ... 65
- Die senkrechten Linien ... 66
- Hören Sie nicht auf, bis Sie genug haben ... 66

Kapitel 5
Wir bringen Rhythmus in die Musik ... 69
- The Beat Goes On ... 69
  - Wir messen den Takt ... 70
  - Salamitaktik mit senkrechten Strichen ... 70
  - Unterschiedliche Taktstriche und was sie bedeuten ... 71
- Die Notenlänge: Wir servieren eine musikalische Torte ... 72
  - Viertelnoten ... 72
  - Halbe Noten ... 73
  - Jetzt vermischen wir die Stückchen ... 74
- Schneller und schneller ... 75
  - Achtelnoten ... 75
  - Sechzehntel und mehr ... 76
  - Triolen schmecken wie Pralinen ... 77
- Taktwechsel ... 78
  - Der Vierviertaktakt ... 78
  - Der Walzertakt (Dreivierteltakt) ... 79
  - Der Marschtakt ... 80
  - Die Takte kommen ins Rutschen ... 81

Kapitel 6
Wir ändern den eingeschlagenen Weg 85
Machen wir eine Pause 85
    Behalten Sie Ihren Hut auf 86
    Viertelpausen und Co. 87
Triff mich bei vier 89
Allerlei schmückendes Beiwerk 91
    Überbindungen (Ligaturen) 91
    Punkte 91
Wir spielen »offbeat« 94
    Swing und Shuffle 95

TEIL III
EINE HAND NACH DER ANDEREN 97

Kapitel 7
Wir spielen eine Melodie 99
Lassen Sie Ihre Finger laufen 99
Alles in Position! 100
    Die C-Position 101
    Die G-Position 105
    Holen Sie mehr aus Ihren Positionen heraus! 106

Kapitel 8
Auf zu neuen Höhen 111
Wir bauen eine Tonleiter auf – Schritt für Schritt 112
Kleine Renovierungen, große Innovationen 113
    Dur-Tonleitern 113
    Moll-Tonleitern 116
    Wir brechen die Regeln 119
Alternative Tonleitern 120
    Harmonische Moll-Tonleitern 121
    Melodische Moll-Tonleitern 121
    Die Blues-Tonleiter 122

Kapitel 9
Halt, vergessen Sie nicht die Linke! 125
Go West 125
    Wir bringen uns in Stellung 126
    Gewöhnen Sie sich an die neue Nachbarschaft 127
Spielen Sie mehr als nur Übungen mit Ihrer linken Hand 128
    Tonleitern für die Linke 128
    Melodien mit links 129
    Immer in guter Begleitung 131
Links und rechts zusammen 135

TEIL IV
IN BESTER HARMONIE 139

Kapitel 10
Bausteine der Harmonie 141
Wir messen die Harmonie auf einer Tonleiter 141
    Intervalle in Steno 143
    Sekunden 144
    Terzen 145
    Quarten 146
    Quinten 146
    Sexten und Septimen 147
    Oktaven 148
Harmonie mit Intervallen 148
    Zwei Noten gleichzeitig 148
    Wir fügen Intervalle zur Melodie hinzu 149
    Nur ein linker Finger 151

Kapitel 11
Alle Arten von Tonarten 157
Was man unter einer Tonart versteht 157
    Für jeden Sänger die richtige Tonart 158
    Einmal Tonartwechsel und zurück nach Hause 159
Tonarten helfen beim Spielen 160
    Wie man Vorzeichen liest 161
    Tonarten schnell und einfach erkennen 163
    Hoppla! Die Vorzeichen werden zurückgenommen 164

Kapitel 12
Bereichern Sie Ihren Sound mit Akkorden 167
Harmonie durch Akkorde 167
Anatomie eines Akkords 168
Dur-Akkorde 169
Moll-Akkorde 170
Weitere Akkorde gefällig? 172
    Übermäßige und verminderte Akkorde 172
    Wir bringen Spannung in Ihre Akkorde 173
Unser erster Vierklang: Der Septakkord 175
Wie man Akkordsymbole liest 176
Wir machen einen Kopfstand 180
    Umkehrungen in Aktion 180
    Wir wirbeln die Noten durcheinander 181

TEIL V
TECHNIK IST ALLES 183

Kapitel 13
Wir polieren Ihre Musik auf 185
    Betonen Sie das Positive 185
        Symbole der Artikulation 185
        Die Kraft der Artikulation 186
    Mein erster Vorschlag: Vorschlagsnoten 187
    Ein kleiner Triller 189
    Einfach elegant gleiten 191
    Zitternde Tremolos 195
    Dynamisch gesprochen 198
        Lautstärke auf Italienisch 198
        Wir erweitern das Lautstärkespektrum 199
        Nach und nach lauter, dann wieder leiser 200

Kapitel 14
Grooves, Intros, Outros, Riffs & Co 203
    Begleitphrasen für die linke Hand 203
        Ganze und gebrochene Akkorde 204
        Akkorde »zupfen« 206
        Oktaven hämmern 207
        Hüpfende Intervalle 210
        Melodische Basslinien 212
    Tolle Intros und Outros 213
        Wie man Intros und Outros an Songs anbindet 214
        Der große Auftritt 215
        Schluss, Aus, Amen 218
    Tolle Riffs und Phrasen, mit denen Sie Ihre Freunde beeindrucken können 220
        »Bernstein wäre stolz gewesen« 220
        »Liebe mich so wie früher« 221
        Lieben Sie Boogie? 222
        »Hank the Honky-Tonk« 223
        »Chopsticks« 224

Kapitel 15
Finden Sie zu Ihrem eigenen Stil 225
    Edel und wohlklingend: Der klassische Stil 225
        Eine süße Suite 226
        Eine schwärmerische Aktion 227
    Rock around … auf den Tasten Ihres Klaviers 228
        Rockige Zutaten 229
        Hauen Sie in die Tasten und improvisieren Sie 229
    Blues – nicht nur für die tristen Stunden 230
        Zwei Schlüssel zum Blues 231
        12 Takte sind's 231
        Ein wenig Abwechslung 233

Ein paar Akkorde Country Music ... 234
    Ein Kochrezept nach Country-Art ... 234
    Country-Intervalle ... 235
Pop auf dem Piano ... 236
    Beliebte Griffe ... 237
    An der Spitze der Charts ... 237
Auf der Suche nach der Seele ... 238
    Der Motown-Sound ... 239
    Make it funky ... 241
All that Jazz ... 242
    Jetzt sind Sie an der Reihe ... 243
    Wo bitte geht's zum Jazz? ... 244
    Akkorde ersetzen ... 244

TEIL VI
SO VIEL SPIELZEUG UND SO WENIG ZEIT ... 247

Kapitel 16
So finden Sie das perfekte Tasteninstrument ... 249

Mit oder ohne Summen: Elektronisch oder akustisch? ... 249
    Wenn Sie ein akustisches Keyboard kaufen wollen ... 250
    Wenn Sie ein elektronisches Keyboard kaufen wollen ... 252
So suchen Sie das perfekte Klavier aus ... 253
    Denken Sie an den Standort des Instruments ... 253
    So finden Sie die besten Stücke (und vermeiden Ramsch) ... 254
    Wenn Sie eins gehört haben, haben Sie noch lange nicht alle gehört ... 254
    Einige bekannte Marken ... 255
Wählen Sie ein elektronisches Keyboard aus, das lange hält ... 256
    Vermeiden Sie, dass Ihr Instrument schnell veraltet ... 256
    Entscheiden Sie, welche Ausstattung Sie wollen ... 257
    Einige bekannte Marken ... 258
    Andere elektronische Keyboards ... 259
Erst testen, dann kaufen ... 260
    Machen Sie eine »Probefahrt« ... 260
    Fündig geworden? Dann gehen Sie erst mal wieder heim! ... 261
    Setzen Sie sich ein Limit ... 261
Wie Sie das Beste aus Ihrem Keyboard herausholen ... 261
    Die Wunderwelt von MIDI ... 262

Kapitel 17
Sorgen Sie für Ihr Keyboard ... 263

So fühlt sich Ihr Instrument wohl ... 263
Lassen Sie es glänzen ... 264
Ein Check-up beim Onkel Doktor ... 266
    Akustische Klaviere müssen regelmäßig gestimmt werden ... 266
    So machen Sie Ihr elektronisches Keyboard glücklich ... 267
    Hotlines ... 268
In die Notaufnahme ... 268
Ein sorgenfreier Umzug ... 269

TEIL VII
DER TOP-TEN-TEIL 271

Kapitel 18
Zehn Pianistentypen und ihre Aufnahmen 273
Die alten Meister... 273
    Johann Sebastian Bach.. 273
    Ludwig van Beethoven.. 274
    Franz Liszt.. 274
    Sergej Rachmaninow... 274
    Hören Sie die alten Meister.. 275
Die Virtuosen.. 275
    Martha Argerich.. 276
    Vladimir Horowitz... 276
    Jewgenij Kissin.. 276
    Wanda Landowska.. 277
    Arthur Rubinstein.. 277
    Hören Sie die Virtuosen.. 277
Wunderkinder.. 277
    Józef Hofmann.. 278
    Wolfgang Amadeus Mozart... 278
    Stevie Wonder... 278
    Kinder, kommt und hört zu... 278
Tolle Hechte.. 279
    Dave Brubeck.. 279
    Bill Evans.. 279
    Herbie Hancock... 280
    Thelonious Monk.. 280
    Art Tatum... 280
    Ein bisschen Jazz für Ihre Plattensammlung........................... 281
Die Geheimnisvollen... 281
    Van Cliburn.. 281
    Glenn Gould.. 281
    Swjatoslaw Richter.. 282
    Weniger geheimnisvolle Plattenaufnahmen........................... 282
Die Wilden.. 283
    Jerry Lee Lewis.. 283
    Liberace.. 283
    Little Richard... 283
    Ganz wild nach ihren Platten.. 284
Die Gipfelstürmer der Hitparaden... 284
    Tori Amos... 284
    Billy Joel... 284
    Elton John.. 285
    Spitzenreiter der Charts... 285
Die Sterne des Südens.. 285
    Ray Charles.. 285
    Floyd Cramer... 286
    Dr. John.. 286

Scott Joplin.. 286
  Südsterne für Ihre Sammlung.. 287
 Stimmungsmacher.. 287
  George Winston.. 287
  Yanni.. 287
  Bringen Sie sich in Stimmung.. 288
 Lieder-Macher.. 288
  Duke Ellington.. 288
  George Gershwin.. 288
  Fats Waller... 289
  Das sind die Lieder-Macher.. 289

Kapitel 19
Wie es jetzt für Sie weitergeht.. 291
 Gemeinsam macht's noch mehr Spaß................................... 291
  Klavierduos... 291
  Ensembles.. 292
  Bands... 292
 Zehn Filme, die Ihrem Lieblingsinstrument huldigen...... 293
 Sie sind nicht allein... 294

Kapitel 20
Blakes zehn Tipps, wie man den richtigen Klavierlehrer findet... 295
 Frage 1: Wer war bei Ihnen schon Schüler?....................... 295
 Frage 2: Wie lange spielen und lehren Sie schon?........... 296
 Frage 3: Was halten Sie von Mozart?..................................... 296
 Frage 4: Dürfte ich Sie bitten, mir etwas vorzuspielen?..... 297
 Frage 5: Welches Repertoire lehren Sie?.............................. 297
 Frage 6: Wie denken Sie über falsche Noten, Fehler und zu wenig Üben?......... 298
 Frage 7: Welche Methoden wenden Sie an?....................... 298
 Frage 8: Wo wird der Unterricht stattfinden?................... 299
 Frage 9: Wie viel verlangen Sie?.. 299
 Frage 10: Veranstalten Sie mit Ihren Klavierschülern Konzerte?...... 300

Anhang A
Glossar musikalischer Fachbegriffe...................................... 301

Anhang B
Audiobeispiele zum Download.. 307

Abbildungsverzeichnis... 311

Stichwortverzeichnis.. 315

Einführung

Herzlich willkommen bei *Piano für Dummies*. Treten Sie ein, und seien Sie nicht nervös, weil Sie hier Klavier spielen sollen. Das Klavier ist nur ein überdimensionales Möbel mit vielen schwarzen und weißen Tasten. Und damit es nicht auch noch zum überdimensionalen Staubfänger wird, haben Sie sich dieses Buch gekauft.

Wenn Sie noch nie ein Klavier oder ein Keyboard gesehen oder angefasst haben, ist das auch kein Problem. Dieses Buch fängt ganz am Anfang an und geht mit Ihnen alles durch, was Sie wissen müssen, um dieses Biest zu zähmen und wunderschöne Musik daraus hervorzuzaubern. Außerdem werden Sie auf dem Weg dorthin sehr viel Spaß haben – das verspreche ich Ihnen.

Über dieses Buch

Ich gehe einmal davon aus, dass Sie gerade ein Tasteninstrument beliebiger Art vor sich stehen haben oder in Betracht ziehen, sich eines zu kaufen, und dass Sie mit diesem wunderbaren Buch und Ihrem Instrument arbeiten wollen. Höchstwahrscheinlich wird Ihr Tasteninstrument mindestens 25 schwarze und weiße Tasten haben (das wäre aber schon das absolute Minimum), es kann sein (muss aber nicht), dass man es an eine Steckdose anschließen muss, und wahrscheinlich hat es gerade mal so viel gekostet, damit Sie es als Betriebsausgabe in Ihrer Steuererklärung aufführen können.

Sie haben schon gemerkt: Ich spreche, ein wenig distanziert, immer nur von einem »Tasteninstrument« – denn es gibt viele, und das Schönste ist: Sie funktionieren alle nach dem gleichen Grundprinzip. Ob Sie nun auf Tante Wilhelmines wertvollem alten Flügel spielen, auf einem ganz normalen akustischen Klavier, einem Keyboard oder einem Synthesizer – die Tastenanordnung ist immer die gleiche, und wenn Sie erst einmal Klavier spielen können, werden Sie auch mit jedem Keyboard dieser Welt zurechtkommen. Ein Klavier oder Keyboard ist es wahrscheinlich auch, was Sie zu Hause haben oder zu kaufen planen.

Sobald dieses Instrument vor Ihnen steht, kann es losgehen, und Sie werden dieses Buch brauchen, um herauszufinden, wie man darauf spielt. Vielleicht können Sie es aber auch schon und wollen nur Ihr Spiel verbessern, Ihren Stil entwickeln oder einfach etwas über Musik lesen. Es könnte sein, dass Sie daran interessiert sind, mehr über das Klavier und über Pianisten zu erfahren. Es könnte aber auch sein, dass Sie Hilfe brauchen, wenn Sie ein Keyboard kaufen wollen oder nach einem Klavierlehrer suchen. Das sind alles gute Gründe, dieses Buch zu lesen.

Sie können *Piano für Dummies* als Lehrbuch benutzen oder einfach als Nachschlagewerk. Auch wenn Sie schon wissen, wie man Musik macht, könnte es sein, dass Sie auf den folgenden Seiten ein paar neue Tricks oder Techniken entdecken.

Natürlich sollten Sie Ihre Fertigkeiten auf dem Instrument auch nach der Lektüre noch verbessern; *Piano für Dummies* soll nicht Ihr einziges Lehrbuch bleiben. In Musikalienhandlungen gibt es eine Vielzahl von Lehrbüchern für jeden Geschmack – suchen Sie sich aus, was am besten zu Ihnen passt. Eigentlich eine revolutionäre Art, mit dem Klavierspiel zu beginnen – indem man viel Spaß mit einem tollen Buch hat!

Was Sie nicht lesen müssen

Glauben Sie nicht, dass Sie *Piano für Dummies* unbedingt von Anfang an lesen müssen. Sie haben nicht *Vom Winde verweht* in der Hand. In Kapitel 4 gibt es auch keinen sogenannten »Cliffhanger«, der dafür sorgt, dass Sie auf keinen Fall mit dem Lesen aufhören. Sie können das Buch einfach aufschlagen und auf jeder Seite oder in jedem Kapitel das lesen, was Sie interessiert. Wenn Sie etwas aus den Kapiteln wissen müssen, die Sie ausgelassen haben, dann blättern Sie einfach zurück, lesen, was Sie brauchen, und machen dann an der ursprünglichen Stelle weiter.

Dieses Buch ist außerdem kleiner als die meisten Klavierbücher; so können Sie es leicht auf Ihr Klavier, Keyboard oder im Flugzeug auf den Ausklapptisch legen, wenn Sie lesen. Dann müssen Sie allerdings Ihren Sitznachbarn bitten, Ihren Drink und die Erdnüsse für Sie zu halten.

Ich biete Ihnen sieben verschiedene Teile zu lesen an. Treffen Sie Ihre Wahl, und fangen Sie dort an, wo es Ihnen gefällt.

Teil I: Warm werden mit Tasteninstrumenten

Teil I ist als Einführung gedacht: Ich mache Sie zunächst mit der großen Familie der Tasteninstrumente bekannt, zeige Ihnen, wie sie funktionieren, wie Sie sich beim Spielen hinsetzen sollen, welche Hand was tut und wie Sie mit den vielen schwarzen und weißen Tasten am besten zurechtkommen.

Teil II: Wie man Musik zu Papier bringt

In diesem Teil erkläre ich die vielen Symbole, Linien und Punkte, die zur Musikschrift gehören, bringe Ihnen die Grundlagen des Notenlesens bei und zeige Ihnen auch, wie man diese Noten in echte Lieder verwandelt.

Teil III: Eine Hand nach der anderen

In Teil III dürfen Sie schon einen Teil des Gelernten anwenden: Ich zeige Ihnen, wie man die Melodien vieler bekannter Lieder spielt. Ich spreche dabei auch über die Bedeutung von Tonleitern und wie sie Ihnen helfen können, das Klavier zu beherrschen. Am Ende dieses Abschnitts kommt noch jemand hinzu – die linke Hand.

Teil IV: In bester Harmonie

In diesem Teil können Sie die Welt der Harmonien entdecken – kurz gesagt, Sie lernen Akkorde zu spielen, um den Sound Ihrer Stücke noch reicher zu gestalten.

Teil V: Technik ist alles

Lesen Sie diesen Teil, wenn Sie die Musik, die Sie spielen, mit ein paar netten Tricks, Techniken und Stilen aufpeppen wollen. Vorsicht: Wenn herauskommt, dass Sie diesen Teil des Buchs gelesen haben, werden Sie auf Partys immer gebeten werden, Klavier zu spielen.

Teil VI: So viele Spielzeug und so wenig Zeit

In diesem Teil verrate ich Ihnen, was Sie beim Kauf Ihres Instruments beachten müssen, ganz gleich, ob es brandneu ist oder gebraucht. Außerdem erfahren Sie alles darüber, wie man ein Klavier richtig pflegt. Die Begeisterung, die dieser Teil in Ihnen weckt, könnte dazu führen, dass Sie sofort Ihr Sparschwein schlachten und einkaufen gehen.

Teil VII: Der Top-Ten-Teil

In diesem Teil präsentiere ich ein paar Listen, die Ihnen dabei helfen, mit dem Klavier noch mehr Spaß zu haben. Ich erzähle Ihnen etwas über die großen Meister der Vergangenheit und Gegenwart und zeige Ihnen einige Wege auf, die Sie verfolgen können, wenn Sie Ihr Interesse über den Rand dieses Buchs hinaus ausweiten wollen. Ganz zum Schluss habe ich noch eine Liste mit Tipps, die Ihnen helfen, einen Klavierlehrer zu finden, der zu Ihnen passt.

An das Ende des Buchs habe ich ein Glossar gestellt, in dem all die fremden, italienischen Wörter erklärt werden, denen Sie in diesem Buch begegnen werden, und einen Anhang, in dem Sie etwas über die Hörbeispiele erfahren, die wir Ihnen zum Buch anbieten. Unter www.downloads.fuer-dummies.de finden Sie die Aufnahmen aller Stücke und Lieder in diesem Buch und dazu ein paar lustige Klangbeispiele.

Symbole, die in diesem Buch verwendet werden

Bestimmte Symbole weisen auf Informationen hin, denen Sie vielleicht mehr Aufmerksamkeit schenken sollten.

Wenn Sie dieses Symbol sehen, dann wissen Sie, dass gleich ein paar nützliche Informationen kommen, mit denen Sie sich Zeit, Geld oder Ärger sparen und im schlimmsten Fall sogar verhindern können, an einem Stromschlag zu sterben. (Na gut, ich übertreibe.)

Manche Informationen in diesem Buch sind eher etwas für Fortgeschrittene. Vielleicht wollen Sie diese Teile auslassen und sich auf das Minimum konzentrieren, es könnte aber auch sein, dass Sie überrascht sind, wie faszinierend und lustig diese Abschnitte oft sind.

Manchmal bin ich von einer bestimmten CD, einem bestimmten Buch oder irgendwelchem musikalischen Zubehör richtig begeistert. Dieses Symbol macht Sie auf solche Dinge aufmerksam, und Sie sollten sie sich in einem Geschäft oder einer Bücherei in Ihrer Nähe einmal anschauen.

Unter www.downloads.fuer-dummies.de finden Sie jedes Musikbeispiel, das in diesem Buch vorgestellt wird, und noch andere lustige Audioclips. Sie können einfach drauflosspielen oder erst einmal reinhören, wie sich dieses Lied anhören soll, bevor Sie es selbst spielen.

Wenn ich mich mitten in den Morast technischer Ausdrücke begebe, dann will ich Sie mit diesem Symbol vorher warnen. Wenn Sie sich für diesen technischen Jargon nicht interessieren, nehmen Sie bitte kurz Anlauf und springen Sie (erst mal) darüber hinweg.

Auf dieses Symbol sollten Sie immer achten – es ist so etwas wie eine rote Ampel. Sie können mir später dafür danken, dass ich Ihnen gezeigt habe, wie Sie Fehler oder sogar Unfälle vermeiden können.

Dieses Symbol weist Sie auf Dinge hin, bei denen man unwillkürlich »Wow!« ruft. Diese Sachen sind lustig, seltsam und manchmal auch sehr nützlich.

Teil I
Warm werden mit Tasteninstrumenten

IN DIESEM TEIL …

Bevor Sie ein Tasteninstrument spielen, sollten Sie genau wissen, was es ist, wie es funktioniert, wohin Sie Ihre Hände und Füße stellen sollen und wofür die ganzen Tasten gut sind. Beim Klavierspielen sind mehrere Teile Ihres Körpers gleichzeitig aktiv – genauso wie beim Autofahren.

Kapitel 1 stellt Ihnen die Familie der Tasteninstrumente vor, und das in allen Ausprägungen. Kapitel 2 zeigt Ihnen, wie Sie sitzen und was Sie anfassen sollten. Nach Kapitel 3 können Sie sicher sein, den Namen jeder schwarzen und weißen Taste auf dem Klavier zu kennen. Garantiert!

IN DIESEM KAPITEL

Entdecken Sie, wie ein Tasteninstrument funktioniert

Vergleichen Sie akustische mit elektronischen Keyboards

Unterscheiden Sie ein Klavier von einer Orgel und von einem quiekenden Schwein

Kapitel 1
Lernen Sie die Familie der Tasteninstrumente kennen

Zunächst einmal sollten wir uns auf eine Sprachregelung einigen: Wenn ich *Keyboard* sage, dann meine ich ganz einfach ein Instrument mit Tasten. Es muss kein elektronisches Keyboard mit Begleitautomatik und allem möglichen Schnickschnack sein, es muss nur Tasten haben und Musik erzeugen können. Ihr Klavier gilt also ebenfalls als Keyboard, genau wie eine Orgel oder ein Synthesizer.

Wenn Sie noch kein Keyboard gekauft haben, dann sollten Sie dieses Kapitel lesen, sich entscheiden, welche Art von Keyboard Sie interessiert, und dann Ihr Instrument kaufen. Vielleicht finden Sie im Geschäft sogar ein Keyboard, das Sie noch aufregender finden, aber diejenigen, die ich in diesem Kapitel erwähne, können zumindest als Anhaltspunkt dienen.

Akustische Tasteninstrumente

Akustisch bedeutet *nicht-elektrisch*. Um ein akustisches Instrument zu spielen, brauchen Sie also keinen elektrischen Strom. Und so wie es zum Beispiel sowohl akustische Gitarren gibt wie auch E-Gitarren, gibt es auch akustische und elektronische Tasteninstrumente. Sprechen wir zunächst über die akustischen.

Das Innenleben

 Bei den meisten akustischen Keyboards ist jede Taste mit einer oder mehreren Saiten verbunden, die sich innerhalb des Instruments verbergen. Wenn Sie auf eine Taste drücken, wird ein Mechanismus ausgelöst, der die Saiten anschlägt, die mit dieser Taste verbunden sind. Die Saiten beginnen, sehr, sehr schnell zu schwingen. Der Prozess der Vibration vollzieht sich in Bruchteilen von Sekunden – etwa so schnell, wie ein Kolibri mit den Flügeln schlägt. Ihr Ohr empfängt diese Vibrationen, und Sie hören Musik.

Um eine Vorstellung zu erhalten, wie schnell dies geschieht, sollten Sie zu einem Klavier gehen und eine Taste drücken. Sofort hören Sie einen Ton. Das ist verdammt schnell.

Damit die Saiten nicht die ganze Zeit vibrieren, gibt es einen weiteren Mechanismus, den Dämpfer, der über den Saiten innerhalb des Klaviers angebracht ist. Dämpfer sind in der Regel aus Filz gemacht, der die Vibrationen zum Stillstand bringt. Wenn Sie auf eine Taste drücken, dann löst dieser Tastendruck also nicht nur den Mechanismus aus, der die Saite in Vibration versetzt, sondern auch einen zweiten Mechanismus, der den Dämpfer von der Saite abhebt.

Der Hauptunterschied zwischen den verschiedenen Arten akustischer Keyboards findet sich im Mechanismus, der die Saiten (oder Luftsäulen bei Orgelpfeifen) in Schwingung versetzt. So können sehr unterschiedliche Klänge der Töne erzeugt werden.

Damals, als noch niemand badete

Vor langer Zeit (vor vielen Jahrhunderten) gab es ein sehr frühes Keyboard in Form der *Hydraulis*, einer *Wasserorgel*. Sie wurde im römischen Zirkus gespielt, und man ließ die Pfeifen ertönen, indem man einen Schieberegler bewegte, und nicht dadurch, dass man auf Tasten drückte.

Kurze Zeit später gab es eine *tragbare Orgel*, die Knöpfe statt Tasten hatte, und später die *Kirchenorgel* mit mehreren Tastaturen (Manualen), mit denen man jeweils eine Reihe von Pfeifen bespielte.

Schon 1435 entwickelte Henri Arnaut de Zwolle verschiedene Tasteninstrumente, bei denen man durch das Drücken auf Tasten Saiten in Vibration versetzte. Zu diesen frühen Modellen gehörte das *Clavichord*, das später zur Geburt des *Cembalos* führte. Diese beiden Saiteninstrumente unterschieden sich durch die Art und Weise, wie jede Saite angespielt wurde, und durch den entsprechenden Mechanismus.

Die frühen Versionen der Tasteninstrumente hatten nur sehr wenige Tasten – etwa zehn bis zwanzig –, doch mit jedem neuen Modell wurde die Zahl der Tasten größer. Das war auch die Geburtsstunde einer immer noch beliebten Verkaufsstrategie in der Musikbranche: Man macht bestimmte Produkte überflüssig, um im nächsten Jahr mehr neue Instrumente verkaufen zu können.

Klaviere

Klaviere (Pianos) sind die verbreitetsten akustischen Tasteninstrumente. Pianos haben meist 88 (manche haben auch 85) Tasten, und es gibt sie in drei unterschiedlichen Größen:

✔ **Der Flügel** (siehe Abbildung 1.1): Früher, als die Wohnzimmer noch Salons hießen, stand dort bei reichen Leuten schon ab und zu ein ausgewachsener Konzertflügel. Für die heimische »Wohnstube« jedoch könnte das Instrument (zirka einen Meter hoch und gut zwei bis drei Meter lang) eine Nummer zu groß sein.

Abbildung 1.1: So einen zu besitzen, ist riesig.

✔ **Das Klavier** (siehe Abbildung 1.2): Diese relativ kleinen Instrumente stellen Sie mit der Rückseite gegen die Wand Ihres Wohnzimmers.

✔ **Der Stutzflügel:** Das ist ganz einfach eine kleinere Version des großen Flügels. Der typische Stutzflügel (auch Mignonflügel genannt, von französisch *mignon* = niedlich) ist nicht größer als einen Meter achtzig.

Abbildung 1.2: Aufrecht steht das Klavier

Als Musikbeispiel 1 hören Sie den wunderbaren Klang eines Klaviers. Zuerst hören Sie einen Ausschnitt aus Erik Saties klassischem Werk »Trois Gymnopédies«, gefolgt von Ausschnitten aus Scott Joplins »Maple Leaf Rag«.

Tausende von Stücken wurden für das Klavier geschrieben. Um eine kleine Auswahl verschiedener Klavierstile zu hören, sollten Sie es mit folgenden CDs versuchen:

✔ Alan Feinberg, *Fascinatin' Rhythm* (Argo)

✔ Dave Grusin, *The Firm – Soundtrack* (MCA/GRP)

✔ Franz Schubert, *Klaviersonate in a-Moll*, Alfred Brendel (Philips)

✔ George Winston, *December* (Windham Hill)

Der Deckel

Der Flügel hat einen enorm großen Deckel, den Sie mit einem eingebauten Stützstab hochstellen können. Wenn Sie den Deckel öffnen, können Sie viele metallene Saiten und andere Komponenten sehen, vielleicht sogar die Autoschlüssel, die Sie letzten Monat verlegt haben.

Da der Klang eines Flügels von den Saiten innerhalb des Instruments herrührt, erhalten Sie einen lauteren und volleren Ton, wenn Sie den Deckel eines Flügels beim Spielen offen lassen.

Auch das Klavier hat einen Deckel – und auch eine Stütze, mit der man ihn offen halten kann, doch normalerweise wird sie nur von den Klavierstimmern verwendet, damit der Deckel offen bleibt, während sie die Saiten stimmen. Der Klang eines Klaviers wird nicht dramatisch verändert, wenn man den Deckel offen lässt. Ersatzweise können Sie das Klavier ein Stück von der Wand wegrücken, damit sich der Klang weniger dumpf anhört.

Meister aller Instrumente

Viele Musiker sind der Meinung, Tasteninstrumente seien die vielseitigsten Instrumente in der Musik. Diese Lobeshymne kann ich mit einigen Fakten untermauern (auch mit einigen, die etwas zweischneidig sind):

✔ Sie können eine große Bandbreite von Lautstärken produzieren – von ganz leise bis sehr laut.

✔ Sie können mehr als eine Note gleichzeitig spielen.

✔ Es sind *gestimmte* Instrumente (sie sind in der Lage, unterschiedliche Töne zu spielen, im Gegensatz zu den ungestimmten Trommeln und Becken).

✔ Sie haben den größten *Tonumfang* aller Instrumente, von ganz tief bis sehr hoch.

✔ Sie können als Solo- oder auch als Begleitinstrument gespielt werden.

✔ Manche können sogar programmiert werden, sodass sie von allein spielen.

Sicherlich, Ihr Nachbar kann seine Klarinette sehr leise und (leider) auch sehr laut spielen, aber er kann immer nur eine Note auf einmal spielen. Ihr Freund mit der Geige kann zwei oder drei Noten gleichzeitig spielen, aber er kann nur die Hälfte der Noten spielen, die ein Keyboard spielen kann. Und richtig, das Pearl-Jam-Konzert am Freitag enthielt auch ein tolles Schlagzeugsolo, aber konnte man da mitsummen?

Die Anordnung der Saiten

Im Flügel liegen die Saiten horizontal, im Klavier stehen sie aufrecht. Hier müssen die Saiten diagonal angeordnet werden – die Basssaiten kreuzen die Sopransaiten –, um im kleineren Klavier untergebracht zu werden.

Die unterschiedliche Anordnung der Saiten hat Einfluss auf den Klang der beiden Instrumente:

✔ Die Saiten in einem Klavier

- stehen senkrecht zum Boden. Deshalb bleibt auch der Klang des Klaviers immer in Bodennähe.

- sind größtenteils in einem hölzernen Gehäuse verborgen. Deshalb hört sich der Klang gedämpft an.

✔ Die Saiten in einem Flügel

- verlaufen parallel zum Boden. Deshalb bewegt sich der Klang vom Boden nach oben und füllt den Raum.
- liegen direkt unter einem Deckel, der geöffnet werden kann, um einen volleren Klang zu ermöglichen.

Tasten und Hämmer

Akustische Klaviere haben normalerweise eine Reihe von 88 schwarzen und weißen Tasten. Bei elektronischen Keyboards sieht das schon wieder anders aus – die können (vor allem bei Anfängermodellen) deutlich weniger Tasten haben (zum Beispiel nur 61). Jede der 88 Klaviertasten ist mit einem kleinen, filzüberzogenen *Hammer* verbunden. Das ist der Mechanismus, der die Saite anschlägt, wie in Abbildung 1.3 zu sehen ist. Wenn Sie eine Taste drücken, schlägt der dazugehörige Hammer gegen eine oder meist mehrere Saiten, die einen entsprechenden Ton erzeugen.

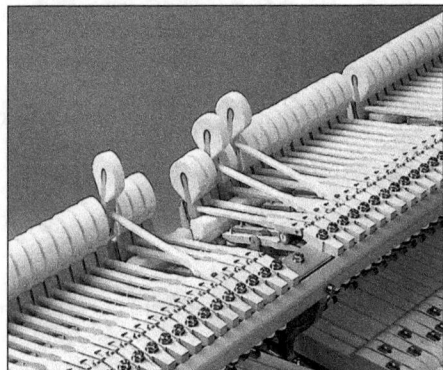

Abbildung 1.3: Damit können Sie Ihre Töne »hämmern«.

Der alte Bartel brauchte mehr Lautstärke

Entgegen allgemeiner Auffassung hieß der Erfinder des Klaviers nicht Steinway, und es war auch keiner der berühmten Baldwin-Brüder. Nein, das Klavier wurde im 18. Jahrhundert von einem italienischen Cembalohersteller erfunden, der Bartolomeo Cristofori hieß (1655-1731).

An einem Tag im Jahre 1709, nachdem er schon das x-te Cembalo poliert hatte, dachte sich Meister Cristofori: »Warum eigentlich zupfen? Statt mit jedem Tastendruck eine Saite anzuzupfen, könnte man sie doch auch einfach anschlagen.« Der alte Bartel zögerte nicht lange, sondern steigerte seinen Umsatz, indem er ein neues Cembalo herstellte, bei dem die Saiten angeschlagen wurden. Der Marktvorteil? Anders als beim Cembalo, bei dem immer die gleiche Lautstärke gespielt wird, ganz gleich, wie hart man in die

Tasten haut, konnte das neue Instrument alle möglichen Lautstärken spielen. Und deshalb wurde diese Erfindung *Pianoforte* genannt, vom italienischen *piano* = *leise* und *forte* = *laut*. Frei übersetzt also: Mal leise, mal laut.

Schon damals neigte der Mensch zu mehr oder weniger sinnvollen Abkürzungen, deshalb ließ man das »forte« irgendwann weg und nannte das Instrument nur noch Piano.

Das Piano war kein sofortiger Erfolg. Auf den Partys der damaligen Zeit, bei denen es Wein und Käse gab, hörte man die ganze Zeit hitzige Debatten über den »langweiligen Klang« und »das Fehlen von Anschlagkultur« beim neuen Piano. Nach vielen Jahren und vielen Verbesserungen jedoch warfen so prominente Komponisten wie Beethoven, Haydn und Mozart alle Vorurteile über Bord und schrieben Stücke für dieses verrückte Instrument.

Cembalos

Die Zahl der Haushalte, in denen ein Cembalo steht, ist ungefähr genauso groß wie die Zahl der Haushalte, die Beethoven auf dem Türschild stehen haben. Cembalos sind heute so selten, dass man kaum glauben mag, dass sie in Europa früher der große Hit waren.

Wenn Sie zufällig einmal ein Cembalo finden – vielleicht in einem Museum –, dann werden Sie bemerken, dass Cembalos wie Flügel aussehen (siehe Abbildung 1.4). Achten Sie jedoch auf den reichverzierten Deckel des Cembalos. Heute müssen Tastenmusiker mit ganz einfachen schwarzen Kisten auskommen.

Abbildung 1.4: Ein prächtig verziertes Cembalo

Ist das da in Ihrem Wohnzimmer ein Ruckers?

Wenn Ihre snobistische, Geige spielende Freundin demnächst sagt: »Schatz, ich spiele nur auf einer Stradivari« (das sind die Instrumente des besten Geigenbauers der Geschichte), dann sollten Sie dieser Herausforderung begegnen: »Nun ja, ich spiele immer auf einem Ruckers.« Und dann sollten Sie sie nach grauem Perückenpuder fragen.

Hans Ruckers (etwa 1555-1623) wird als der berühmteste Cembalobauer angesehen, den die Welt je kannte. Schon im zarten Alter von 20 Jahren begann der Flame, seine eigenen Tasteninstrumente in bisher unerreichter Qualität zu bauen. Ihm gelang es auch, sich nebenbei als Erfinder hervorzutun, als er dem Instrument eine zweite Tastatur einbaute.

Leider haben nur wenige seiner Schöpfungen überlebt. Es scheint, dass die Gehäuse der Instrumente so schön waren – mit all den Malereien und Intarsienarbeiten –, dass Kunsthändler anfingen, die Instrumente zu kaufen, zu zerlegen und die Einzelteile von Ruckers-Cembalos in ganz Europa zu verkaufen.

 Bei manchen Cembalos sind die Farben an den Tasten umgekehrt – wie auch bei einigen alten Klavieren. Ich bin mir sicher, dass es einen guten Grund dafür gab, dies später zu ändern und mehr weiße als schwarze Tasten herzustellen – wahrscheinlich gab es gerade Elfenbein im Überfluss.

Das Cembalo mag zwar dem Flügel sehr ähnlich sehen, aber wenn Sie eine Taste auf einem Cembalo anschlagen, dann werden Sie den Unterschied im Ton sofort bemerken.

 Hören Sie den Unterschied zwischen einem Cembalo und einem Klavier (Musikbeispiel 1). Musikbeispiel 2 bietet Ihnen einen Ausschnitt aus Bachs »Das Wohltemperierte Klavier«, auf einem Cembalo.

 Das Cembalo klingt anders, weil seine Saiten auf andere Weise in Schwingung versetzt werden. Statt mit einem Hammer sind die Tasten eines Cembalos mit kleinen *Haken* oder *Federkielen* verbunden, die sehr nahe bei den Saiten angebracht sind. Wenn man auf eine Taste drückt, dann reißt der entsprechende Haken (das *Plektrum*) eine Saite an – ungefähr so, wie ein Hillbilly-Musiker sein Banjo zupft.

Viele Cembalos haben mehr als nur eine Tastatur (auch *Manual* genannt). Dies war eine schnelle Lösung für das große Problem dieses Instruments: Ganz gleich, wie fest man auf eine Taste drückte, die Lautstärke blieb immer gleich. Durch das Hinzufügen einer zweiten Tastatur und ein paar weiterer ausgeklügelter Mechanismen kann die Melodie lauter gespielt werden (auf der unteren Tastatur) als die Begleitung.

> **Ein wenig nützliche Formenlehre**
>
> Ein *Konzert* ist eine Komposition, die für ein Orchester und ein oder mehrere Soloinstrumente geschrieben wurde. Es gibt also Klavierkonzerte, Violinkonzerte, Bratschenkonzerte und vieles andere mehr, je nachdem, um welche Art von Solisten es sich handelt.
>
> Eine *Sonate* ist eine Komposition, die in besonderer Form für ein Soloinstrument geschrieben wurde. Es gibt Sonaten für Klavier, Cembalo, Geige und so weiter.
>
> Andere Begriffe, wie *Fuge*, *Passacaglia*, *Mazurka*, *Bagatelle* und viele andere kommen in den Titeln von Werken für Tasteninstrumente vor. Um mehr über diese und andere klassische Musikbegriffe zu lernen, sollten Sie schnell ins Auto steigen oder auf Ihr Fahrrad springen, um sich bei Ihrem Buchhändler ein Exemplar von *Klassik für Dummies* von David Pogue und Scott Speck zu holen, ebenfalls erschienen bei Wiley-VCH.

Hören Sie sich Cembalo-Musik an, wie man sie hören sollte ... auf dem Cembalo:

- ✔ Domenico Scarlatti, *Sonaten*, Trevor Pinnock (Archiv). Scarlatti gilt als der bekannteste Komponist für Cembalostücke überhaupt.

- ✔ Antonio Vivaldi, *Die vier Jahreszeiten*, Nigel Kennedy und das English Chamber Orchestra (EMI); in diesem Stück ist das Cembalo nicht so laut wie die Geigen, aber Sie können es immerhin im Hintergrund hören.

- ✔ Johann Sebastian Bach, *Konzert in d-Moll* für Cembalo, Igor Kipnis mit Sir Neville Marriner und den London Strings (CBS)

Orgeln

Wie ich früher in diesem Kapitel schon erklärte, bedeutet *akustisch* das Gegenteil von *elektrisch*. Es bedeutet nicht, dass ein Instrument Saiten haben muss. Die *Orgel* zum Beispiel ist auch ein akustisches Tasteninstrument. Allerdings hat sie keine einzige Saite. Stattdessen hat sie *Pfeifen*.

Eine Orgel werden Sie kaum im Wohnzimmer (ja, nicht mal im Salon) Ihrer Nachbarn finden. Orgeln findet man in Kirchen, Synagogen, Universitäten und manchen Konzertsälen.

Nicht umsonst wird die Orgel die Königin der Instrumente genannt: Kirchenorgeln sind die größten und komplexesten akustischen Instrumente der Welt. Es sind riesige Monster mit vielen, vielen Pfeifen unterschiedlichster Größe. Jede Pfeife hat einen einzigartigen Klang. Wenn man mehrere Pfeifen miteinander kombiniert, können dabei andere Klänge entstehen, die nicht denen einer Orgel entsprechen – Trompete, Flöte, Geige oder auch das Quieken eines Schweins. Eine riesige Vielfalt also.

Der Ton wird dadurch erzeugt, dass Luft durch die unterschiedlich großen Pfeifen geblasen wird. Ein großer *Blasebalg* befindet sich hinter der Orgel – verborgen vor dem Anblick des Publikums und vor Kindern mit scharfen Gegenständen. Der Blasebalg drückt Luft durch die Pfeifen. Je länger die Pfeife, umso tiefer ihr Klang.

Die meisten Kirchenorgeln haben mehrere Manuale. Jede Taste auf einem Manual kann eine bis 100 Pfeifen ansprechen. Welche Pfeifen von einer Taste angesprochen werden, wird durch kleine Knöpfe (oder Züge) kontrolliert – die sogenannten *Register*, die in der Nähe der Tasten angebracht sind.

Wenn Sie die Möglichkeit haben, dann sollten Sie Ihre Hände einmal auf die Tasten einer Orgel legen und – wie man im Showbusiness sagt – alle Register ziehen. Jede (und ich meine wirklich jede) Note, die Sie spielen, wird gleichzeitig wunderbar und erschreckend klingen. Aber sicherlich nicht so schrecklich wie der Organist, wenn er ruft: »Sind Sie wahnsinnig geworden?«

Hören Sie Musikbeispiel 3, und vernehmen Sie den dröhnenden Klang einer Kirchenorgel mit einem Ausschnitt aus Bachs wunderbarer *Toccata und Fuge in d-Moll*.

Wenn Ihnen der Klang der Orgel gefällt, dann sollten Sie weitere klassische Stücke hören, die speziell für dieses komplexe und eindrucksvolle Instrument geschrieben wurden.

- ✔ Johann Sebastian Bach, *Toccata und Fuge in d-Moll*, E. Power Briggs (CBS); *Passacaglia und Fuge in c-Moll*, Virgil Fox (RCA)

- ✔ Camille Saint-Saens, *Symphonie Nr. 3* (Orgel), Peter Hurford mit Charles Dutroit und dem Montreal Symphony Orchestra (London)

- ✔ Andrew Lloyd Webber, *Phantom of the Opera – Broadway Cast Album* (Polydor)

Andere Holzkisten mit lustigen Namen

Die Jahrhunderte erlebten den Aufstieg und Fall von Instrumenten mit so komischen Namen wie *Psalter*, *Virginal*, *Spinett*, *Ottavina* und *Harmonium*. All diese akustischen Keyboards waren Kästen mit Saiten darin, die auf irgendeine Weise durch Tasten in Schwingung versetzt wurden.

Elektronische Keyboards

Für weitaus weniger Geld als ein akustisches Keyboard kostet – die Speditionskosten gar nicht mitgerechnet –, können Sie ein elektronisches Keyboard kaufen, das sich anhören kann wie jedes andere Instrument auf der Erde (und auch wie ein akustisches Keyboard).

Muttern und Schrauben (und Griffe und Knöpfe)

Auch ohne Ihrem elektronischen Keyboard mit einem Schraubendreher oder Schneidbrenner zu Leibe zu rücken, können Sie davon ausgehen, dass darin keine vibrierenden Saiten sind wie in einem akustischen Keyboard.

Stattdessen produziert ein kleines Ding, das man *Oszillator* nennt, eine Klangquelle, die über einen Lautsprecher verstärkt wird. Ich will nicht zu technisch werden, aber der Lautsprecher vibriert tatsächlich und leitet die Schwingung weiter an Ihr Trommelfell, wodurch Sie den Klang hören können.

Die elektronische Klangquelle wird durch eine Reihe von Schaltern, Knöpfen und Schiebern manipuliert, die die Form der *Klangwelle* des Tons verändern können. Ich will an dieser Stelle nicht anfangen, den wissenschaftlichen Hintergrund von Klangwellen weiter zu erklären. Vertrauen Sie mir einfach – Sie schließen Ihr Keyboard an die Steckdose an, drücken eine Taste und es produziert einen Ton.

Weitere Vorzüge eines Keyboards

Für Einsteiger in die Welt der Tasteninstrumente ist das elektronische Keyboard oft genau die richtige Wahl. Man bekommt Keyboards sowohl mit der vollen Zahl von 88 Tasten, aber auch in kleineren Ausführungen, zum Beispiel mit nur 61 Tasten – was für den Anfänger ein Vorteil ist, da er die ganz tiefen und ganz hohen Töne meist gar nicht braucht. Die Tastatur ist somit kleiner und folglich überschaubarer.

Besonders schön an einem Keyboard ist, dass Sie die Möglichkeit haben, alle nur denkbaren Instrumente auf ihm zu spielen – von Trompete über Saxofon bis hin zum Cembalo oder der Kirchenorgel. Sie brauchen das gewünschte Instrument nur per Knopfdruck einzustellen – dann spielen Sie wie gewohnt Ihre Tastenkombinationen, und siehe, es klingt (zum Beispiel) nach Akkordeon. Ein Saxofonständchen um Mitternacht bei geöffnetem Fenster ist also ein Traum, der sich mit dem richtigen Keyboard jederzeit verwirklichen lässt.

Synthesizer

Ein *Synthesizer* (von Musikern allgemein als *Synth* oder *Synthie* bezeichnet) hat eine Menge Tasten, Knöpfe, Schalter und Schieber und kann nahezu jedes Instrument oder jeden Klangeffekt imitieren, den Sie sich nur vorstellen können, sogar das gesamte Wiener Philharmonie-Orchester – und das in Ihrem Wohnzimmer.

Sie wollen ein paar coole Sounds hören? Hier sind sie. Musikbeispiel 4 bietet verschiedene Blips, Blubbs und sonstige Klänge von verschiedenen Synthesizern. Einer von ihnen hört sich sogar wie ein ganzes Orchester an.

Wenn es Ihnen gelingt, aus Ihrem Synthesizer wirklich gute Sounds herauszulocken, dann wollen Sie wahrscheinlich, dass andere das auch hören, nicht wahr? Das gilt auch für die folgenden Künstler:

- ✔ Wendy Carlos, *Switched-On Bach* (CBS)
- ✔ Kraftwerk, *The Mix* (EMI)

✔ The Residents, *Duckstab/Buster & Glen* (Euro Ralph)

✔ Jean-Michel Jarre, *Oxygene* (Dreyfus)

✔ Maurice Jarre, *Witness – Original Soundtrack* (Varese Sarabande)

✔ Vangelis, *Chariots of Fire – Original Soundtrack* (Polydor)

> **Kein magerer Beitrag**
>
> Nicht lange, nachdem Thomas Edison entdeckt hatte, wie man den Time Square in New York beleuchten kann, begannen andere, die Elektrizität in Musikinstrumente zu leiten.
>
> Im Jahr 1924 machte Jörg Mager einige Versuche, Töne synthetisch zu erzeugen. Mit seinen Schöpfungen konnte er eine nahezu unbegrenzte Zahl von Tönen imitieren, indem er mit einer Reihe von Knöpfen und Schaltern den Klang leicht veränderte.
>
> Seither oszilliert die ganze Welt. Obwohl moderne Synthesizer wesentlich komplexer (und dankenswerterweise auch wesentlich anwenderfreundlicher) sind als Magers erste Versuche, ist das Prinzip das gleiche geblieben.

Elektronische Klaviere und Orgeln

Elektronische Klaviere (meist als *E-Pianos* bezeichnet) und Orgeln sind ein großer Erfolg. Einfach in die Steckdose stecken, und schon kommen alle Kinder gelaufen. Jedes dieser Instrumente ist sehr kompakt gebaut, sogar kleiner als ein normales Klavier, und kann in der Regel 10 bis 20 unterschiedliche Klänge produzieren – einschließlich Klavier, Orgel, Trompete, Geige und Banjo. Es gibt allerdings auch E-Pianos, die als reiner Klavierersatz gedacht sind und deshalb nur eine winzige Auswahl an anderen Instrumenten bieten.

Da diese Geräte die Fähigkeit haben, die Klänge anderer Instrumente zu imitieren, sind diese Keyboards enge Verwandte des Synthesizers. Tatsächlich benutzen sie auch das gleiche »Gehirn« wie ein Synthesizer. Der Unterschied jedoch ist, dass man die Klänge nicht verändern kann. Sicher, man kann zwischen Trompeten- und Klaviersound wechseln, aber den Klang der Trompete selbst kann man nicht verändern.

Doch Tausende, ja sogar Millionen von Kunden sind überhaupt nicht daran interessiert, Töne zu programmieren. Sie sind glücklich mit den Tönen, die ihnen zur Verfügung stehen, und wollen nur Musik spielen. Und so geht der Hype um die elektronischen Klaviere und Orgeln immer weiter.

 Viele dieser elektronischen Instrumente haben zusätzlich noch eine *Rhythmusabteilung*. Man drückt einen einzigen Knopf, und schon hat man eine stetige Schlagzeugbegleitung für den »Yankee Doodle«. (Oder wie wär's mit Bossa Nova?)

Mehr über die verschiedenen Arten elektronischer Keyboards, Synthesizer, Elektronikorgeln und ihre wohlhabenden Hersteller erfahren Sie in Kapitel 16.

> **IN DIESEM KAPITEL**
>
> Wie Sie am Keyboard sitzen oder stehen sollten
>
> Wie Sie es sich bequem machen
>
> Wie Sie Schmerzen beim Spielen vermeiden

Kapitel 2
Was Ihre Eltern Ihnen nie über Stellungen erzählt haben

Eine gute Haltung, das heißt, wie Sie sitzen und Ihre Hände halten, ermöglicht es Ihnen, stundenlang bequem auf Ihrem Keyboard zu spielen.

Eine gute Haltung beim Spielen hilft Ihnen auch, verkrampfte Hände, einen müden Rücken und ernsthaftere medizinische Probleme wie eine Sehnenscheidenentzündung zu vermeiden. Wenn Sie erst einmal ein berühmter Konzertpianist sind, dann können Sie zufrieden noch einmal in diesem Kapitel nachlesen und sich daran erinnern, dass es dazu beigetragen hat, Sie auf eine Karriere an den Tasten vorzubereiten.

Sitzen oder nicht sitzen

Je nach Art des Keyboards – und manchmal abhängig davon, auf welcher Bühne man spielt – können Sie entweder sitzen oder stehen, während Sie spielen.

Grundsätzlich sitzen Konzertpianisten am Piano, aber viele Rock-Keyboarder stehen hinter ihren Boards. Ich war nie ganz sicher, weshalb sie das tun. Vielleicht sind Rock-Keyboarder eifersüchtig auf die Gitarristen und Sänger, die auf der Bühne herumlaufen können. Vielleicht wollen sie aber auch, dass ihnen das Publikum beim Spielen besser zusehen kann. Oder sie haben es einfach satt zu sitzen, weil sie schon den ganzen Tag im Tourbus herumgehockt haben.

Ihnen als Anfänger jedoch möchte ich den Rat geben, Ihre ersten musikalischen Unternehmungen sitzend zu bewältigen. Ganz gleich, an was für einem Keyboard Sie sitzen – wenn Sie sitzen, sind Sie näher an den Tasten, und das macht es ein wenig einfacher, auch schwer erreichbare Noten zu spielen.

Ob Sie sitzen oder stehen, es sollte sich immer bequem anfühlen. Ihre Füße sollten fest auf dem Boden stehen. Ihre Arme entspannt angewinkelt sein. Die Tasten sollten sich etwa in Höhe der Ellenbogen befinden, sodass Ihre Hände und Unterarme parallel zum Boden sind, so wie Sie es in Abbildung 2.1 sehen können.

Abbildung 2.1: Alle Mann in Stellung!

 Sorgen Sie dafür, dass Sie aufrecht sitzen und sich nicht vornüber beugen müssen. Sonst könnte es sein, dass Sie Rückenschmerzen bekommen – und mit Schmerzen wird Ihnen die Lust am Üben bald vergehen.

Stühle contra Bänke

Als Pianist können Sie wählen zwischen einem Stuhl und einer Bank.

Beides ist in Ordnung, und beides ist in den meisten Klaviergeschäften und Musikalienhandlungen erhältlich. Allerdings haben sowohl Stühle als auch Bänke ihre Vor- und Nachteile.

Stühle

Wenn ich *Stuhl* sage, dann spreche ich nicht über einen Liegesessel, bei dem man eine Fußablage ausklappen kann und wo an der Seite eine Tasche für die Fernbedienung des Fernsehers angebracht ist. Ich spreche über den ganz normalen Klavierstuhl, also einfache, schwarze Stühle. Viele haben einen gepolsterten Sitz, und bei manchen kann man die Höhe ein wenig verstellen.

Eine Stuhllehne kann Ihnen zusätzlichen Halt geben, aber gleichzeitig auch bewirken, dass Sie stärker zusammensacken, bloß weil es hier möglich ist. Wie Mama und Papa Ihnen schon immer sagten, sieht es nicht schön aus, wenn Sie zusammengesackt dasitzen, und für Ihren Rücken ist es auch nicht gut. Außerdem hat dieses zusätzliche Stück Holz im Rücken die unangenehme Eigenschaft, manchmal zu knarren, und das ist nicht unbedingt ein guter Begleitton, wenn Sie gerade Debussys *Clair de Lune* vortragen.

Paradoxerweise ist die Lehne an einem Stuhl auch der wichtigste Vorteil. Dieser zusätzliche Halt ist gut für junge und manchmal sehr unruhige Klavierschüler, weil sie sich auf einem Stuhl mit Lehne sicherer fühlen als auf einer Bank ohne Lehne. Schließlich sackt jeder mal in sich zusammen, und auch versierteren Pianisten hilft eine Lehne dabei, wenigstens während der spielfreien Minuten nicht »in der Luft hängen« zu müssen.

Meiner Meinung nach ist der größte Nachteil eines Stuhls, dass man nicht mit einem Partner zusammen darauf sitzen kann, um ein Duett zu spielen. Vielen Pianisten macht es sehr viel Spaß, mit Freunden Duette zu spielen, wobei man nebeneinander sitzt und die Tastatur in zwei Teile aufteilt: Einer von beiden spielt die tieferen Noten, der andere die höheren. Sicher, man könnte einen zweiten Stuhl heranziehen, aber wo bliebe dann die Romantik?

Bänke

Die normale Klavierbank, wie Sie sie in Abbildung 2.2 sehen, ist etwa 70 Zentimeter hoch und einen Meter breit. Die Breite der Bank gibt Ihnen viel Raum, um Ihre Sitzposition so zu verändern, dass Sie beim Spielen auch die höheren oder niedrigen Noten erreichen, außerdem kann auch ein Duettpartner noch Platz finden.

Abbildung 2.2: Eine typische Klavierbank

Die Höhe ist ein wichtiger Faktor, ganz gleich worauf Sie sitzen, wenn Sie spielen. Leider sind viele Klavierbänke nicht verstellbar, und Sie sind deshalb gezwungen, sich in die Tastatur hineinzulehnen oder sich auf Telefonbücher zu setzen. Die besseren Klavierbänke haben links und rechts große Knöpfe, mit denen man die Höhe der Bank auf die persönlichen Körpermaße einstellen kann. Die besseren Bänke sind außerdem gepolstert, was Sie nach einigen Stunden harten Übens schätzen werden.

Anders als ein Stuhl bietet die Bank keine Rückenlehne, und Sie müssen Ihren Rücken deshalb während des Vortrags ständig gerade halten. Das kann aber auch ein Vorteil sein, da es Sie zwingt, während des Spiels eine gute Haltung zu bewahren. Sie müssen auch nicht unbedingt in der Mitte sitzen: Es gibt Stücke, bei denen man sich meist im Bassbereich aufhält (also links) und andere, bei denen die Sopranoten dominieren (also rechts). Setzen Sie sich so auf die Bank, dass Sie den Körper nicht ständig nach einer Seite strecken müssen.

 Das Schärfste an Pianobänken ist, dass manche im Sitz einen Stauraum haben, und so können Sie den Sitz öffnen und darin Noten, Bücher oder auch einen kleinen Imbiss für die Pause verstauen. Allerdings sollten Sie das, was Sie darin verstauen, nicht vergessen. Einmal habe ich meinen Autoschlüssel eine ganze Woche lang gesucht.

Ständer und Racks

Ständer für Keyboards (siehe Abbildung 2.3) gibt es in allen Formen und Größen. Manche haben mehrere Fächer, sodass Sie immer mehr Keyboards darin unterbringen können, je besser es Ihrer Karriere oder Ihrem Bankkonto geht. Ständer für Keyboards gibt es in verschiedenen Farben; wenn Sie keine davon mögen, dann können Sie immer noch eine Dose Lackspray mitbesorgen.

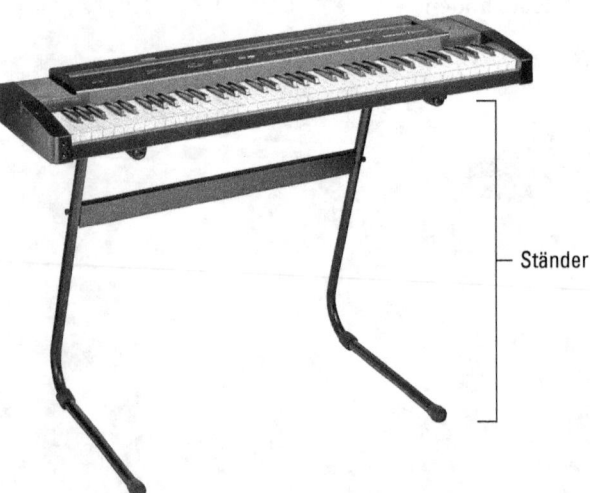

Abbildung 2.3: Stellen Sie sich auf.

Fast alle Ständer sind verstellbar, weil die Hersteller nie genau wissen, wie groß der durchschnittliche Benutzer ist. Mit diesen Einstellmöglichkeiten können Sie mehrere Keyboards im Ständer weiter voneinander aufbauen, sodass Sie leicht an die verschiedenen Knöpfe und Schalter kommen. Außerdem können Sie die Höhe des Keyboards frei wählen, sodass Sie sitzen oder stehen können, wie es Ihnen gerade gefällt. Allerdings sollten Sie die Tasten immer in der richtigen Höhe haben (vergleiche Abbildung 2.1).

Richten Sie die Höhe Ihrer Keyboards so ein, dass Ihre Hände bequem liegen und alle Knöpfe und Schieberegler leicht zu erreichen sind. Wenn Ihr Keyboard ein beleuchtetes Display hat, dann sollten Sie es klar und deutlich sehen können, wenn Sie sitzen oder stehen, und es sollte auch nicht durch ein anderes Keyboard oder eine Hängepflanze verdeckt sein.

Außer einem Ständer können Sie auch noch ein *Rack* benutzen. Das ist eine Box aus Holz oder Metall, in der Sie verschiedene Komponenten, Sampler, Effektprozessoren, Mixer oder sogar Schubladen verschrauben können. Racks können feststehend oder auf Rollen sein, je nachdem, wie Ihre persönlichen Wünsche und Ansprüche aussehen.

Es liegt alles in Ihren Händen

Ich kann gar nicht genug betonen, wie wichtig die Handhaltung und die Bequemlichkeit und Entspanntheit der Hände ist, wenn Sie Piano oder Keyboard spielen. Eine schlechte Handhaltung kann dazu führen, dass Ihr Vortrag leidet. Dafür gibt es zwei Gründe:

- ✔ **Die Beweglichkeit wird eingeschränkt:** Wenn Ihre Hände sich in ungünstigen, eigenartigen Positionen befinden, dann können Sie die Tasten nicht schnell und zielsicher erreichen. Ihr Vortrag wird sich plump anhören und voll falscher Töne sein.
- ✔ **Es besteht die Möglichkeit, dass Sie Krämpfe bekommen:** Wenn Ihre Hände sich oft verkrampfen, dann werden Sie nicht oft üben. Und wenn Sie nicht oft üben, dann werden Sie nie ein guter Spieler.

Schneiden Sie sich die Fingernägel

Als Kind hatte ich eine Klavierlehrerin, die hatte so lange Fingernägel, dass ich, wenn Sie spielte, nur noch das Klicken ihrer Nägel auf den Tasten hören konnte. Ich hatte das Gefühl, Mama brächte mich jeden Dienstag zum Schreibmaschinenunterricht anstatt zur Klavierstunde. Was ich damit sagen will: Schneiden Sie Ihre Fingernägel kurz oder zumindest auf eine vernünftige Länge. Ihr Publikum möchte wunderschöne Klaviermusik hören und kein Klicketi-klack.

Beugen Sie die Finger

Wenn Sie Ihre Hände auf die Tasten legen, dann müssen Sie Ihre Hände, Handgelenke und Unterarme entspannt und die Finger leicht eingerollt halten. Zuerst fühlt sich das ein wenig eigenartig an, aber Sie können Ihre Spieltechnik nicht verbessern, wenn Sie sich nicht daran gewöhnen, Ihre Hände so zu halten. Wenn Sie Ihre Hände und Finger in dieser Weise entspannt beugen, hat das folgende Vorteile:

✔ Ihre Hände ermüden nicht so schnell.

✔ Ihre Hände verkrampfen sich nicht so schnell (das sollten Sie gar nicht erst ...).

✔ Sie können schnell jede Taste, schwarz oder weiß, erreichen.

Wenn Sie viel an der Computertastatur arbeiten, dann kennen Sie schon die leicht runde Fingerhaltung – genauso wie auf der Tastatur des Rechners halten Sie Ihre Hände auch auf der Tastatur des Klaviers. Wenn Sie das Glück haben, nicht ständig tippen zu müssen, dann suchen Sie sich am besten zwei Tennisbälle (oder Bälle ähnlicher Größe) und nehmen in jede Hand einen, wie ich es Ihnen in Abbildung 2.4 mit meiner wunderschön manikürten rechten Hand zeige. So sollte Ihre Hand aussehen, wenn Sie Klavier spielen ... natürlich ohne den Ball.

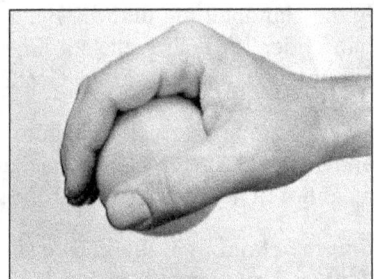

Abbildung 2.4: So sollte Ihre Handhaltung aussehen.

Einen Finger, irgendeinen Finger

Der richtige *Fingersatz* – eine Spieltechnik, bei der Sie immer den am günstigsten gelegenen Finger nehmen, um eine Note eines Liedes zu spielen – ist ein sehr wichtiger Bestandteil des Klavierspiels. Bei manchen Stücken, auch bei ganz leichten, ist oberhalb der Noten angegeben, welcher Finger welche Taste spielen soll. Diese Fingersätze helfen Ihnen zu planen, welche Finger Sie benutzen, um eine bestimmte musikalische Passage möglichst effizient und bequem spielen zu können. Die Fingersätze in den Noten entsprechen der linken und rechten Hand, so wie Sie sie in Abbildung 2.5 sehen. Stellen Sie sich vor, Ihre Finger seien von 1 bis 5 durchnummeriert. Der Daumen ist die Nummer 1 und der kleine Finger die Nummer 5.

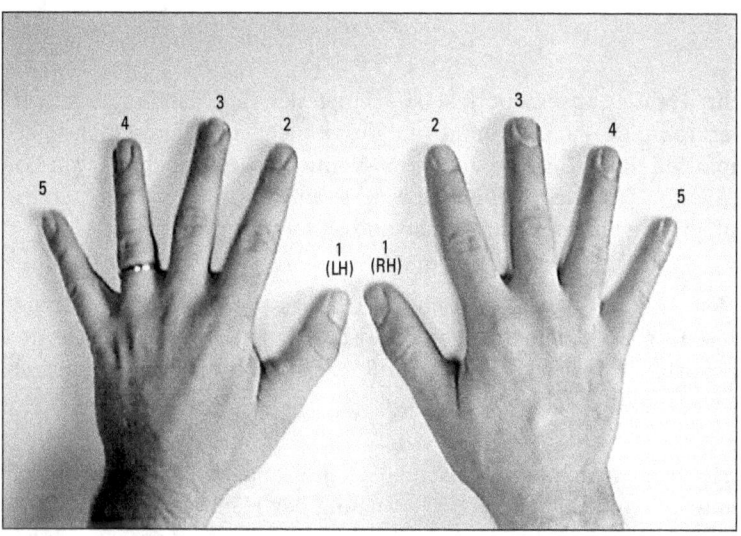

Abbildung 2.5: Die Nummern Ihrer Finger

 Profis halten sich nicht immer an die vorgegebenen Fingersätze. Es könnte sein, dass auch Sie im Laufe der Zeit Ihr »eigenes System« entwickeln, denn jede Hand ist ein wenig anders gebaut, die Größenverhältnisse zwischen den Fingern sind nicht bei jedermann gleich. Am Anfang sollten Sie aber auf jeden Fall versuchen, sich an die vorgeschriebenen Fingersätze zu halten. Sie wissen ja, mit zunehmender Übung werden Ihre Finger beweglicher und kräftiger – und dann ist alles nicht mehr so schwer.

 Vorsicht mit den Finger-Nummerierungen, falls Sie neben Klavier auch Gitarre oder ein Streichinstrument spielen. Dort gelten nämlich andere Regeln: Wenn in Gitarren-Griffdiagrammen eine Note mit der Ziffer 1 markiert ist, ist damit nicht der Daumen gemeint, sondern der Zeigefinger, entsprechend verschieben sich auch die Zahlen für die anderen Finger. In der Gitarrenschrift gibt es nur vier Finger – der Daumen heißt meistens T (von englisch *thumb* = Daumen).

Ein schlimmer Schmerz

Eine schlechte Haltung kann zu ernsthaften und schmerzhaften Problemen in Ihrer Pianistenkarriere führen. Die Redewendung »No pain, no gain«, die im Sport gilt, kann auf das Klavierspiel nicht angewendet werden. Ganz einfach: Wenn es weh tut, dann werden Sie nicht spielen. Und wenn Sie nicht spielen, dann werden Sie nicht sehr gut werden können.

Krämpfe

Auch wenn Ihre Haltung absolut perfekt ist, können sich Ihre Hände an irgendeinem Punkt verkrampfen – auch, wenn es möglichst nicht so weit kommen sollte. Durch Krämpfe will Ihnen Ihr Körper sagen: »Komm, lass uns doch mal was anderes machen.« Um Himmels Willen: Hören Sie auf Ihren Körper. Achten Sie immer auf entspannte Finger, Handgelenke und Unterarme!

Die Hände sind normalerweise das erste, was sich bei Übungsstunden verkrampft; erst später können sich weitere Körperpartien hinzugesellen. Kein Wunder: Die Hände werden beim Klavierspielen am meisten beansprucht. Wenn Ihr Rücken und Ihr Hals zu schmerzen beginnen, liegt es meist eher an einer schlechten Haltung.

Wenn Ihre Hände schmerzen, dann machen Sie eine längere Pause, und tun Sie etwas, das eine völlig entgegengesetzte Bewegung der Hände erfordert. Wenn Sie beispielsweise für Ihren Hund einen Ball wegwerfen, dann ist das eine entgegengesetzte Bewegung der Hand, an der Computertastatur schreiben ist es nicht. Wenn Ihr ganzer Körper schmerzt, dann sollten Sie eine Masseurin engagieren oder einfach mal ein paar Tage »Urlaub vom Üben« machen. Außerdem wäre zu überlegen, ob es nicht sinnvoll sein könnte, doch einen erfahrenen Lehrer zu Rate zu ziehen.

Sehnenscheidenentzündung

Es wurde schon viel über eine Verletzung gesprochen, die auch als Berufskrankheit gilt: die *Sehnenscheidenentzündung*. Ohne genauer in eine medizinische Definition einsteigen zu wollen (schließlich bin ich kein Arzt), soll es ausreichen, wenn ich sage, dass die Sehnenscheidenentzündung dann auftritt, wenn Muskeln und Sehnen im Handgelenk durch ständige wiederholte Aktionen überlastet werden. Klavierspielen ist eine ständige wiederholte Tätigkeit. Ähnlich verhält es sich beim berüchtigten *Karpaltunnelsyndrom*: Sie haben Schmerzen in der Handwurzel, die in den gesamten Arm ausstrahlen. Mit solchen Störungen ist wirklich nicht zu spaßen.

Wie Sie sich wahrscheinlich vorstellen können, machen viele Pianisten und Sekretärinnen während Ihrer Berufslaufbahn eine Sehnenscheidenentzündung durch. Leider warten viele, bis es zu spät für eine rasche Heilung ist. Was als dumpfer Schmerz im Unterarm, in den Handgelenken und in den Fingern beginnt, wird ignoriert, bis es heftige Schmerzen sind, immer wenn die Hände in Bewegung sind. Schwere Fälle von Sehnenscheidenentzündung machen oft eine Operation erforderlich, doch die Ergebnisse sind nicht immer zu 100 Prozent zufriedenstellend. Pianisten jedoch benötigen ihre Hände zu 100 Prozent, und deshalb sollten Sie solche Schmerzen keinesfalls unbeachtet lassen.

Wenn Sie sich wegen Schmerzen in Ihrem Handgelenk Sorgen machen, ganz gleich, wie schwach diese Schmerzen sind, sollten Sie unbedingt zum Arzt gehen, um etwas dagegen zu tun. Wenn Sie Glück haben, werden Sie aus der Schule nach Hause oder vom Arbeitsplatz weggeschickt – dann können Sie fernsehen, Eis essen und sich erholen.

 Wenn Sie allerdings bereits eine Sehnenscheidenentzündung haben, dann sprechen Sie am besten mit Ihrem Arzt über Ihre Ziele beim Klavierspielen und fragen ihn, was Sie tun können, um weiteren Schaden und weitere Schmerzen zu verhindern. Wahrscheinlich wird Ihr Arzt Sie fragen, wie Sie auf die Idee kamen, Klavier spielen zu wollen, und dann haben Sie eine wunderbare Möglichkeit, dieses Buch zu empfehlen.

IN DIESEM KAPITEL

Sprechen wir über schwarze und weiße Tasten

Stelle ich Ihnen Blakes Tastenfinder vor

Treten wir die Pedale bis zum Anschlag durch

Kapitel 3
88 Tasten, drei Pedale, zehn Finger und zwei Füße

Ich kenne das Gefühl: Sie starren auf all diese Tasten und versuchen, dem Ganzen einen Sinn abzugewinnen. Sie überlegen sich, weshalb Sie sich nicht einfach zwei Becken gekauft haben und es sich gut gehen lassen. Mir ging es ebenso. So eine Klaviertastatur sieht ziemlich einschüchternd aus, aber um die Jackson Five zu zitieren: Es ist genauso einfach wie A-B-C oder 1-2-3.

In diesem Kapitel helfe ich Ihnen, sich mit den Feinheiten des Pianos vertraut zu machen, einschließlich der Tasten und der Pedale.

Blakes Tastenfinder

Das Erste, was Sie an Ihrem Keyboard bemerken, ist die nicht besonders farbenfroh anmutende Reihe von schwarzen und weißen Tasten. Die schwarzen Tasten liegen etwas höher und sind vom Pianisten ein Stück weiter entfernt als die weißen, wie man in Abbildung 3.1 sehen kann.

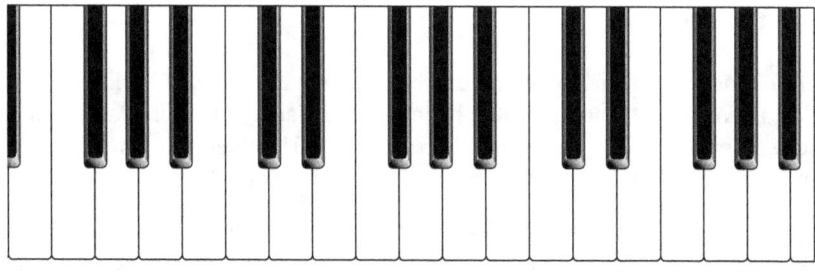

Abbildung 3.1: Ihre schwarzen und weißen Tasten

Jede Taste auf der Tastatur repräsentiert eine bestimmte Musiknote. Diese Noten unterliegen einem sehr einfachen Benennungssystem – dem Alphabet. Und nicht einmal das müssen Sie im Notfall ganz beherrschen, es reichen sieben Buchstaben: A H C D E F G. Das B gibt es auch, aber nur als erniedrigtes H, doch dazu kommen wir später, es wird hier einfach durch das H ersetzt. Ich habe keine Eselsbrücke für Sie, außer vielleicht: »Wer A sagt, muss auch H sagen.« (AH! werden Sie sagen, nicht schlecht!) Das H gibt es nur in der deutschen Musikliteratur, ansonsten heißt es überall B.

Warum aus dem B ein H wurde, dazu gibt es viele Theorien. Eine besagt, dass es eigentlich ein Versehen eines Mönchs war, er soll vergessen haben, das b an der unteren »Bauchseite« zu schließen und so blieb es bei einem h.

Die Namen der Tasten entsprechen den Namen der zugehörigen Musiknoten. In Kapitel 4 erkläre ich die Namen der Noten. Für den Augenblick reicht es aus, wenn Sie wissen, dass die Taste G die Note G erzeugt, die Taste A die Note A und so weiter.

Ich weiß, was Sie jetzt denken: »Ich sehe 88 Tasten, aber ich habe nur sieben Buchstaben des Alphabets, um diesen Tasten Namen zu geben? Wie soll ich dann all die anderen Tasten nennen?« Ganz einfach: Diese sieben Buchstaben wiederholen sich immer wieder, bei allen 88 Tasten.

In den folgenden Abschnitten werde ich Ihnen zeigen, wie Sie meinen persönlichen Tastenfinder anwenden, um die verschiedenen Noten auf der Tastatur zu finden. Wenn Sie meine Technik verstanden haben, dann werden Sie nie vergessen, wie man eine Note finden kann.

Bevor Sie Probleme mit dem Verwirrspiel um das B und das H bekommen, sollten Sie jedes Akkorddiagramm, das Sie zum Spielen benutzen, auf seine Herkunft prüfen. Wenn es zum Beispiel aus Amerika kommt (oder aus einem anderen nicht-deutschsprachigen Land), müssen Sie statt b-Moll eben h-Moll spielen, statt B-Dur eben H-Dur. Eigentlich ganz einfach, oder? Zudem kann man hoffentlich auch hören, was richtig ist.

Die sieben Töne auf den weißen Klaviertasten (A, H, C, D, E, F, G) bezeichnet man als *Stammtöne*.

Die weißen Tasten

Um die Sache ganz einfach zu machen, gelten die sieben Notennamen (A H C D E F G) immer nur für weiße Tasten. Die schwarzen Tasten haben eigene Namen, doch im Augenblick können wir die schwarzen Tasten als Wegweiser nutzen, um die richtigen weißen Tasten zu finden … sogar im Dunkeln. Und das geht so:

Sie haben bestimmt schon gemerkt, dass die schwarzen Tasten immer abwechselnd in Gruppen von je zwei und drei Tasten erscheinen. Nie kommt es vor, dass zwei Zweiergruppen oder zwei Dreiergruppen direkt aufeinanderfolgen. Und das ist für Klavierschüler ein echter Glücksfall.

Bemühen Sie Ihre Vorstellungskraft, und betrachten Sie jede Zweiergruppe von schwarzen Tasten als ein Paar Essstäbchen, so wie Asiaten sie benutzen (auf Englisch *chopsticks*). Eine Gruppe von drei schwarzen Tasten sollten Sie sich als die Zinken einer Gabel vorstellen (das englische Wort für »Gabel« lautet *fork*). (Schauen Sie schnell mal in Abbildung 3.2.) Chopsticks fängt mit dem Buchstaben C an, und Fork fängt mit dem Buchstaben F an. Merken Sie sich nun bitte Folgendes:

✔ Auf der weißen Taste links neben den *Chopsticks* (zwei schwarze Tasten) liegt die Note C.

✔ Auf der weißen Taste links neben der *Fork* (drei schwarze Tasten) liegt die Note F.

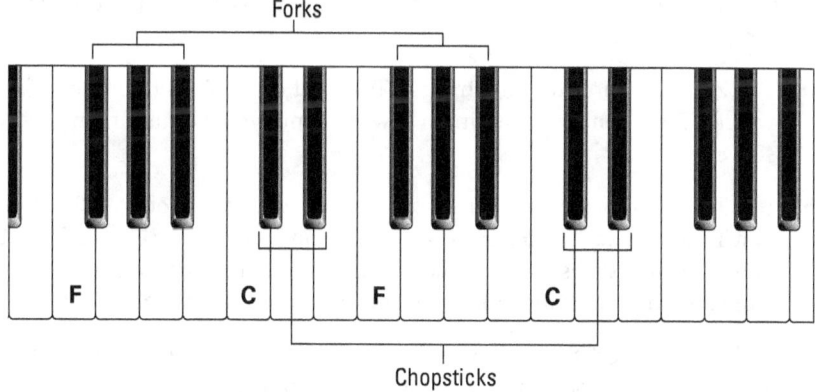

Abbildung 3.2: Chopsticks und Forks (Essstäbchen und Gabel) auf Ihrer Tastatur

Lassen Sie das in Ihr Gedächtnis einsickern. Sie werden es nicht vergessen. Was aber ist mit den anderen weißen Tasten, fragen Sie? Dazu brauchen Sie jetzt das (leicht fehlerhafte) Alphabet, das ich Ihnen bereits gezeigt habe: A H C D E F G.

Merken Sie sich nun, welche Buchstaben neben dem C und welche Buchstaben neben dem F kommen. Rechts vom C liegen die Noten D E F G. Und wenn Sie bei G angekommen sind, dann denken Sie G(eh) wie »Geh zurück an den Anfang des Alphabets«. Dieses alphabetische Muster wiederholt sich auf der Tastatur immer wieder, solange Sie Chopsticks und Forks sehen.

Als Übung, um die richtigen Noten zu finden, nehmen Sie Ihre Chopsticks und Forks und spielen jedes C und F auf der Tastatur, von unten nach oben. Dann suchen Sie jedes D und jedes G. Testen Sie sich selbst, indem Sie auch die anderen weißen Tasten spielen, während Sie laut die Namen der Tasten aussprechen. Mithilfe dieser Technik werden Sie nie den Namen einer Taste vergessen.

Die schwarzen Tasten

Spielen Sie jetzt ein C, dann ein D, und dann die schwarze Taste dazwischen. Sie werden bemerken, dass sich das wie eine ganz andere Musiknote anhört. Sie haben Recht: Die schwarzen Tasten repräsentieren eine andere Art von Noten.

Da es aber im Alphabet zwischen den Buchstaben C und D keinen »Zwischenbuchstaben« gibt, kann die schwarze Taste zwischen C und D keinen logischen alphabetischen Namen haben. »Was sollen wir tun?« überlegten die alten Namensgeber der Tasten, Angehörige einer angesehenen, doch kurzlebigen Profession.

Sie waren wirklich nicht sehr einfallsreich – die Namensgeber der Tasten arbeiteten nur mit den ersten Buchstaben des Alphabets –, und deshalb erhielten die schwarzen Tasten die gleichen Namen wie die benachbarten weißen Tasten, aber mit einem der folgenden Zusätze:

- ✔ Der Zusatz *is* wird für die schwarze Taste auf der *rechten* (der höheren) Seite einer weißen Taste benutzt. Aus einem D wird somit ein Dis, aus einem G wird ein Gis und so weiter.

- ✔ Der Zusatz *es* wird für die schwarze Taste auf der *linken* (oder tieferen) Seite einer weißen Taste benutzt. Also wird aus einem D ein Des und aus einem G ein Ges. (Anmerkung: Im angelsächsischen Sprachraum wird die um einen Halbtonschritt erniedrigte Note mit *flat* bezeichnet, die um einen Halbtonschritt erhöhte Note mit *sharp*.)

Sie werden schnell erkennen, dass jede schwarze Taste, da sie zwischen zwei weißen Tasten liegt, immer zwei Namen hat, abhängig davon, von welcher weißen Taste aus man sie betrachtet. Beispielsweise bezeichnet man die schwarze Taste zur Rechten des F als Fis (erhöhtes F). Da sie aber auch links vom G liegt, ist sie außerdem ein Ges (ein um einen Halbtonschritt erniedrigtes G). Nur bei der Note zwischen A und H läuft das ein wenig anders: Vom A aus betrachtet, heißt sie zwar folgerichtig Ais; von der anderen Seite, dem H her jedoch nicht etwa »Hes«, sondern B. Es gibt noch weitere Ausnahmen beim Erniedrigen: Ein erniedrigtes E heißt dann nur Es und ein erniedrigtes A heißt nur As.

Wir sehen, alle Noten auf schwarzen Tasten sind *erhöhte* oder *erniedrigte* Noten – auf jeden Fall sind sie im Vergleich zu »ihrem« Stammton irgendwie verändert. Deshalb nennt man diese Töne die *alterierten Töne* (von lateinisch *alter* = anders).

Auch hier müssen Sie wieder sehr genau darauf achten, ob Sie mit deutschem oder ausländischem Musikmaterial arbeiten. Im Englischen etwa (und das wird außer Deutsch die häufigste Sprache sein, mit der Sie als Pianist zu tun haben) bezeichnet man die Note, die bei uns B heißt, als *B flat* (geschrieben B♭). Ähnlich heißt auch das Des im Englischen *D flat*, das Ges heißt *G flat* und so weiter. Das sind die *erniedrigten Töne*.

Die *erhöhten Töne* wie Cis, Dis und Gis heißen *C sharp*, *D sharp* und *G sharp*. Sie bekommen in der Notenschrift eine Raute: C♯, D♯ und G♯.

Wahrscheinlich haben Sie sich schon gewundert, wieso es auf Ihrem Klavier zwischen dem H und dem C sowie zwischen dem E und dem F keine schwarze Taste gibt. Keine Sorge, das ist bei jedem Klavier so. Das liegt daran, dass wir uns auf der Tastatur in Halbtonschritten bewegen: Also von einer Taste zur nächsten (ob weiß oder schwarz) ist es immer ein halber Ton. Nun ist aber die Stammtonreihe so aufgebaut, dass zwar zwischen C und D, zwischen F und G und so weiter immer ein Ganzton Unterschied liegt – deshalb die schwarzen Tasten »auf halber Strecke«. Zwischen E und F sowie zwischen H und C jedoch besteht ohnehin nur ein Halbton Unterschied, es bedarf also keiner zusätzlichen Taste, die wir einschieben müssen.

Die Power der Pedale

Wenn Sie Keyboard spielen, dann haben Ihre Hände genug damit zu tun, die Tasten anzuschlagen. Für andere Feinheiten der Musik haben sie da nicht auch noch Zeit. Aus diesem Grund hat ein Klavier auch *Pedale*, und die betätigen Sie mit Ihren Füßen.

Die meisten Pianos haben zwei oder drei Pedale, während Synthesizer sogar noch mehr haben können. Orgeln haben oft eine ganze Tastatur von Pedalen, die mit den Füßen gespielt werden. Bei den Pedalen der Kirchenorgel möchte ich nicht ins Detail gehen – wenn Sie eine spielen, dann werden Sie Lehrer finden, die Ihnen helfen, die Pedale richtig zu benutzen (lesen Sie Kapitel 1, dann verstehen Sie, wie selten und teuer Kirchenorgeln sind).

Die verschiedenen Pedale an Ihrem Instrument ermöglichen es Ihnen, mit Ihrer Musik verschiedene Effekte zu erzielen, die ich Ihnen gleich noch erläutern werde. In den meisten Fällen sagt Ihnen der Komponist eines Musikstücks, wann Sie welches Pedal benutzen sollen, aber Sie können gern auch einmal mit den Pedalen experimentieren und die Interpretationsmöglichkeiten testen, um die sie Ihre Musik bereichern.

Welches Pedal wozu da ist

Die meisten Pianos (vor allem modernere Flügel oder gegebenenfalls elektronische Digitalpianos) haben drei Pedale, wie sie Abbildung 3.3 zeigt. Auf der rechten Seite ist das *Haltepedal* oder *Fortepedal* (englisch *sustain pedal*). Wenn Sie dieses Pedal gedrückt halten, dann werden die *Dämpfer*, die Mechanismen, die die Saiten ruhigstellen, von den Saiten entfernt, und ermöglichen den Saiten, so lange zu tönen, bis Sie das Pedal wieder loslassen oder der Ton von selbst langsam schwächer wird.

Die meisten Musiker nennen das Fortepedal einfach »das Pedal«. Das liegt daran, dass es das beliebteste und am häufigsten genutzte Pedal ist. Wenn Sie zum Beispiel für Ihr elektronisches Keyboard nur ein einziges Pedal mitgeliefert bekommen, können Sie ziemlich sicher sein, dass es sich um ein Fortepedal (Haltepedal) handelt.

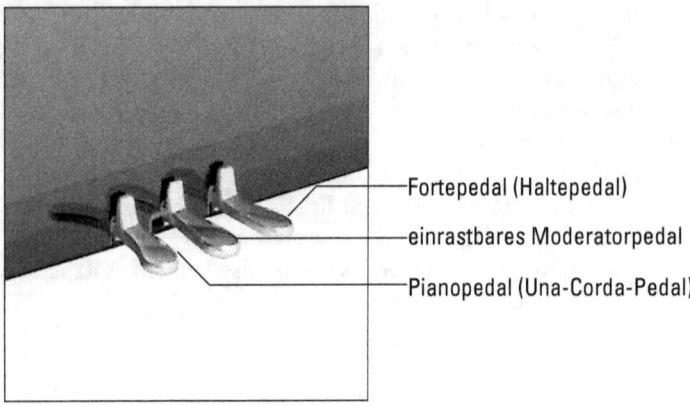

Abbildung 3.3: Viel Spaß mit den Pedalen

 Sie brauchen das Haltepedal nicht jedes Mal zu treten, wenn Sie eine Note spielen. Jede Saite hat ihren eigenen Dämpfer. Wenn Sie eine Taste drücken, dann bewegt sich der Dämpfer von der Saite weg und ermöglicht es dieser zu schwingen, bis Sie die Taste wieder loslassen. Die Dämpfer der Tasten, die Sie nicht spielen, bleiben an ihrem Platz und halten die entsprechenden Saiten ruhig. Das Fortepedal jedoch hebt die Dämpfer von allen Saiten gleichzeitig ab.

Ganz links befindet sich das *Pianopedal* oder *Una-corda-Pedal*. Dieses Pedal bewegt den gesamten Mechanismus bei einem Flügel mit seinen 88 Hämmern ein klein wenig nach rechts. Diese Seitwärtsbewegung des Mechanismus bewirkt, dass die Hämmer die Saite einer Taste an einer anderen Stelle treffen und somit einen leiseren und weicheren Klang verursachen. Bei normalen Klavieren werden dagegen durch eine mechanische Vorrichtung alle Hämmer einfach näher an die Saiten gerückt. So haben sie durch den verkürzten Weg nicht mehr so viel Kraft.

Bei vielen Flügeln (oder elektronischen Pianos) findet man in der Mitte ein drittes Pedal: das *Sostenuto-Pedal*. Anders als das Fortepedal, das alle Noten betrifft, die gespielt werden, ermöglicht das Mittelpedal, eine spezifische Note oder eine einzelne Gruppe von Noten zu beeinflussen, während die übrigen ganz normal gespielt werden. Drücken Sie eine Taste, und treten Sie gleichzeitig (nicht vorher) das Mittelpedal – der Ton schwingt weiter. Spielen Sie dann schnell noch einige andere Noten, Sie werden bemerken, dass diese Noten nicht weiterklingen. Ziemlich trickreich, nicht wahr? Aber auch ziemlich schwierig – zumindest wenn Sie gerade Rachmaninows *Klavierkonzert Nr. 3* spielen. Viele Klavierhersteller entschieden sich dafür, Geld zu sparen, und bieten dieses Pedal nicht mehr an.

Bei normalen Klavieren hat das mittlere, einrastbare Pedal (dann Moderatorpedal genannt) eine völlig andere Funktion: Damit wird ein dicker Filz-»Vorhang« zwischen die Hämmer und Saiten gesenkt, der den Klang wesentlich sanfter und gedämpfter erscheinen lässt. So haben Sie die Möglichkeit, auch spät am Abend noch zu üben, ohne andere zu stören. Sie könnten dieses Pedal auch das »Pedal der guten Nachbarschaft« nennen.

Die Pedale der elektronischen Keyboards

Die üblichsten Pedale an elektronischen Keyboards sind das Fortepedal, um den Ton länger anzuhalten (damit erzielen Sie den gleichen Effekt wie bei einem akustischen Piano), und das Volume- (Lautstärke-)Pedal (ein Schweller-Pedal, mit dem Sie die Gesamtlautstärke beeinflussen können. Fast alle Keyboards gibt es mit diesen Pedalen. Diese Pedale bewegen keine Dämpfer oder Hämmer, denn in einem elektronischen Keyboard gibt es so etwas nicht (es hat ja auch keine echten Saiten). Stattdessen schickt das Pedal ein elektronisches Signal an das Gehirn Ihres Keyboards und sagt ihm: »Schwing weiter, Schätzchen.« (In Kapitel 1 erfahren Sie mehr über das »Gehirn« eines elektronischen Keyboards.)

Sie können an Ihr elektronisches Keyboard weitere Pedale anschließen, um beispielsweise ein *Vibrato* zu erzeugen und zu kontrollieren (damit können Sie einen Ton erzittern lassen), Programmänderungen vorzunehmen, Spezialeffekte zu bewirken. Sie können diese verschiedenen Pedale ausprobieren und entscheiden, welches für Sie passend ist. Eine ausführliche Übersicht über die Möglichkeiten der Klanggestaltung bei elektronischen Keyboards finden Sie in dem Buch *Keyboard für Dummies* von Jerome E. Kovarsky (ebenfalls erschienen bei Wiley-VCH, Weinheim).

Die Pedale der elektronischen Keyboards

Die üblichsten Pedale an elektronischen Keyboards sind das Fortepedal, um den Ton länger anzuhalten (damit erzielen Sie den gleichen Effekt wie bei einem akustischen Piano), und das Volume- (Lautstärke-)Pedal (ein Schweller-Pedal, mit dem Sie die Gesamtlautstärke beeinflussen können. Fast alle Keyboards gibt es mit diesen Pedalen. Diese Pedale bewegen keine Dämpfer oder Hämmer, denn in einem elektronischen Keyboard gibt es so etwas nicht (es hat ja auch keine echten Saiten). Stattdessen schickt das Pedal ein elektronisches Signal an das Gehirn Ihres Keyboards und sagt ihm: »Schwing weiter, Schätzchen.« (In Kapitel 1 erfahren Sie mehr über das »Gehirn« eines elektronischen Keyboards.)

Sie können an Ihr elektronisches Keyboard weitere Pedale anschließen, um beispielsweise ein *Vibrato* zu erzeugen und zu kontrollieren (damit können Sie einen Ton erzittern lassen), Programmänderungen vorzunehmen, Spezialeffekte zu bewirken. Sie können diese verschiedenen Pedale ausprobieren und entscheiden, welches für Sie passend ist. Eine ausführliche Übersicht über die Möglichkeiten der Klanggestaltung bei elektronischen Keyboards finden Sie in dem Buch *Keyboard für Dummies* von Jerome E. Kovarsky (ebenfalls erschienen bei Wiley-VCH, Weinheim).

Teil II
Wie man Musik zu Papier bringt

> **IN DIESEM TEIL …**
>
> Ist das nicht ein kleines Wunder? Mithilfe von 26 Buchstaben können Sie jedes Wort, jeden Satz aufschreiben, der je gesagt wurde, ja, in der Comicsprache sogar Tierlaute nachahmen (Wuff! Miau!). Sie müssen dazu nur die Zeichen Ihrer Muttersprache beherrschen. In der Musik ist es ganz ähnlich: Wenn Sie die Zeichen der Musiksprache beherrschen, können Sie jede Melodie, jeden Song, jede Komposition zu Papier bringen, sodass auch andere sie verstehen können. Alles, was Sie dazu brauchen, sind sieben Noten und ein paar Extras – und die lernen Sie in diesem Teil des Buchs sowohl zu lesen als auch zu schreiben.

> **IN DIESEM KAPITEL**
>
> Finden Sie heraus, was all diese Linien zu bedeuten haben
>
> Entschlüsseln Sie auch noch viele andere seltsame Zeichen
>
> Entdecken Sie, wie Sie geschriebene Noten auf Ihren Klaviertasten finden

Kapitel 4
Waagerechte und senkrechte Linien

Um Musik zu machen, müssen Sie wissen, wann Sie welche Note zu spielen haben. Ein Piano hat 88 Tasten, auf denen Sie spielen können, und jede davon entspricht einer anderen Musiknote. (In Kapitel 3 erfahren Sie alles über diese 88 Tasten der Klaviatur.) Mithilfe einiger Linien und Punkte sagt uns ein Komponist, welche Noten wir spielen sollen, welche der 88 Tasten wir drücken müssen und wie lange jede Note gespielt werden soll. In diesem Kapitel zeige ich Ihnen, wie jedes dieser Elemente aufgeschrieben (notiert) wird.

Noten, Linien und Schlüssel

Wenn Sie auf ein Notenblatt sehen, wie beispielsweise »Humoresque« (siehe Abbildung 4.1), dann werden Sie wahrscheinlich zuerst eine Reihe von schwarzen und weißen Ovalen bemerken. Diese Ovale stellen die Noten dar. Jede geschriebene Note sagt Ihnen zwei wesentliche Dinge:

✔ Welche Taste Sie spielen müssen

✔ Wie lange Sie diese Taste drücken müssen

Sie werden schnell bemerken, dass diese Noten nicht wahllos auf dem Papier verteilt sind – sie sitzen auf Linien, den sogenannten *Notenlinien*, oder zwischen den Linien, und je nachdem, auf welcher Linie oder in welchem Zwischenraum sich eine Note befindet, gibt sie uns Aufschluss über ihre *Tonhöhe*.

Humoresque

Abbildung 4.1: Humoresque

Fünf Linien zu Ihren Diensten

Abbildung 4.2 zeigt Ihnen einen Satz paralleler Linien, wie Sie ihn auf Notenblättern vorfinden. Zählen Sie – insgesamt sollten Sie auf fünf Linien kommen. Und nun zählen Sie die Zwischenräume zwischen den Linien – ich hoffe, Sie kommen auf vier.

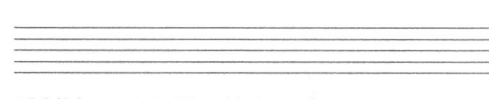

Abbildung 4.2: Eine Notenzeile

Diese fünf Linien und vier Zwischenräume machen zusammen ein Notensystem aus. In diese Zeilen schreibt ein Komponist die Noten – entweder auf oder zwischen die Linien. Jede Linie und jeder Zwischenraum steht für eine bestimmte Musiknote. Die Noten werden nach Buchstaben des Alphabets benannt, A H C D E F G, genau wie die weißen Tasten auf dem Piano. (In Kapitel 3 können Sie mehr über die Buchstaben erfahren, die den Tasten der Klaviatur entsprechen.) Jede Linie und jeder Zwischenraum trägt auch den Namen eines dieser Buchstaben. Wenn Sie also eine Note auf der G-Linie sehen, dann wissen Sie, dass Sie die G-Taste drücken müssen. Sie verstehen, wie das funktioniert? (Sie wissen jetzt natürlich noch nicht, wo sich die G-Linie befindet, aber dazu kommen wir gleich.)

Ein Blick auf Ihre Tastatur verrät Ihnen, dass es mehrere von jeder dieser sieben Noten gibt. Beispielsweise sehen Sie mehrere G-Tasten auf der Klaviatur. Offensichtlich reichen fünf Linien und vier Zwischenräume nicht aus, um alle 88 Tasten unterzubringen. Aber auch das ist kein Grund zur Panik.

Alles hängt an einem Schlüssel

Statt weitere Linien und Zwischenräume hinzuzufügen, um alle vorkommenden der sieben Noten unterzubringen, gibt es ein Symbol, das Ihnen die Sache erleichtert. Stellen Sie sich dieses Symbol als Ihren geheimen Entschlüsselungsapparat vor. Schauen Sie sich Abbildung 4.3 an, und Sie bemerken das kleine, in sich verschlungene Etwas ganz links in der Notenzeile. Dieses Zeichen nennt man den *Notenschlüssel*.

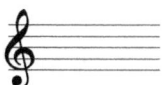

Abbildung 4.3: Der Notenschlüssel

Zweck des Notenschlüssels ist es, Ihnen die Namen der Linien und Zwischenräume der Notenzeile zu verraten. Den Notenschlüssel in Abbildung 4.3 bezeichnet man als *Violinschlüssel* oder *G-Schlüssel*; anscheinend hat er also etwas mit der Note G zu tun.

Es gibt in der Musik noch etliche weitere Notenschlüssel, aber als Klavierspieler brauchen Sie nur zwei davon – einen für tiefe Töne, daher meist die linke Hand, und einen für hohe Töne, daher meist die rechte Hand. Der zweite Schlüssel, mit dem Sie arbeiten werden, ist der *F-Schlüssel* oder *Bassschlüssel*. Merken Sie sich zunächst einmal folgende Faustregel:

Bassschlüssel	tiefe Töne	meist die linke Hand
Violinschlüssel	höhere Töne	meist die rechte Hand

Und jetzt gehen wir etwas mehr ins Detail.

Der Violinschlüssel

Der *Violinschlüssel* (siehe Abbildung 4.3) zeigt also in der Regel die Noten an, die Sie mit der rechten Hand spielen. Warum aber nennt man ihn auch G-Schlüssel? Weil Sie mit seiner Hilfe die Lage der Note G im Liniensystem ablesen können, von der sich auf alle weiteren Töne schließen lässt. Das G wird von dem kleinen Kreis in der unteren Hälfte des Notenschlüssels eingekreist – es liegt also auf der zweiten Linie der Notenzeile.

Damit Sie sich merken können, dass dieser Schlüssel der G-Schlüssel ist: Mit ein wenig Fantasie können Sie darin ein stilisiertes G erkennen.

Die G-Linie, die vom Notenschlüssel umfasst wird, gilt aber nicht für jede G-Taste. Sie gilt nur für das G, das etwas oberhalb der Mitte Ihrer Klaviatur liegt (Abbildung 4.4 kann Ihnen behilflich sein). Wenn Sie dieses G gefunden haben, dann ist das Lesen der anderen Linien und Zwischenräume der Notenzeile so einfach, als ob man das Alphabet aufsagte.

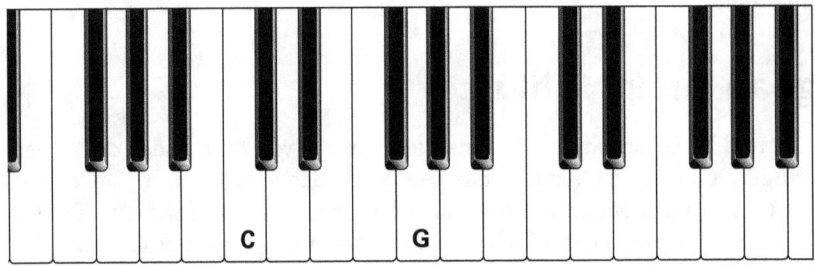

Abbildung 4.4: Das G zu finden, ist doch nicht schwierig.

Wenn Sie gerade ein Keyboard in der Nähe haben, dann legen Sie einen Finger der rechten Hand auf diese G-Taste. (Wenn Sie kein Keyboard in der Nähe haben, dann schauen Sie auf die Tasten, die Sie in Abbildung 4.4 sehen.) Die nächste weiße Taste nach oben (nach rechts) neben dem G wird durch den Zwischenraum über der G-Linie dargestellt. Entsprechend meinem Tastenfinder in Kapitel 3 bedeutet G: »Geh zurück zum Anfang des Alphabets«, also steht die nächsthöhere weiße Taste auf der Tastatur und der nächsthöhere Zwischenraum in der Notenzeile für die Note A.

Wenn Sie in der Notenzeile weiter nach oben und nach unten gehen, dann erhalten Sie die Musiknoten, die Sie in Abbildung 4.5 sehen.

Abbildung 4.5: Alle Linien und Zwischenräume im Violinschlüssel stehen für unterschiedliche Noten.

Vielleicht wundern Sie sich, weshalb keine der schwarzen Tasten durch Linien und Zwischenräume repräsentiert wird. Kapitel 3 erklärt, dass die schwarzen Tasten erhöhte und erniedrigte Noten sind. Statt weitere Linien und Zwischenräume hinzuzufügen, um die erhöhten und erniedrigten Noten darstellen zu können, hat man eine wesentlich einfachere Methode gefunden, um sie auf den gleichen Linien oder in den gleichen Zwischenräumen notieren zu können. Man benutzt dafür den Grundton, fügt ihr aber jeweils ein kleines Symbol hinzu. Und so sitzt das erniedrigte H auf der H-Linie, hat jedoch ein Erniedrigungszeichen neben sich, wie Sie in Abbildung 4.6 erkennen können – ein ♭.

Abbildung 4.6: Erhöhte und erniedrigte Noten werden durch diese Symbole gekennzeichnet.

Ähnlich in dem Beispiel rechts daneben: Notiert wird die Grundnote (das F); um es in seiner erhöhten Form als Fis darzustellen, ergänzt man das F einfach um ein Erhöhungszeichen. Noch einmal zur Wiederholung: Ein Erhöhungszeichen (genannt »Kreuz«) sieht aus wie eine Raute (♯), ein Erniedrigungszeichen (genannt »B«) schreibt man auch als kleines b beziehungsweise ♭.

Der Bassschlüssel

In den meisten Fällen wird Ihre linke Hand die tieferen Noten auf der Tastatur spielen, die man auch *Bassnoten* nennt.

Und so kommt der Bassschlüssel zu seinem Namen (siehe Abbildung 4.7). F-Schlüssel heißt er aber deshalb, weil er die F-Linie markiert und bestimmt. Seine beiden Punkte rechts schließen die 4. Linie ein, auf der die Note F ihren Platz hat.

 Damit Sie sich merken können, dass dieser Schlüssel der F-Schlüssel ist: Mit ein wenig (oder in diesem Fall ganz schön viel) Fantasie können Sie darin ein stilisiertes F erkennen.

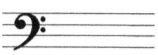

Abbildung 4.7: Der Bassschlüssel

Glauben Sie aber nicht, dass der Bassschlüssel das F unter dem G des Violinschlüssels umfasst. Das ist nicht der Fall. Dieses F liegt um eine Oktave niedriger auf der Klaviatur (siehe Abbildung 4.8), also etwas unterhalb der Mitte der Tastatur.

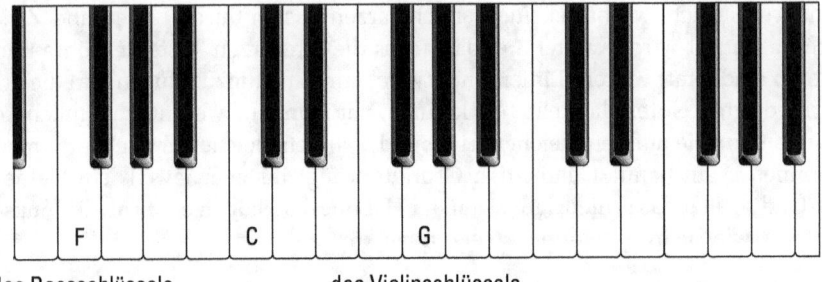

Abbildung 4.8: Zwischen F und G kann mehr als eine Taste liegen.

Wenn Sie die Noten nach dem Bassschlüssel lesen wollen, dann fangen Sie einfach mit der F-Linie an und gehen dann rückwärts oder vorwärts durch das Alphabet. Abbildung 4.9 zeigt Ihnen die Noten in der Notenzeile mit dem Bassschlüssel.

Abbildung 4.9: Auch im Bassschlüssel kommen die sieben Stammtöne vor. Allerdings haben sie dort einen anderen Platz im Liniensystem.

 Sowohl beim Violin- als auch beim Bassschlüssel werden Sie bemerken, dass jeweils die unterste Linie und der oberste Zwischenraum den gleichen Namen tragen. Das Gleiche gilt für den unteren Zwischenraum und die oberste Linie in jeder Notenzeile. Abbildung 4.10 zeigt dies sehr anschaulich.

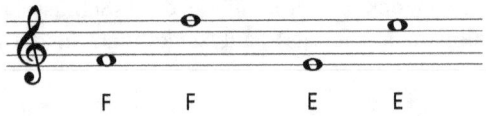

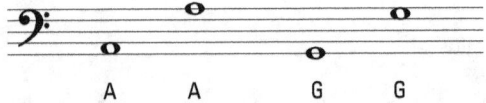

Abbildung 4.10: Ganz oben und ganz unten steht der gleiche Notenname.

Zwei Notenzeilen, doppelter Spaß

Früher oder später werden Sie bei beiden Notensystemen in Bedrängnis geraten, weil Ihnen Linien und Zwischenräume für Ihre Noten fehlen. Doch die Komponisten möchten, dass Sie möglichst alle der fantastischen 88 Tasten benutzen, die Ihnen zur Verfügung stehen. Deshalb werden auf dem Notenblatt die beiden Notensysteme zusammen gezeigt – in einer Art Gesamtschau.

Das Doppelsystem

Wenn man beide Notensysteme kombiniert, dann erhält man ein Doppelsystem), wie es in Abbildung 4.11 gezeigt wird. Auf diese Weise kann man gleichzeitig die Noten für beide Hände lesen. Das Doppelsystem wird außerdem durch eine geschwungene Klammer miteinander verklammert. Das symbolisiert, dass man es auf einem Instrument (also hier dem Klavier/Keyboard) gleichzeitig spielt und liest.

Abbildung 4.11: Das Doppelsystem

Weshalb aber sollten wir den Zwischenraum zwischen den beiden Notenzeilen verschwenden? Wir können ihn sehr gut gebrauchen. Um das zu verstehen, schauen Sie auf die obere Notenzeile und benennen Sie die Noten von G an abwärts. Sie werden feststellen, dass Sie nur bis zum E kommen, bevor Ihnen die Linien ausgehen. Was machen wir jetzt?

Nun gehen Sie zum F auf der Basslinie und benennen die Namen der Noten aufwärts. Sie kommen nur bis zum A. Was aber ist mit den verbleibenden H, C und D, die zwischen dem A des Bassschlüssels und dem E des Violinschlüssels liegen (Abbildung 4.12)?

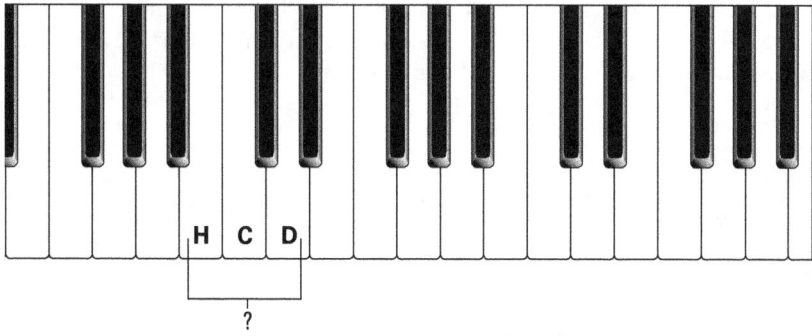

Abbildung 4.12: Wo sind die Linien und die Zwischenräume für die fehlenden Noten?

Das Doppelsystem bietet eine »imaginäre« Lösung, eine, bei der Sie Ihre Vorstellungskraft bemühen müssen. Stellen Sie sich also vor, dass zwischen beiden Notensystemen eine weitere Linie verläuft. Diese Linie und die beiden gleichzeitig entstandenen neuen Zwischenräume schaffen Platz für die drei fehlenden Noten, so wie Sie es in Abbildung 4.13 sehen.

Abbildung 4.13: Wir schaffen Platz für weitere Noten.

Sehen Sie nur, was diese Linie dem Doppelsystem antut – man kann sie unmöglich mehr lesen. Aus diesem Grund werden die Notenzeilen auseinandergerückt, und in der Mitte wird eine kleine Linie für das C angebracht – nur so breit, dass eine Note darauf Platz findet – so wie Sie es in Abbildung 4.14 sehen können. Wir nennen diese Linie *Hilfslinie*.

Abbildung 4.14: Eine dünne kleine Linie kann weitere Noten tragen.

Gedränge in der Mitte

Die Note C, die die Hilfslinie zwischen den beiden Notensystemen einnimmt, nennt man das *mittlere C*. Das können Sie sich leicht merken, denn es ist auch die Taste, die sich ziemlich genau in der Mitte der Tastatur Ihres Klaviers befindet. Auf manchen Pianos hat das mittlere C auch die Bezeichnung C4, weil es das vierte C von unten gesehen ist.

 Wir sehen: Das mittlere C gehört irgendwie zu beiden Notenschlüsseln. In Abbildung 4.15 sehen wir es in seinen zwei möglichen Positionen. Wenn es näher an der Notenzeile mit dem Violinschlüssel steht, dann spielen Sie diese Note mit der rechten Hand; erscheint sie näher an der Notenzeile mit dem Bassschlüssel, dann benutzen Sie die linke Hand.

Abbildung 4.15: Nirgendwo so richtig zu Hause: Das mittlere C

Für die Nachbarnoten des mittleren C, also das H und das D, gilt das Gleiche: Das D kann entweder an der Notenzeile mit dem Violinschlüssel hängen, oder es kann auf der Hilfslinie des mittleren C sitzen. Gleichermaßen kann das H auf der obersten Linie der Basszeile sitzen oder sich unten an die Hilfslinie des mittleren C hängen. Abbildung 4.16 zeigt diese Positionen der »schwebenden Noten«.

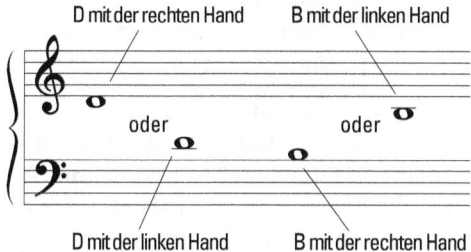

Abbildung 4.16: Die gleichen Noten, jeweils mit verschiedenen Händen gespielt beziehungsweise in verschiedenen Notenschlüsseln notiert

Wir klettern die Notenzeile hinauf und noch weiter

Das mittlere C ist übrigens nicht die einzige Note, die die Ehre hat, eine Hilfslinie zu erhalten. Weitere Hilfslinien kommen ins Spiel, wenn Sie an Noten geraten, die nicht auf die Linien und in die Zwischenräume passen, die von den beiden Notenzeilen zur Verfügung gestellt werden. Beispielsweise bezeichnet die oberste Linie der Notenzeile mit dem Violinschlüssel das F. Oben auf dieser Linie sitzt die Note G. Nach dem G beginnt ein neuer Satz von Hilfslinien, auf denen man sich austoben kann. Eine ähnliche Situation gibt es am unteren Ende der Basszeile. Hilfslinien tauchen unter der unteren G-Linie auf und unter dem tiefen F, dass an der unteren Linie der Basszeile hängt. Abbildung 4.17 zeigt Ihnen den Spaß mit den Hilfslinien.

Abbildung 4.17: Wir fahren die Hilfslinien aus.

Sich diese Hilfslinien einzuprägen, ist ganz einfach: Die beiden Sätze von je drei Hilfslinien (auf jeder Notenzeile) werden A C E buchstabiert. Wenn Sie sich das merken können, dann sind Sie ein Ace (ein As).

Steigen oder fallen – je nach Bedarf

Hilfslinien sind nicht immer der Weisheit letzter Schluss, um all die Noten aufzuzeichnen, die sich außerhalb der Grenzen einer Notenzeile befinden – sonst würden manche Notenzeilen unglaublich viel Platz auf einer Seite beanspruchen. In solchen Fällen benutzen Komponisten lieber Abkürzungen, um Sie zu den entsprechenden Noten zu leiten.

Die Abkürzung *8va* (sprich: Ottava) sagt zum Beispiel aus, dass Sie die gleiche Note, jedoch eine Oktave höher spielen müssen. Wenn Sie beispielsweise ein 8va *über* der Note F auf der obersten Linie der oberen Notenzeile sehen, dann bedeutet dies, dass Sie das nächsthöhere F auf der Klaviatur spielen sollen.

Wenn Sie ein *8vb* (Ottava bassa) *unterhalb* einer Note sehen, dann spielen Sie die gleiche Note, jedoch eine Oktave tiefer. Wenn Sie beispielsweise unterhalb der Note G auf der untersten Linie der Basszeile ein 8vb finden, dann sagt Ihnen das, dass Sie das nächsttiefere G auf der Klaviatur spielen sollen.

Die senkrechten Linien

Außer den horizontalen Linien gibt es in der Musik auch einige senkrechte. Diese senkrechten Linien helfen Ihnen festzustellen, wo Sie gerade in der Zeile sind. Sie symbolisieren eine Art Zeitraster. Ein Beispiel für diese senkrechten Linien finden Sie in Abbildung 4.18.

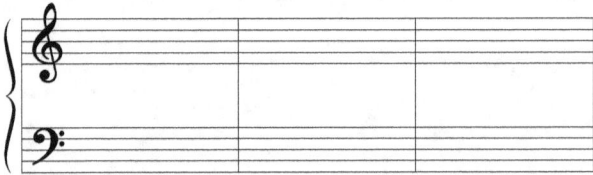

Abbildung 4.18: Senkrechte Linien unterteilen die Notensysteme.

In Kapitel 5 lesen Sie mehr über diese senkrechten Linien und über die wichtige Rolle, die sie spielen, wenn es um den Rhythmus und die Zeit geht.

Hören Sie nicht auf, bis Sie genug haben

Wenn Sie dieses Buch lesen, können Sie sofort sehen, dass jede Seite mehrere Textzeilen hat. Sie machen keine Pause, wenn Sie an das Ende einer Zeile oder Seite kommen, sondern springen sofort in die nächste Zeile.

Beim Notenlesen ist es ganz ähnlich. Wenn Sie ans Ende eines Doppelsystems kommen, spielen Sie einfach unbeirrt in der nächsten Zeile weiter. (Abbildung 4.19 zeigt, was ich meine.) Beachten Sie, dass die jeweiligen Notenschlüssel am Anfang jeder neuen Notenzeile stehen.

Abbildung 4.19: Lesen Sie weiter, spielen Sie weiter.

> **IN DIESEM KAPITEL**
>
> Spielen wir lange und kurze Noten
>
> Erkennen wir Noten an ihrer Form
>
> Messen wir die Musik ohne Lineal

Kapitel 5
Wir bringen Rhythmus in die Musik

Ihnen ist sicher schon aufgefallen, dass Musik nicht nur eine Reihe von gleichlangen, tönenden und dröhnenden Klängen ist. Vielleicht trifft diese Beschreibung auf einige klassische Stücke des 20. Jahrhunderts zu – und auf so manches, was die Schotten auf ihrem Dudelsack spielen –, aber wahrscheinlich wollen Sie Stücke spielen, zu denen man tanzen kann oder bei denen die Leute zumindest nicht einschlafen.

Wenn Sie das beabsichtigen, braucht Ihre Musik *Rhythmus*, und der wiederum ergibt sich aus den unterschiedlichen *Notenlängen*. In diesem Kapitel zeige ich Ihnen, warum es so wichtig ist, dass Ihre Noten nicht alle gleich lang ausfallen.

The Beat Goes On

Wenn Sie Musik hören, die auf einem Keyboard oder einem anderen Instrument gespielt wird, dann hören Sie immer Noten von unterschiedlicher Länge. Manche hören sich so lang an wie ein Nebelhorn, andere sind sehr kurz, so als ob ein Vogel piepst. Wieder andere Noten haben eine mittlere Länge.

Abhängig davon, wie lang die Noten in einem Musikstück gespielt werden, hört sich die Musik schnell, langsam oder irgendwo dazwischen an. Die variierenden Längen der unterschiedlichen Noten machen den *Rhythmus* der Musik aus. Ganz gleich, ob es ein schnelles Stück Tanzmusik ist oder ein langsames Liebeslied, der Rhythmus gibt der Musik den richtigen Groove.

Wir messen den Takt

Die Tonlängen werden in *Taktschlägen* gemessen. Wie Ihre Herzschläge werden auch musikalische Taktschläge (in Jazz und Pop nennt man sie gern *Beats*) über eine bestimmte Zeit gezählt. Auf jede Minute fällt eine bestimmte Anzahl von Schlägen (ebenso wie bei Ihrem Herzen).

Wir machen einen kleinen Versuch, damit Sie verstehen, was Taktschläge sind und wie sie gemessen werden: Schauen Sie einmal auf Ihre Armbanduhr (sie sollte einen Sekundenzeiger haben), und tappen Sie jede Sekunde einmal mit dem Fuß auf den Boden. Hören Sie das? Sie tappen Taktschläge – einen Taktschlag pro Sekunde. Natürlich dauern nicht alle Taktschläge eine Sekunde lang. Schauen Sie noch einmal auf Ihre Armbanduhr, beachten Sie den Sekundenzeiger, und tappen Sie zweimal pro Sekunde auf den Boden.

Die Geschwindigkeit, mit der Sie gleichmäßig auf den Boden tappen, nennt man in der Musik das *Tempo*. Wenn Sie beispielsweise einmal pro Sekunde auf den Boden tappen, dann nennt man dieses Tempo 60 Taktschläge pro Minute und schreibt es auf als 60 bpm (*beats per minute*; 60 sind es, weil eine Minute 60 Sekunden hat). Wenn Sie zweimal pro Sekunde auf den Boden tappen, dann wird das Tempo doppelt so schnell – 120 bpm.

Jetzt reicht es mit der Mathematik, doch dieses Beispiel kann Ihnen die Beziehung zwischen Musik und unterschiedlichen Tonlängen und der Zeit verständlich machen. Stellen Sie sich eine Notenzeile als eine Zeitlinie vor. (In Kapitel 4 haben Sie schon alles über Notenzeilen erfahren.) Ebenso wie das Ziffernblatt einer Uhr in Minuten und Sekunden eingeteilt werden kann, kann auch eine Notenzeile in kleinere Zeiteinheiten eingeteilt werden, die wiederum ein Muster aus Taktschlägen enthalten. Diese kleineren Zeiteinheiten nennt man *Takte*. Sie helfen Ihnen, sich rhythmisch besser beim Lesen in einem Musikstück zurecht zu finden.

Salamitaktik mit senkrechten Strichen

Ein kurzes Lied kann in drei Minuten mehrere hundert Taktschläge enthalten. Damit Sie sich in dieser Myriade von Taktschlägen nicht verirren, ist es hilfreich, die Taktschläge zu zählen, wenn Sie spielen. Aber anstatt nun bis beispielsweise 540 zählen zu müssen, gruppiert der Komponist die Taktschläge in nette kleine Gruppen, die bereits erwähnten *Takte*.

Jeder Takt hat eine bestimmte Anzahl von Taktschlägen. In den meisten Fällen hat ein Takt vier Taktschläge. Diese kleinere Gruppe von vier Taktschlägen lässt sich sehr einfach zählen: 1, 2, 3, 4 – und im nächsten Takt fangen Sie wieder mit 1 an.

Der Komponist entscheidet durch den Grundrhythmus in seinem Stück, wie viele Taktschläge in jedem Takt untergebracht werden, und kennzeichnet jeden Takt durch eine senkrechte Linie, die wir *Taktstrich* nennen, wie Sie es in Abbildung 5.1 sehen.

Abbildung 5.1: Taktstriche helfen, die Taktschläge zu gruppieren.

Weshalb ist es wichtig, wie viele Taktschläge in einem Takt sind? Wenn der Komponist möchte, dass seine Musik in 4er-Taktschlägen gruppiert erlebt und betont werden soll, dann hilft Ihnen eine Takteinteilung mit vier Taktschlägen nachzuverfolgen, welche Schläge betont werden sollen, denn immer der erste Schlag im Takt erhält normalerweise eine natürliche Betonung.

Abbildung 5.2 zeigt eine Notenzeile mit mehreren Takten. Die Schrägstriche kennzeichnen jeweils einen Taktschlag. Klatschen Sie diese Taktschläge, und zählen Sie laut mit. Wenn Sie es zum ersten Mal versuchen, dann betonen Sie keinen dieser Taktschläge. Beim zweiten Mal betonen Sie jeden ersten Taktschlag in einem Takt ein wenig stärker als die anderen drei, indem Sie lauter klatschen. Achten Sie darauf, wie diese Betonungen dem ganzen Rhythmus einen gewissen Pulsschlag verleihen.

Abbildung 5.2: Betonen Sie die richtigen Beats.

Unterschiedliche Taktstriche und was sie bedeuten

Es gibt verschiedene Taktstriche. Diese geben Ihnen Anweisungen, wie die Musik gespielt beziehungsweise gelesen werden soll.

Die vier wichtigsten Taktstricharten sagen Ihnen Folgendes:

✓ **Ein einzelner, dünner Taktstrich:** Gehen Sie einfach weiter zum nächsten *Takt*. Das ist der »normale« Taktstrich!

✓ **Zwei dünne Taktstriche:** Es folgt jetzt ein neuer *Abschnitt* des Stücks; der enthält irgendeine Veränderung, entweder ein neues Tempo, eine neue Gruppierung von Taktschlägen pro Takt oder eine neue Strophe des Liedes.

✓ **Ein dünner und ein dicker Taktstrich mit Doppelpunkt – das »Wiederholungszeichen«:** *Wiederholen* Sie die Musik vom Anfang des Songs (wenn vorher noch kein Wiederholungszeichen geschrieben wurde) oder wiederholen Sie vom Anfang des Abschnitts an, der mit solch einem Wiederholungszeichen begonnen hat. Die Punkte sind dann als Eingrenzung zu Beginn des Abschnitts auf der rechten und am Ende des Abschnitts auf der linken Seite des Wiederholungszeichens.

✓ **Ein dünner und ein dicker Taktstrich – der »Schlussstrich«:** Sie haben das *Ende* des Stücks erreicht, also können Sie aufhören zu spielen.

Abbildung 5.3 zeigt Ihnen die vier verschiedenen Taktstriche und Taktstrichkombinationen.

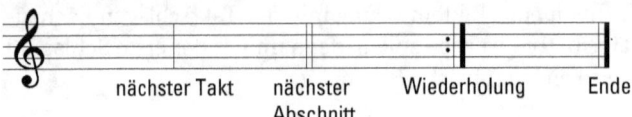

Abbildung 5.3: Diesen Arten von Taktstrichen können Sie begegnen.

Die Notenlänge: Wir servieren eine musikalische Torte

Klaviernoten benutzen viele verschiedene Symbole und Zeichen. Die vielleicht wichtigsten Symbole, die Sie kennen müssen, sind diejenigen, die Ihnen die Länge einer jeden Note anzeigen.

Jede Note, die Sie spielen, dauert eine bestimmte Anzahl von Taktschlägen *oder* einen bestimmten Bruchteil eines Taktschlags lang. Und da wir hier Musik betreiben und keine Mathematikgenies sind, behelfen wir uns einfach mit dem Bild einer Torte. Diese Torte entspricht einem Takt.

Nun sagt Ihnen der Konditor (Komponist), in wie viele gleich große Stücke Sie diese Torte (diesen Takt) aufteilen sollen. Dabei steht jedes Stück für einen Taktschlag. Sie können die ganze Torte auf einmal essen oder nur einen Teil davon, je nachdem wie hungrig Sie sind (wie die Musik sich anhören soll).

Viertelnoten

Die meisten Musikstücke haben vier Taktschläge pro Takt. Das bedeutet, dass der Konditor Sie bittet, jedes Törtchen in vier gleich große Stücke aufzuteilen. Wenn Sie etwas in vier Stücke teilen, dann erhalten Sie Viertel. Wenn Sie also einen Takt in vier Teile zerteilen, dann erhalten Sie auch Viertel – *Viertelnoten*.

Eine Viertelnote wird durch einen schwarzen runden Notenkopf mit einem langen *Notenhals* dargestellt. Sie gilt heute als die am häufigsten verwendete – und deshalb wichtigste – Note in der Musik. Schauen Sie sich die Noten in Abbildung 5.4 an: Das sind alles Viertelnoten.

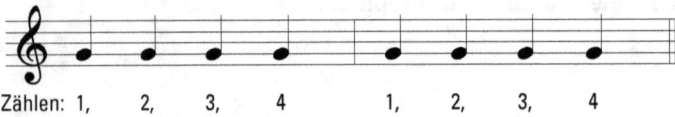

Abbildung 5.4: Die häufigste Note in der Musik – die Viertelnote.

Versuchen Sie, diese Viertelnoten auf Ihrem Klavier zu spielen. Tappen Sie mit Ihrem Fuß auf den Boden, und tun Sie das einmal pro Sekunde. Zählen Sie laut: »1, 2, 3, 4.« Jedes Mal, wenn Ihr Fuß auf den Boden tappt, spielen Sie die nächste Viertelnote auf dem Klavier. Wenn Sie einen Taktstrich erreichen, dann spielen Sie weiter, tappen weiter mit dem Fuß auf den Boden und zählen den nächsten Takt durch: »1, 2, 3, 4.«

Halbe Noten

Wir nehmen uns eine neue Torte vor. Wenn Sie jede Torte in Viertel zerschneiden und zwei Stück davon aufessen, dann bleibt noch eine halbe Torte übrig. Genauso ist es, wenn Sie einen Takt in vier Schläge einteilen und eine Note spielen, die zwei Schläge lang andauert: Dann können Sie davon ausgehen, dass diese beiden Beats zusammen eine *halbe Note* ausmachen.

In Abbildung 5.5 sehen Sie einige Takte mit halben und Viertelnoten. Beachten Sie, dass eine halbe Note so ähnlich aussieht wie eine Viertelnote: Sie hat den gleichen Notenkopf und einen langen Notenhals, doch ist der Notenkopf der halben Note durchsichtig anstatt schwarz.

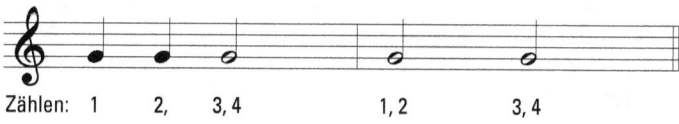

Zählen: 1   2   3, 4   1, 2   3, 4

Abbildung 5.5: Heben Sie die Hälfte für mich auf.

Versuchen Sie, die Noten zu spielen, die Sie in Abbildung 5.5 sehen. Bei jeder halben Note halten Sie die Taste zwei Taktschläge (oder zwei Fußtapps) lang gedrückt, bevor Sie die nächste Note spielen. Zählen Sie weiterhin »1, 2, 3, 4«, damit Sie wissen, wann Sie spielen sollen und wann nicht.

> ### Hals über Kopf? Oder Kopf über Hals?
>
> Manchmal zeigt der Notenhals nach oben und manchmal nach unten. Das hängt davon ab, ob die Note (also der Notenkopf) sich oberhalb oder unterhalb der Mittellinie befindet. Ist er darüber, zeigt der Hals nach unten; ist er darunter, zeigt der Hals nach oben. Das gilt für alle Noten, die einen Notenhals haben.
>
> Naja, werden Sie sagen, damit bin ich aber noch nicht zufrieden. Es gibt ja auch noch die H-Note, die genau *auf* der Mittellinie liegt. Nun, deren Hals zeigt auch nach unten. Und wenn Sie mich jetzt fragen, warum, kann ich nur sagen: Irgendwohin muss er ja zeigen.
>
> Aufpassen! Aufwärts zeigende Notenhälse befinden sich an der rechten Seite des Notenkopfes, abwärts zeigende Notenhälse an der linken. Bevor Sie das alles immer richtig machen, müssen Sie schon ein paar Seiten mit Noten vollgeschrieben haben. Aber für den Anfang reicht es, wenn Sie die Noten korrekt lesen können.

Ganze Noten

Wir müssen uns noch ansehen, was ist, wenn wir eine Torte gar nicht zerschneiden, sondern an einem Stück verzehren. Wenn Sie eine Note spielen, die über alle vier Taktschläge des Taktes anhält, dann spielen Sie eine *ganze Note*.

Aus ganz offensichtlichen Gründen bezeichnen Popmusiker, die nicht unbedingt auch Sportler sein müssen (aber vielleicht zumindest Amerikaner), diese Note als »Football«. Wie bei der halben Note ist auch der Notenkopf der ganzen Note weiß, doch die Form ist ein wenig anders – etwas größer und nicht schräg gesetzt, eher oval statt rund, wie ein amerikanischer Football eben. Und einen Notenhals hat sie auch nicht (weder die Note noch der Football). In Abbildung 5.6 sehen Sie einige ganze Noten.

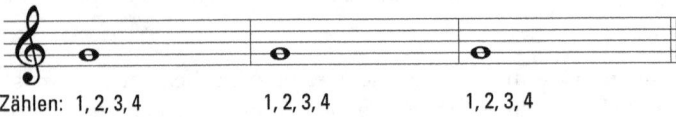

Zählen: 1, 2, 3, 4   1, 2, 3, 4   1, 2, 3, 4

Abbildung 5.6: Wir essen die ganze Torte auf einmal.

Die Kunst, ganze Noten zu spielen, ist ganz einfach. Spielen Sie die Noten in Abbildung 5.6, und halten Sie die Taste vier Beats oder vier Fußtapps lang gedrückt. Dann überqueren Sie den Taktstrich und spielen sofort den nächsten Takt, da eine ganze Note ja den ganzen Takt einnimmt. Vergessen Sie nicht, alle vier Taktschläge zu zählen, während Sie spielen; das hilft, einen gleichmäßigen Rhythmus einzuhalten.

Jetzt vermischen wir die Stückchen

 Nachdem Sie nun wissen, wie man die drei wichtigsten Notenarten zählt, spielt und hält, versuchen Sie, Musikbeispiel 5 mit allen unterschiedlichen Notenlängen zu spielen.

▶ MUSIKBEISPIEL 5

Hören Sie sich zunächst einmal Musikbeispiel 5 an. Dort hören Sie, wie lange jede Note dauert. Gut, ich gebe zu, dass die Melodie dieses Lieds Ihnen nicht unbedingt die Tränen in die Augen treiben wird – ich habe während des ganzen »Lieds« die gleiche Note benutzt, um den Rhythmus zu betonen, der entsteht, wenn man die drei Notenlängen miteinander kombiniert.

Schneller und schneller

Nur weil ein Takt vier Taktschläge hat, bedeutet das nicht, dass darin nur vier Noten vorkommen können. Außer den Viertelnoten, den halben und den ganzen Noten (über die ich im letzten Abschnitt gesprochen habe) dauern manche Noten nur den Bruchteil eines Taktschlags. Je kleiner dieser Bruchteil ist, umso schneller hört sich die Musik an, weil Sie bei jedem Beat oder Fußtapp mehr Noten hören.

Hören Sie sich Musikbeispiel 6 an. Jeder Taktschlag – er wird hier durch ein gleichmäßiges Klicken dargestellt – macht die Länge einer Viertelnote aus. Die kurzen Notenlängen jedoch lassen die Musik immer schneller erscheinen.

Erstaunlich, oder? Auf diese Weise kann ein Lied mit 240 bpm unglaublich langsam anmuten, ein anderes mit dem gleichen Tempo wahnsinnig schnell. Doch die Geschwindigkeit der Musik an sich verändert sich überhaupt nicht. Allerdings entspricht bei einem »schnellen Stück« die Länge der einzelnen Noten einem viel kleineren Bruchteil eines Taktschlags. Wenn Sie einen Taktschlag teilen, dann haben Sie die Möglichkeit, in diesem Zeitraum mehrere Noten zu spielen

Wenn es Ihnen schwerfällt, diese schnelleren Noten zu spielen, dann setzen Sie ganz einfach das Tempo herab, indem Sie den Schlag der Viertelnote langsamer auf den Boden tappen. Damit können Sie diese schnelleren Notenmuster in langsamerem Tempo spielen. Wenn Sie sich daran gewöhnt haben, können Sie das Tempo erhöhen.

Achtelnoten

Wenn Sie die vier Stücke der Torte alle noch einmal teilen, dann erhalten Sie acht Stücke. Wenn Sie die vier Schläge in einem Takt jeweils halbieren, dann erhalten Sie *Achtelnoten*. Zwei Achtel machen einen Taktschlag oder eine Viertelnote aus. Genauso benötigen Sie vier Achtel für eine halbe Note, und acht Achtel für eine ganze Note (einen vollen Takt).

Achtelnoten werden auf zwei unterschiedliche Arten geschrieben (siehe Abbildung 5.7). Wenn eine Achtelnote allein steht, dann sieht sie aus wie eine Viertelnote mit einem *Fähnchen* daran. Wenn zwei oder sogar vier Achtel nebeneinander stehen, fallen die Fähnchen weg, und die betreffenden Noten werden durch einen *Balken* verbunden. Diese Balkengruppen machen es übersichtlicher für Sie, die übergeordneten Taktschläge zu erkennen.

Um Achtelnoten wie die in Abbildung 5.7 zu spielen, zählen Sie den Taktschlag laut als »1-und, 2-und, 3-und, 4-und« und so weiter. Immer, wenn Sie mit Ihrem Fuß auf den Boden tappen, sprechen Sie eine Zahl, und wenn Ihr Fuß nach oben geht, sagen Sie »und«.

Zählen: 1 - und   2 - und   3 - und   4 - und

Abbildung 5.7: Acht ist noch nicht genug.

Sechzehntel und mehr

Wenn Sie einen Taktschlag oder eine Viertelnote in vier Teile teilen, erhalten Sie *Sechzehntelnoten*. Zwei Sechzehntel sind so viel wie eine Achtelnote, und so brauchen Sie vier Sechzehntelnoten, um einen Taktschlag oder eine Viertelnote zu erhalten.

Ebenso wie die Achtelnoten kann man die Sechzehntelnoten auf zweierlei Weise schreiben: mit Fähnchen und mit Balken. Eine Sechzehntelnote erhält zwei Fähnchen, wenn sie allein steht; gruppierte Sechzehntel haben zwei Balken. Meistens werden vier Sechzehntelnoten zusammengefasst, weil vier Sechzehntel einen Taktschlag ausmachen. Oft sieht man auch, dass eine Achtelnote mit zwei Sechzehntelnoten zusammengefasst wurde, was ebenfalls einen Taktschlag ausmacht. Abbildung 5.8 zeigt Ihnen Beispiele von Sechzehnteln mit Fähnchen und Sechzehnteln mit Balken; außerdem finden Sie Achtelnoten, die mit Sechzehntelnoten verbunden sind.

Zählen: 1 e und a 2 e und a 3-e und a 4 e und-a

Abbildung 5.8: Es sind immer 16.

Wenn Sie Sechzehntel zählen, dann unterteilen Sie den Taktschlag, indem Sie sagen, »1-e-und-a, 2-e-und-a« und so weiter. Die Zahlen sagen Sie, wenn Sie mit dem Fuß auf den Boden tappen; das »und« sagen Sie dann, wenn Ihre Fußspitze oben ist, und das »e« und das »a« liegen dazwischen.

Sechzehntelnoten sind nicht besonders schwer zu spielen, sofern es um ein langsames Balladentempo geht. Wenn Sie aber versuchen, Sechzehntel in einem schnellen Lied zu hämmern, dann hören Sie sich (bei entsprechendem Training) bald an wie Jerry Lee Lewis – und das ist auch nicht schlecht. (Über Jerry Lee Lewis können Sie mehr in Kapitel 18 lesen.)

Man kann einen Taktschlag noch weiter unterteilen, und manche Komponisten tun das tatsächlich so lange, bis von dem Taktschlag fast nichts mehr übrig ist. Abbildung 5.9 zeigt, dass man einen Taktschlag auch in Zweiunddreißigstel, in Vierundsechzigstel und sogar in Einhundertachtundzwanzigstel aufteilen kann. In der Praxis kommt das aber selten vor; zu selten jedenfalls, um uns hier länger damit aufzuhalten.

Abbildung 5.9: Von der Viertel- zur Sechzehntelnote.

 Wenn Sie einmal auf sehr kleine, sehr kurze Noten treffen, dann verringern Sie einfach das Tempo; werden Sie ganz langsam, und zählen Sie die Teile eines Taktschlags so, wie es Ihnen sinnvoll erscheint. Dann erhöhen Sie das Tempo wieder und versuchen, die Musik zu spielen. Das brauchen Sie aber nicht unbedingt jetzt gleich zu üben.

Triolen schmecken wie Pralinen

Die meisten Noten teilen einen Taktschlag ganz sauber durch ein Vielfaches von zwei. Aber ab und zu wollen Sie vielleicht auch ein wenig schneller spielen als mit Achtelnoten, doch ein wenig langsamer als mit Sechzehnteln. Das bedeutet, dass Sie drei Noten pro Taktschlag spielen, also eine *Triole*.

Die häufigsten Triolen sind *Achteltriolen*, die aussehen wie drei durch einen Balken verbundene Achtelnoten. Damit man diese Triolen schnell erkennen kann, schreiben Komponisten die Zahl 3 klein und normalerweise kursiv (damit man sie nicht mit einer Fingersatzzahl verwechselt) über den Balken. Oft trifft man auch auf eine Viertel-Achtel-Triole. Die sieht aus wie eine Viertel- plus eine Achtelnote, die jedoch durch eine kleine Klammer verbunden sind, über der eine kleine 3 steht. Abbildung 5.10 zeigt Ihnen diese beiden Arten von Triolen.

Abbildung 5.10: Eine Schachtel Pralinen.

 Hören Sie sich ein Beispiel dieser Triolen in Musikbeispiel 7 an, bevor Sie selbst versuchen, sie nach Abbildung 5.10 zu spielen. Um die Triolen zu zählen, tappen Sie wieder mit dem Fuß auf den Boden und sagen bei jedem Taktschlag »Tri-o-le« oder (weil mir Vergleiche mit Süßigkeiten so gut gefallen) »Pra-li-ne«.

Taktwechsel

Jeder Musiktakt enthält eine bestimmte Anzahl von Taktschlägen oder Beats. (Im Abschnitt »The Beat Goes On« in diesem Kapitel erhalten Sie weitere Informationen über Taktschläge.) Komponisten entscheiden schon am Anfang, wie viele Taktschläge ein Takt enthalten soll, und geben diese Information als *Metrum* an.

Die beiden Zahlen nach dem Notenschlüssel sagen Ihnen, wie viele Taktschläge in jedem Takt enthalten sind. In der Mathematik heißt der Bruch für ein Viertel 1/4. Und so bedeutet 4/4 vier Viertel. Deshalb hat jeder Takt mit der Signatur 4/4 auch vier Taktschläge, die jeweils einer Viertelnote entsprechen. Jeder Dreivierteltakt enthält drei Viertelnoten und so weiter, wie Sie es in Abbildung 5.11 sehen können.

Abbildung 5.11: Viertelnoten im Takt.

Beachten Sie, dass ein Viervierteltakt nicht bedeutet, dass jeder Takt unbedingt vier Viertelnoten enthält. Es heißt lediglich, dass jeder Takt vier Taktschläge hat. Diese einzelnen Taktschläge können sich aus halben Noten, Viertelnoten, Achtelnoten zusammensetzen, ganz wie der Komponist es bestimmt. Wichtig ist nur: Die Summe aller Notenlängen darf nicht mehr und nicht weniger als die angegebene Zahl der Taktschläge pro Takt ergeben.

Der Viervierteltakt

Der häufigste Takt in der Musik ist der Viervierteltakt. Die beiden Zahlen in der Taktsignatur werden oft durch den Buchstaben C ersetzt (siehe Abbildung 5.12).

Abbildung 5.12: Eine sehr verbreitete Möglichkeit, den Viervierteltakt anzugeben: der Buchstabe C.

Das 4/4 sagt Ihnen, dass jeder Takt vier Taktschläge enthält, die jeweils einer Viertelnote entsprechen. Wenn Sie also den Viervierteltakt zählen, dann schlagen Sie immer, wenn Sie mit dem Fuß tappen, eine Viertelnote. Wenn Sie ein Beispiel für einen Viervierteltakt hören wollen, dann spielen Sie Musikbeispiel 8. Achten Sie darauf, wie der Viervierteltakt auch hier die Betonung auf den ersten Schlag eines jeden Taktes legt.

▶ Musikbeispiel 8

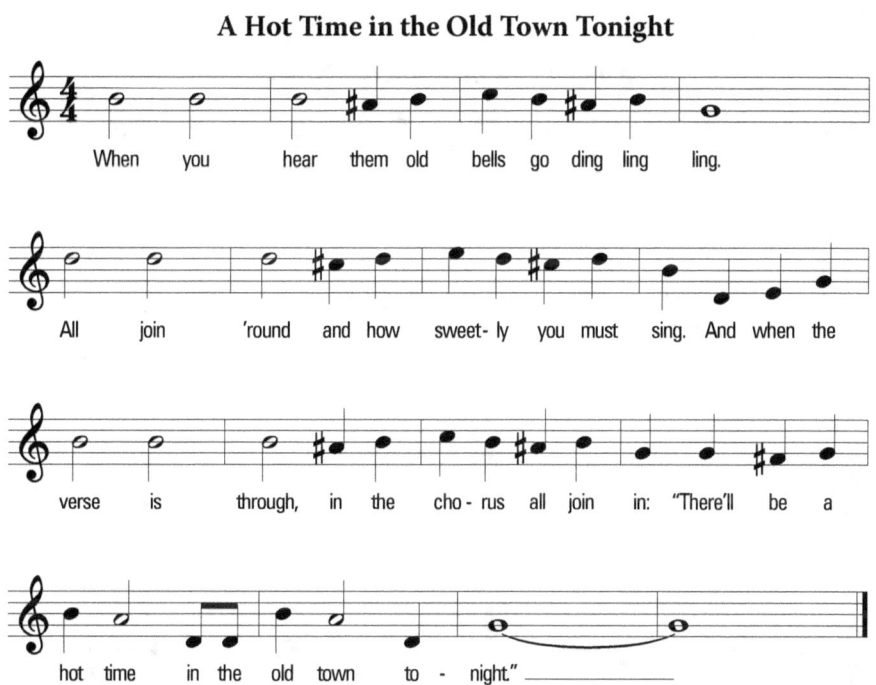

Der Walzertakt (Dreivierteltakt)

Im Dreivierteltakt – dem Takt, der in der Musik am zweithäufigsten vorkommt – besteht jeder Takt aus drei Taktschlägen, die jeweils einer Viertelnote entsprechen. Natürlich bedeutet das nicht, dass es in diesem Takt nur Viertelnoten gibt. Oft findet man eine halbe und eine Viertelnote oder auch sechs Achtelnoten – doch ganz gleich, wie es kommt: Alle Notenkombinationen entsprechen drei Viertelnoten.

Normalerweise ist im Dreivierteltakt der erste Schlag derjenige, der betont wird, obwohl man ebenso Musikstücke hören kann, bei denen die Betonung auf dem zweiten oder dem dritten Schlag liegt, zum Beispiel in vielen Country-Walzern.

Ein anderer Name für den Dreivierteltakt lautet *Walzertakt*, weil er genau dem Rhythmus des Walzers entspricht. Hören Sie Musikbeispiel 9, und spielen Sie »An der schönen blauen Donau«. Die Betonung liegt in jedem Takt auf dem ersten Taktschlag. Man kann davon ausgehen, dass der Dreivierteltakt das Lieblingsmetrum des Komponisten Johann Strauß war, der ja als »Walzerkönig« bekannt ist.

Der Marschtakt

Halbieren Sie einen Vierviertakt, und Ihnen bleiben nur noch zwei Viertel für jeden Takt übrig. Das ist kein Grund zur Besorgnis, denn zwei Schläge pro Takt sind durchaus in Ordnung. Und tatsächlich finden Sie den Zweivierteltakt in den berühmtesten Märschen. Der Rhythmus ist ähnlich dem Rhythmus beim Marschieren: »Links-rechts, links-rechts, 1-2, 1-2.«

KAPITEL 5 Wir bringen Rhythmus in die Musik 81

 Musikbeispiel 10 ist ein gutes Beispiel für den Zweivierteltakt. Dies ist ein sehr berühmter Tanz, der von Jacques Offenbach komponiert wurde; er heißt »Can Can«. Er wird hier auf einem Synthesizer gespielt, damit er ein wenig moderner klingt. Spielen Sie mit, oder tanzen Sie zur Musik.

▶ Musikbeispiel 10

Die Takte kommen ins Rutschen

Es gibt keine Regel, die besagt, dass ein Musikstück durchgehend im gleichen Metrum bleiben muss. In der Musik ist nichts in Stein gemeißelt; da gibt es keine starren Regeln.

Ein Musikstück, das im Viervierteltakt beginnt, kann zum Beispiel später in einen Dreivierteltakt wechseln. Dieser Taktwechsel belebt das Musikstück und hält die Zuhörer bei der Stange. Nennen wir es das Überraschungsmoment der Musik.

Immer, wenn in einem Musikstück der Takt wechselt, macht der Komponist Sie auf diesen Wechsel aufmerksam, indem er den neuen Takt neben dem Taktstrich angibt, ab dem das neue Metrum gelten soll.

 Abbildung 5.13 bietet ein Beispiel für einen Taktwechsel in dem kleinen Song »Changing It Up«. Beachten Sie den Taktwechsel im neunten Takt, wo die Betonung vom ersten Taktschlag (im Vierviertaltakt) auf den zweiten Taktschlag (im folgenden Dreivierteltakt) wechselt.

Abbildung 5.13: Changing It Up

Diese Art von Taktwechsel wird als sehr abrupt angesehen, weil der gesamte Rhythmus sich plötzlich verändert. Einen etwas weniger drastischen Taktwechsel können Sie bewirken, indem Sie eine musikalische Phrase um einen oder zwei Taktschläge ausdehnen, um eine neue Textzeile oder zusätzliche Töne unterzubringen.

Der Song »Add-ons« (Abbildung 5.14) ist ein Beispiel für diese »Soft«-Methode. Wenn Sie diese Melodie das erste Mal spielen, ist sie im Vierviertaltakt. Spielen Sie die Melodie zum zweiten Mal, dann erwarten Sie das gleiche Ende, aber dieses Mal wird die Melodie verlängert, indem im 15. Takt ein Taktschlag hinzugefügt wird. Der neue Fünfvierteltakt (fünf Viertelnoten pro Takt) kehrt dann zum Vierviertaltakt zurück, um das Stück zu beenden. Auf diese Weise wird der Schluss des Stücks wesentlich dynamischer.

Abbildung 5.14: Add-Ons

Keine Noten, bloß Rhythmus

Manche Songs sind so bekannt, dass man sie schon allein an ihrem Rhythmus erkennt. Das Weihnachtslied »Jingle Bells« zum Beispiel hat ein einzigartiges rhythmisches Muster. Wenn Sie dieses Lied jedes Jahr von November bis Januar in jedem Einkaufszentrum und jedem Supermarkt hören, können Sie gar nicht anders, als dieses Viertel-Viertel-Halb mit »Jingle Bells« in Verbindung zu bringen. Andererseits benutzen Songs mit bemerkenswerten Melodien oft 08/15-Rhythmen.

Der Rhythmus ist ein entscheidender Bestandteil eines Musikstücks; manchmal ist er sogar das einzig Charakteristische an dem Stück. Oft ist man versucht, den Rhythmus als gegeben hinzunehmen und sich ausschließlich auf die Melodie zu konzentrieren. Melodie und Rhythmus hängen jedoch stark voneinander ab. Eine Melodie ohne Rhythmus ist lediglich eine Abfolge von Tönen. Rhythmus ohne Melodie ist ... ein schlechtes Schlagzeugsolo.

> **IN DIESEM KAPITEL**
>
> Erfahren wir, wann wir eine Pause machen sollen
>
> Verbinden und punktieren wir Noten
>
> Suchen wir fehlende Beats
>
> Schlagen wir auch mal neben den Beat

Kapitel 6
Wir ändern den eingeschlagenen Weg

Sobald ein Musikstück beginnt, hören Sie die Taktschläge als ständige, immer gegenwärtige Kraft. Aber Sie müssen nicht auf jedem dieser Beats eine Note spielen.

Sie haben verschiedene Möglichkeiten, den Takt zu interpretieren – indem Sie eine Note länger halten, indem Sie neben den Beat oder um ihn herum spielen oder indem Sie überhaupt nicht spielen. In diesem Kapitel verrate ich Ihnen, wie das alles geht.

Machen wir eine Pause

Die meisten Komponisten ermöglichen es Ihnen, in einem Musikstück Pausen einzulegen. Es kann sein, dass Sie dadurch Ihren Händen Ruhe oder einfach den Ohren eine Pause gönnen, aber Pausen sind ein unausweichlicher – und notwendiger – Teil jedes Musikstücks.

In der Musik ist die *Pause* einfach eine Pause, in der Sie nichts spielen. Der Takt geht weiter – Sie erinnern sich, er ist ein beständiger Pulsschlag –, aber Sie selbst legen eine Spielpause ein. Die Pause kann so kurz sein wie eine Sechzehntelnote oder über mehrere Takte reichen. (In Kapitel 5 finden Sie alles über die Länge der verschiedenen Noten und Takte.) Natürlich sind Sie während so einer Pause nicht völlig untätig: Sie müssen weiterhin den Takt und die Taktschläge im Auge (oder Ohr) behalten, um den Anschluss nicht zu verlieren.

 Während einer Pause sollten Sie Ihre Finger und Hände auf die nächsten Noten vorbereiten. Lassen Sie die Finger über den Tasten, und seien Sie bereit, das zu spielen, was folgt.

Für jede Notenlänge (Halbe, Viertel, Achtel und so weiter) gibt es auch eine entsprechend lange Pause. Und wie Sie schon vermuten, hat auch jede dieser Pausen ihr eigenes Symbol.

Behalten Sie Ihren Hut auf

Wenn Sie ein ganzes F sehen, dann spielen Sie ein F und halten es vier Taktschläge lang. Bei einer halben Note spielen und halten Sie die Note zwei Taktschläge lang. (In Kapitel 5 steht alles über ganze und halbe Noten.) Bei einer *ganzen Pause* und einer *halben Pause* sollen Sie für die entsprechende Anzahl von Taktschlägen nichts spielen.

Abbildung 6.1 zeigt Ihnen, wie die ganze und die halbe Pause dargestellt werden. Die Zeichen sehen aus wie kleine Hüte: einer, als ob man ihn trüge, und der andere, als ob man ihn abgenommen hätte. Diese Hut-Analogie und die Regeln der Etikette bieten eine gute Möglichkeit, sich diese Pausenzeichen einzuprägen:

- ✔ Wenn die Pause nur einen halben Takt lang ist (zwei Taktschläge), bleibt der Hut auf.

- ✔ Wenn Sie einen ganzen Takt lang pausieren (vier Taktschläge lang), nehmen Sie Ihren Hut ab und bleiben ein Weilchen.

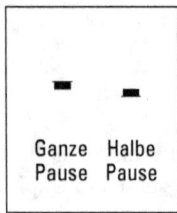

Abbildung 6.1: Ein guter Song braucht auch Pausen.

Diese Pausen stehen in beiden Notenzeilen immer an der gleichen Stelle, und damit ist es einfach, sie auf einem Notenblatt zu erkennen. Eine halbe Pause sitzt auf der Mittellinie, während eine ganze Pause an der vierten Notenlinie hängt, so wie Sie es in Abbildung 6.2 sehen.

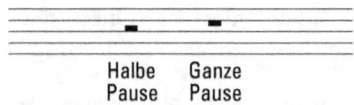

Abbildung 6.2: Hier können Sie Ihren Hut aufhängen.

Wenn Sie ganze und halbe Pausen in Aktion sehen wollen, sollten Sie einen Blick auf Abbildung 6.3 werfen.

Im ersten Takt in der Abbildung 6.3 spielen Sie zwei Viertelnoten A, und dann sagt Ihnen das Zeichen für eine halbe Pause, dass Sie während der nächsten beiden Taktschläge nichts spielen dürfen.

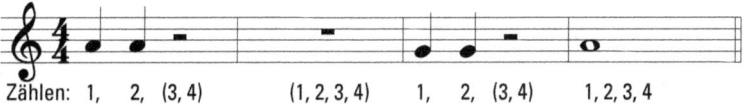

Zählen: 1,   2, (3, 4)   (1, 2, 3, 4)   1,   2, (3, 4)   1, 2, 3, 4

Abbildung 6.3: Rocken und ausruhen

Im nächsten Takt zeigt die ganze Pause, dass Sie frei haben – Sie legen vier Taktschläge lang eine Pause ein.

Im dritten Takt spielen Sie zwei Viertelnoten G, pausieren zwei Taktschläge lang, und schließlich endet die ganze Show im nächsten Takt mit einer ganzen Note A.

Viertelpausen und Co.

Komponisten können Ihnen auch sagen, dass Sie Viertel-, Achtel- und Sechzehntelpausen einlegen sollen. Abbildung 6.4 zeigt Ihnen die Zeichen, die diesen Pausen entsprechen.

Abbildung 6.4: Viertelpause, Achtelpause und Sechzehntelpause

Das Symbol für eine *Viertelpause* dürfte das schwierigste sein. Da empfiehlt sich wirklich die Methode von Schulmeister Krause: Eine oder zwei Seiten damit vollschreiben, immer wieder – irgendwann sitzt es.

Die *Achtel-* und die *Sechzehntelpause* sind hingegen sehr leicht zu merken: Sie haben die gleiche Zahl von Fähnchen – obwohl sie jeweils ein wenig anders aussehen – wie ihre entsprechenden Noten. Eine Achtelnote und eine Achtelpause haben jeweils ein Fähnchen. Sechzehntelnoten und Sechzehntelpausen haben jeweils zwei Fähnchen.

Viertelpausen können ganz leicht gezählt werden – sie dauern nur einen Taktschlag lang, Achtelpausen sind ein wenig schwerer zu zählen, weil sie ganz einfach schneller vorbei sind. Wenn Sie Achtelpausen spielen, dann zählen Sie laut »1-und, 2-und« und so weiter. Das hilft Ihnen dabei, die Achtelpausen präziser zu spielen, und vielleicht können Sie jemanden auf diese Art und Weise dazu verleiten, mitzusingen.

Abbildung 6.5 gibt Ihnen die Möglichkeit ein paar Viertel- und Achtelpausen zu zählen.

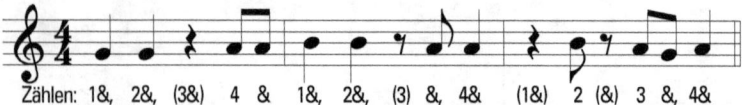

Abbildung 6.5: So zählt man kürzere Pausen.

 Sechzehntelpausen sind sehr schwer zu spielen, es sei denn, sie spielen sehr langsam. Wenn Sie in Ihrer Spielkunst nicht schon fortgeschritten sind und entsprechende Stücke spielen, dann brauchen Sie über diese Mini-Pause nicht wesentlich mehr zu wissen als wie Sie aussieht (siehe Abbildung 6.4).

In Abbildung 6.6 sehen Sie, wie ein Komponist die verschiedenen Pausen in einem Song unterbringt. Weil es so viele Pausen sind, nenne ich dieses Lied »Waiting for a Note«. Die Melodie ist ziemlich eingängig.

Abbildung 6.6: Waiting For a Note.

Triff mich bei vier

Manche Songs fangen tatsächlich mit einer Pause an. Der Interpret geht auf die Bühne, setzt sich ans Klavier und macht eine Pause, bevor er die erste Note spielt. Einer dieser Songs ist »She'll Be Coming Round the Mountain«.

In Abbildung 6.7 sehen Sie: Die ersten Noten der Melodie kommen mit dem dritten und vierten Taktschlag. Diese Noten nennt man *Auftaktnoten*. Wenn Sie »She'll Be Coming Round the Mountain« spielen, dann zählen Sie »1, 2, She'll Be …«, so wie es in Abbildung 6.7 dargestellt ist.

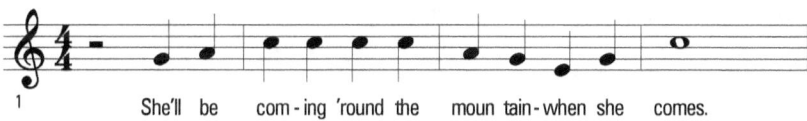

Abbildung 6.7: Auftaktnoten mit Pause

 Der Komponist kann die Pausen am Anfang auch weglassen und gleich mit einem Auftakt beginnen, der nur Taktschläge enthält, zu denen wirklich Noten gehören. Abbildung 6.8 zeigt Ihnen die Notation eines Lieds mit Auftakt.

Abbildung 6.8: Auftaktnoten ohne Pause

Um Lieder mit einem Auftakt zu spielen, beachten Sie diese drei einfachen Schritte:

1. **Achten Sie auf den Takt.**
2. **Legen Sie für die »fehlenden« Beats Pausen ein.**
3. **Spielen Sie die Auftaktnoten, und dann geht es los.**

 Hunderte von Liedern beginnen mit einem Auftakt, auch »When the Saints Go Marching In« (Musikbeispiel 11) und »Oh, Susannah« (Musikbeispiel 12). Hören Sie die beiden Musikbeispiele, und Sie bekommen ein Gefühl für diese großartigen Lieder. Und wenn Sie Lust haben, sollten Sie ganz einfach mitspielen.

90 TEIL II Wie man Musik zu Papier bringt

▶ MUSIKBEISPIEL 11

▶ MUSIKBEISPIEL 12

Allerlei schmückendes Beiwerk

Sie kennen jetzt die Symbole für verschiedene Noten- und Pausenlängen. Es gibt aber auch noch andere Möglichkeiten, den Rhythmus einer Melodie zu variieren. In den nächsten Abschnitten sprechen wir über eine Reihe von Symbolen, insbesondere Bögen und Punkte, die Ihren Noten mehr Zeit oder Länge geben. Eine Viertel- oder halbe Note bringt es nicht? Sie wollen zum Beispiel eine Dreiviertelnote spielen (doch, so etwas gibt es)? Eine Anderthalbnote? Dann fügen Sie ein paar von diesen neuen Symbolen ein, die die Länge Ihrer Noten ausweiten.

Überbindungen (Ligaturen)

Halbe und ganze Noten sind länger als nur ein Taktschlag (in Kapitel 5 erfahren Sie alles über halbe und ganze Noten.) Sie wollen aber eine Note bis in den nächsten Takt hinein halten. Was können Sie tun? Natürlich gibt es in der Musik dafür eine Lösung. Sie spannen einen kleinen Bogen zwischen zwei Noten, den wir *Überbindung* oder *Ligatur* nennen.

Die Überbindung macht genau das, was wir von ihr erwarten: Sie bindet zwei Noten aneinander und macht daraus eine Notenlänge. Wenn Sie beispielsweise eine halbe Note an eine Viertelnote binden, dann entspricht das drei Taktschlägen. Verbinden Sie eine Viertel- mit einer Achtelnote, dann dauert das eineinhalb Taktschläge.

 Hören Sie sich Musikbeispiel 13 an. Dabei werden Sie schnell die Funktion einer Überbindung verstehen.

Punkte

Eine weitere Möglichkeit, die Länge einer Note auszudehnen, ist der Einsatz eines *Punktes*. Ein Punkt rechts neben einer Note oder einer Pause verlängert die Note oder die Pause um die Hälfte ihrer Ursprungslänge.

Punktierte halbe Noten

Die am häufigsten vorkommende punktierte Note in der Musik ist die punktierte halbe Note, die damit auf insgesamt drei Taktschläge kommt, wie in Abbildung 6.9 gezeigt (und da hätten wir sie schon, unsere vorhin erwähnte »Dreiviertelnote«).

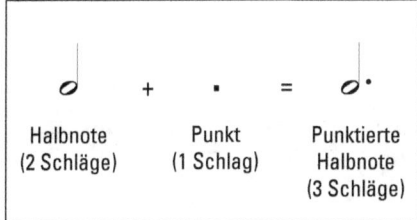

Abbildung 6.9: Wir punktieren Noten.

Punktierte halbe Noten findet man sehr häufig in Walzern und anderen Stücken im Dreivierteltakt, so auch im Thema von Nikolai Rimski-Korsakows »Scheherazade« (Musikbeispiel 14). (In Kapitel 5 erfahren Sie alles über den Dreivierteltakt.)

 In »Scheherazade« sehen Sie, dass Sie Überbindung und Punktierung durchaus kombinieren können. Dadurch wird die punktierte halbe Note noch weiter verlängert. Beispielsweise muss man im vierten Takt die Note H vier Taktschläge lang halten.

▶ MUSIKBEISPIEL 14

Scheherazade

Punktierte Viertelnoten

Wenn Sie eine Viertelnote punktieren, dann erhalten Sie einen Notenwert, der eineinhalb Taktschläge lang ist. Weil diese Noten eineinhalb Taktschläge lang sind, werden sie oft mit einer Achtelnote (oder auch mal zwei Sechzehntelnoten) kombiniert, um damit den zweiten Taktschlag auffüllen zu können.

»I've Been Working on the Railroad« (Musikbeispiel 15) bietet ein klassisches Beispiel für einen Rhythmus, in dem einer punktierten Viertelnote eine Achtelnote folgt. Hören Sie sich das immer wieder an, bis Sie das richtige Gefühl dafür bekommen und nicht anders können als mitzumachen.

▶ MUSIKBEISPIEL 15

Punktierte Achtelnoten

Die punktierte Achtelnote entspricht eineinhalb Achtelnoten oder drei Sechzehnteln. Wie Sie bereits wissen, benötigt man vier Sechzehntelnoten, damit man auf eine Viertelnote kommt. Deshalb hängt sich an eine punktierte Achtelnote normalerweise eine Sechzehntelnote an. Wenn dies geschieht, dann verbindet der normale Balken der Achtelnoten diese beiden Noten, und die Sechzehntelnote bekommt einen verkürzten zweiten Balken.

Punktierte Achtel hören Sie in allen Musikarten, insbesondere jedoch in der Tanzmusik. Der Komponist Stephen Foster verwendete diesen »Lang-kurz, lang-kurz«-Rhythmus in seinem Klassiker »Swanee River« (Musikbeispiel 16).

▶ MUSIKBEISPIEL 16

Swanee River

Wir spielen »offbeat«

Der Takt geht zwar immer und regelmäßig weiter, aber die Musik kann ziemlich langweilig werden, wenn jede Note, die Sie spielen, genau auf einen Taktschlag fällt. Wenn Sie den Rhythmus ein wenig verändern und einige Noten neben oder zwischen den Beats (englisch: offbeat) spielen, dann erwacht Ihr Stück zu einem ganz neuen Leben.

 Wenn Sie die folgenden Absätze über Offbeat-Phrasen lesen, dann sollten Sie zu den Beispielen mit Ihrem Fuß tappen. So kommen Sie nicht aus dem Takt, auch wenn eine Note nicht genau auf den Taktschlag gespielt werden soll.

Es ist reiner Zufall, dass alle drei dieser rhythmischen Variationen – Swing, Shuffle und Synkopierung – mit dem Buchstaben S beginnen. Schön, nicht wahr? Wenn Sie diese faszinierenden Rhythmen kennengelernt haben, dann werden Sie auch so denken.

Swing und Shuffle

Ich könnte einen Absatz nach dem anderen schreiben, in denen ich die Vorzüge des *Swingbeats* erläutere. Doch die beste Art, einen Swingbeat zu verstehen ist, ihn zu hören.

Abbildung 6.10 zeigt Ihnen vier Takte Musik. Sie können Sie so spielen, wie es aufgeschrieben ist – genaue Viertel- und Achtelnoten, oder den Rhythmus mit einem Swingbeat spielen. Die Noten sind die gleichen, aber sie vermitteln ein anderes, swingendes Feeling.

Abbildung 6.10: Wir swingen einen regelmäßigen Beat.

Statt die Achtelnoten als »1-und, 2-und« zu spielen, spielen Sie »lang-kurz, lang-kurz«. Eigentlich sollte dieser »Lang-kurz-Rhythmus« mit einer Viertel-Achtel-Triole geschrieben werden (in Kapitel 5 erfahren Sie mehr über Triolen.) Aber statt eine Menge von Triolen aufzuschreiben, sagt Ihnen der Komponist schon im ersten Takt, dass Sie »swingen« sollen; er tut das entweder auf gut deutsch (oder gut englisch) oder mit einem kleinen Symbol, wie Sie es in Abbildung 6.11 sehen.

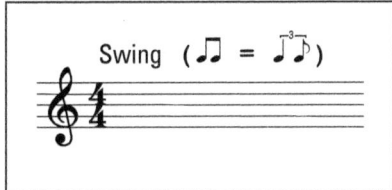

Abbildung 6.11: Das Symbol für einen Swingbeat

 Wie ich schon sagte: Am besten verstehen Sie einen Swingbeat, wenn Sie ihn hören. Dieser klassische amerikanische Rhythmus ist so populär, dass es Bands und Tanzensembles gibt, die sich ausschließlich diesem Rhythmus widmen. Haben Sie schon den Film *Swingers* gesehen? Haben Sie schon das Brian Setzer Orchestra oder die Cherry Poppin' Daddies gehört? Sowohl der Film als auch die Bands bringen jede Menge Musik im Swing-Rhythmus.

Obwohl Swing außerordentlich populär ist, finden es manche Rockstars einfach uncool, ein Wort aus den Zwanzigerjahren wie Swing über ihre großartigen Heavy-Metal-Hymnen zu schreiben. Und so erhält genau der gleiche Rhythmus einen neuen Namen … aber diesen Egomanen sollte man eigentlich sagen, dass es sich um den gleichen Beat handelt. Der *Shuffle* hat den gleichen Lang-kurz-Rhythmus wie der Swing, doch wird er bereitwilliger mit Rock und Blues verbunden – und auch von Interpreten leichter akzeptiert.

Teil III
Eine Hand nach der anderen

IN DIESEM TEIL ...

kommen die Trainingsreifen runter, und wir geben richtig Gas. Ich zeige Ihnen, wie man Songs spielt, richtige Songs! In Kapitel 7 beginnen Sie mit der rechten Hand.

Außer den Melodien sind Tonleitern sehr wichtig, und deshalb widme ich ihnen das ganze Kapitel 8. In Kapitel 9 können Sie Ihre linke Hand wieder anschrauben und mit beiden Händen gleichzeitig spielen.

> **IN DIESEM KAPITEL**
>
> ✔ Achten wir auf die richtigen Finger
>
> ✔ Entdecken wir Handpositionen, mit denen man Lieder spielt
>
> ✔ Bewegen Sie Ihre Hände über die ganze Tastatur

Kapitel 7
Wir spielen eine Melodie

Melodien bewirken in der Musik eine wunderbare Verwandlung: Melodien machen aus einem Haufen Noten Stücke und Lieder, die unterhalten, die Ihr Ohr verwöhnen und manchmal in Ihrem Kopf hängenbleiben. Man kann ruhig sagen, dass Sie nicht wirklich Musik spielen, solange Sie nicht eine Melodie spielen.

Damit Sie das Beste aus diesem Kapitel über Melodien machen, müssen Sie die folgenden Fertigkeiten beherrschen:

✔ Sie müssen alle Tasten benennen können, sowohl die weißen als auch die schwarzen (Kapitel 3).

✔ Sie müssen jede Note benennen können (Kapitel 4).

✔ Sie müssen die Rhythmen zählen können - von ganzen bis zu Sechzehntelnoten (Kapitel 5).

✔ Sie müssen Pausen, Überbindungen und Punktierungen erkennen (Kapitel 6).

Wenn Sie sich in einem oder mehreren dieser Punkte unsicher sind, lesen Sie das betreffende Kapitel lieber noch einmal gründlich durch. Sonst führt jeder Versuch, unsere Songs zu spielen, nur zur Enttäuschung.

Lassen Sie Ihre Finger laufen

Um eine Melodie richtig zu spielen, müssen Sie die Berührung Ihrer Finger mit der Tastatur gut kontrollieren können. Wenn Sie das nicht schaffen, wird es für Sie schwierig werden, alle Tasten zu erreichen, die Sie spielen müssen – und dann wird sich Ihr Spiel eher nach Chaos anhören als nach Chopin.

Stellen Sie sich vor, dass Ihre Finger nummeriert sind: von 1 bis 5, wobei die Daumen die Nummer 1 haben. In vielen Kapiteln dieses Buchs beziehe ich mich auf Ihre Finger mit Nummern. Ihre Hände, die rechte und die linke, heißen RH beziehungsweise LH. Wenn ich also RH1 sage, dann meine ich den Daumen Ihrer rechten Hand.

In Abbildung 7.1 spielt RH2 (also der rechte Zeigefinger) die Note D. Achten Sie auf die entspannte, doch gebeugte Stellung der Hand und der Finger. Sie sehen auch, wie die übrigen vier Finger schweben und bereit sind, die nächste Note zu spielen, egal, welche es sein wird. Wenn Sie irgendwann schwierigere Stücke vom Notenblatt spielen, muss jeder Finger einsatzbereit sein.

Abbildung 7.1: Wir schlagen eine Note an.

Mit der korrekten Hand- und Fingerstellung laufen Ihre Finger buchstäblich die Klaviatur auf und ab. Durch Üben können sie schneller und schneller laufen, ohne dass Sie groß darüber nachdenken müssen.

 Wenn Sie eine Melodie spielen, sollten Ihre Finger anmutig über die Tasten gleiten. Sie sitzen nicht am Computer oder an einem Videospiel, also hacken Sie nicht auf den Tasten herum.

Alles in Position!

Sie sitzen am Piano, Ihr Rücken ist gerade, das Licht hell genug und die Noten stehen vor Ihnen. Wohin mit den Händen? Sie müssen Sie in Stellung bringen, in *Position*.

Die optimale Nutzung von Positionen ist entscheidend, wenn Sie gut Piano spielen wollen. Aus einer angegebenen Position können Sie bestimmte Noten, Notengruppen, Akkorde und auch andere Positionen leicht erreichen.

 Wenn Sie sich zum Spielen ans Piano setzen, schauen Sie auf die Noten, und lokalisieren Sie die Anfangsnoten des Stücks. Wenn Sie sie gefunden haben, entscheiden Sie, welche der zwei folgenden Positionen die günstigere und bequemere ist: die *C-Position* oder die *G-Position*.

Die C-Position

Viele Melodien beginnen beim mittleren C oder in dessen unmittelbarer Nähe, deshalb befinden sich die Hände am Anfang eines Lieds oft in der *C-Position*. Um die C-Position einzunehmen, legen Sie Ihren Daumen auf das mittlere C und die anderen Finger auf die nachfolgenden weißen Tasten, wobei jeder Finger »seine« Taste bekommt: RH2 bekommt also das D, RH3 das E und so weiter, wie Sie es in Abbildung 7.2 sehen.

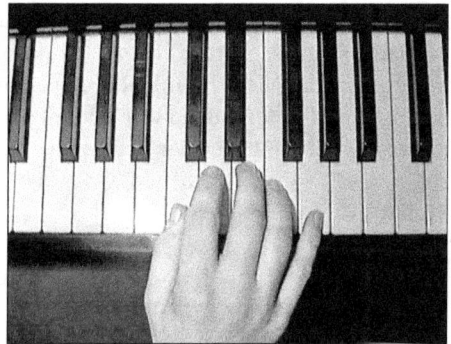

Abbildung 7.2: Die rechte Hand in der C-Position

 Versuchen Sie, mit Ihrer rechten Hand in der C-Position zum Audiobeispiel »Frère Jacques« zu spielen, eine Note nach der anderen. Damit es einfach ist, habe ich diese Melodie gewählt, die zwar nicht berauschend schön, dafür aber leicht zu erkennen ist und fast ausschließlich Viertelnoten enthält. Es könnte hilfreich sein, Musikbeispiel 17 ein paar Mal zu hören, bevor Sie versuchen, mitzuspielen.

▶ MUSIKBEISPIEL 17

Unbedingt sollten Sie die Zahlen über den Noten beachten. Diese Zahlen nennen wir *Fingersatzzahlen*, weil sie Ihnen sagen, welchen Finger Sie für die entsprechende Note benutzen sollten. Die meisten Pianisten mögen solche Fingersätze, weil sie die optimale Fingerstellung oder Fingerkombination angeben, um diese Noten zu spielen. Natürlich kann es sein, dass Sie als Wunderkind Ihre eigenen, guten Fingersätze finden. Im Augenblick jedoch möchte ich Ihnen empfehlen, die Fingerzahlen zu benutzen, die ich Ihnen vorgebe.

Hat doch gar nicht wehgetan, oder? Probieren Sie auch andere Songs aus, die mit der C-Position beginnen. In »Freude, schöner Götterfunken« (Musikbeispiel 18) aus Beethovens 9. Symphonie beginnt die Melodie mit RH3, geht bis zu RH5 und dann den ganzen Weg zurück bis RH1. Beethoven war selbst Pianist, und so wusste er zweifelsfrei, wie gut diese Melodie unter den Fingern von Anfängern klingen würde.

▶ Musikbeispiel 18

Mit dem Daumen zum H

Sie können sich bestimmt vorstellen, dass nicht alle Lieder oder Musikstücke die gleichen fünf Noten benutzen. Irgendwann müssen Sie die Sicherheit der fünf weißen Tasten verlassen, sich ein wenig strecken und bestimmte Finger aufwärts oder abwärts bewegen. Mit dem Daumen kann man immer gut anfangen.

Im Gegensatz zu Tieren (einschließlich der Affen) können wir unseren Daumen den anderen Fingern gegenüberstellen. Und das ist immens wichtig. Stellen Sie sich vor, Sie sollten ein Hemd zuknöpfen, eine Seite umblättern oder ohne den Daumen per Anhalter fahren.

Aus der C-Position kann Ihr Daumen auch zum H hinuntergehen. Wenn Sie das H mit Ihrem Daumen spielen, dann können Sie Ihre übrigen Finger lassen, wo sie sind.

Bei »Skip to My Lou« bewegen Sie Ihren Daumen im dritten Takt einfach nach links, um das H zu spielen. Vergessen Sie nicht, dass Sie dieses Lied auch zusammen mit dem Musikbeispiel 19 spielen können.

▶ Musikbeispiel 19

Gut gestreckt, kleiner Finger!

In der C-Position kann RH5 (Ihr rechter kleiner Finger) das A spielen. In dem Lagerfeuerklassiker »Kum-bah-yah« (siehe Abbildung 7.3) nehmen Sie die Erweiterung zum A vorweg, indem Sie die Finger 2 bis 5 schon von Anfang an um eine Taste nach rechts verschieben. Achten Sie auf diese Verschiebung in den Fingerzahlen über den Noten. Anstatt das D mit RH2 zu spielen, spielen Sie dieses Mal das E mit RH2.

Abbildung 7.3: Kum-bah-yah

Wir strecken die C-Position bis an die Grenzen

Bei vielen Songs müssen Sie Ihre Finger versetzen und nicht nur Ihren Daumen abwärts bewegen. Auch der kleine Finger muss sich strecken, um die gewünschten Tasten zu erreichen. Achten Sie auch auf die Verschiebung der Fingerzahlen. Und jetzt versuchen Sie, das folgende Lied so zu spielen, wie man es spielen sollte: scharf und heiß. Sie können es sich vorher in Musikbeispiel 20 anhören.

Achten Sie immer – immer! – auf die Taktangabe, bevor Sie zu spielen beginnen. Sie sollten nicht denken »1, 2, 3, 4«, wenn das Stück im Dreivierteltakt ist. »Chiapanecas« ist übrigens im Dreivierteltakt.

KAPITEL 7 Wir spielen eine Melodie   105

▶ MUSIKBEISPIEL 20

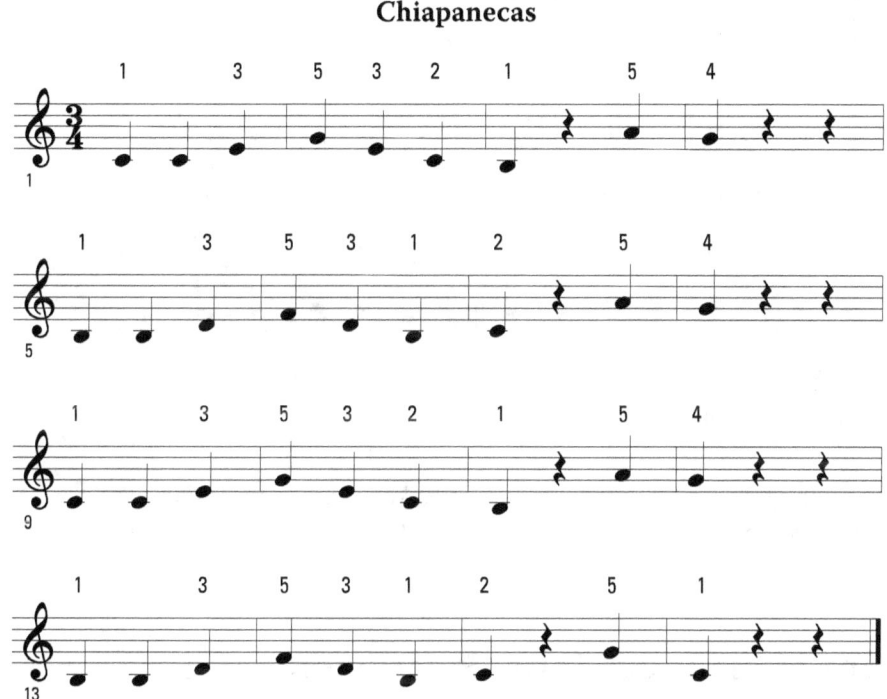

Die G-Position

Um in die *G-Position* zu gelangen, bewegen Sie Ihre Hand die Tastatur hinauf, sodass RH1 auf dem G liegt, das in der C-Position von RH5 belegt ist. Abbildung 7.4 zeigt Ihnen die neue Position mit den Noten für alle Finger. Beachten Sie, dass RH5 jetzt ganz oben auf dem D liegt.

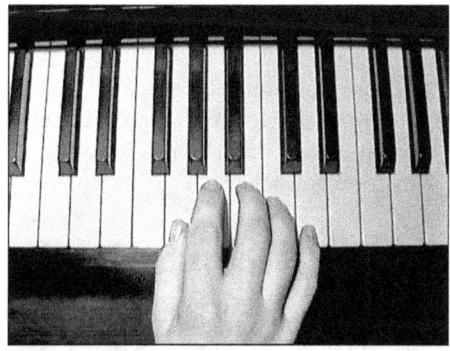

Abbildung 7.4: G wie »Gehen Sie nach oben«.

In Abbildung 7.5 haben wir für Sie einfach einmal die erste Hälfte von »Freude, schöner Götterfunken« – Sie kennen das Stück bereits in der C-Position – in der G-Position notiert. Spielen Sie es nach!

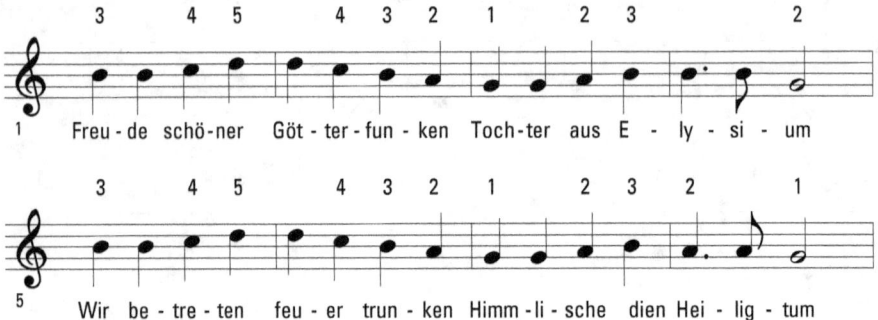

Abbildung 7.5: This Old Man.

 Übrigens: Genau wie in der C-Position können Sie den Daumen und den kleinen Finger strecken, um andere Tasten zu erreichen. In der G-Position erreichen Sie mit RH1 das F und mit RH5 das E.

Holen Sie mehr aus Ihren Positionen heraus!

Zwei Positionen zu kennen, ist schon ganz toll, aber in jeder Position können Sie eigentlich nur fünf oder sechs Noten erreichen. Ich weiß, was Sie jetzt denken: »Wie soll ich diese modernen Zwölftonstücke mit nur sechs Tasten spielen?« Nur langsam, sparen Sie sich diese Virtuosenstücke für später auf.

 Wenn Sie verschiedene Positionen im selben Stück benutzen, dann können Sie einige Noten mehr spielen. Um zwei Positionen zu kombinieren, müssen Sie mitten in einem Stück zwischen ihnen hin- und herwechseln, was ein wenig Übung erfordert. Eine Möglichkeit ist es, die Hand abwärts oder aufwärts zu versetzen, wenn Ihnen die Musik dazu die Gelegenheit gibt.

In Abbildung 7.6 sehen Sie beispielsweise, dass die ersten beiden Takte in der C-Position gespielt werden. Während der beiden Pausen-Taktschläge im zweiten Takt können Sie Ihre Hand aufwärts bewegen und sich bereit machen, das H im dritten Takt mit RH3 zu spielen. Und schon sind Sie automatisch in die G-Position gewechselt.

Kreuzen Sie Ihre Finger, und hoffen Sie, dass es klappt

Positionswechsel können ganz einfach sein, wenn es Pausen gibt, aber wenn die Melodie nicht stoppt, dann müssen Sie andere Möglichkeiten finden, zwischen Positionen zu wechseln. Dazu möchte ich Ihnen zwei neue Techniken vorstellen: Das *Übersetzen* und den *Daumenuntersatz*. (Meine Erklärungen beziehen sich auf die rechte Hand, aber links funktioniert es genauso, nur spiegelverkehrt.)

Abbildung 7.6: Wir wechseln von einer Position in eine andere.

✔ Beim **Fingerkreuzen (Übersetzen)** spielen Sie, da links vom Daumen kein weiterer Finger mehr kommt, mit einem anderen Finger weiter, meist ist es der Zeige- oder Mittelfinger. Den müssen Sie zuvor von oben über den Daumen nach links übersetzen, damit er sich bereits in Spielstellung befindet und den Fluss der Töne nicht unterbricht.

✔ Beim **Daumenuntersatz** geht es umgekehrt. Sie spielen die Finger der rechten Hand bis zum Mittelfinger, danach geht es mit dem Daumen weiter. Den können Sie aber nicht einfach über den Mittelfinger übersetzen (versuchen Sie es gar nicht erst, es tut nur weh), sondern müssen ihn darunter führen (untersetzen) – auch in diesem Fall recht frühzeitig, damit er spielbereit ist, wenn sein »Part« kommt.

Weshalb aber sollten wir Finger übersetzen und den Daumen untersetzen, wenn es ausreicht, die ganze Hand zu bewegen? In der C-Position kann der Daumen manchmal so weit gestreckt werden, dass man das H spielen kann. Aber nicht immer. Beispielsweise kann es sein, dass Sie ein H spielen müssen, dem unmittelbar ein C folgt. Wenn Sie Ihre Hand spreizen und mit dem Daumen hin und her gehen, um diese beiden Töne zu spielen, dann hört sich das schwerfällig an. Und ich bin ganz sicher, dass Sie nicht schwerfällig spielen wollen. Stattdessen setzen Sie RH2 über Ihren Daumen, um das H zu spielen, so wie es in Abbildung 7.7 gezeigt wird.

Sie können auf die Tasten sehen, wenn Sie diese Techniken anwenden, aber mit einiger Übung sollten Sie sehr bald ein Gefühl dafür haben, wo die Tasten liegen, auch wenn Sie nicht hinsehen. Ganz gleich jedoch, ob Sie hinsehen oder nicht, es ist wichtig, die Hand und das Handgelenk entspannt zu halten, auch wenn Sie Finger unter- oder übersetzen.

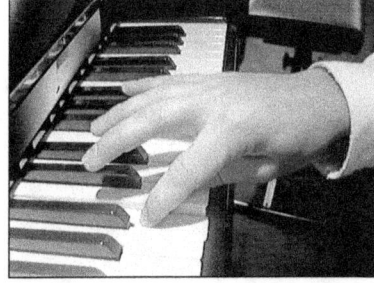

Abbildung 7.7: Hier kreuzt der Zeigefinger den Daumen.

Abbildung 7.8: Menuett.

Bachs kleines »Menuett« (Abbildung 7.8) verlangt, dass Sie Ihren RH2 über den Daumen übersetzen. Sie wechseln im dritten und elften Takt kurz die Positionen, aber im Mittelpunkt steht hier der Fingerübersatz zum H in den Takten 7 und 15.

Kreuzen Sie in eine neue Position

Manchmal kann ein Fingerkreuzen helfen, Ihre Hand in eine neue Position zu bringen. Beispielsweise können Sie mit Ihrer Hand in der C-Position beginnen und C, D, E in der C-Position spielen, bevor Sie Ihren Daumen (RH1) untersetzen, um das F zu spielen. Ohne große Handspreizungen können Sie dann die restlichen Noten (G bis C) ganz bequem in einer neuen Position spielen, wie es in Abbildung 7.9 gezeigt wird.

Abbildung 7.9: Von C nach C

Wenn Sie Ihre Finger über- oder Ihren Daumen untersetzen, dann ist es wichtig, dass Sie dann auch Ihre Hand und Ihren Arm entspannt und natürlich in die neue Position bringen, sonst kann das Klavierspielen ziemlich schmerzhaft werden.

Das Lied »Row, Row, Row Your Boat« (Abbildung 7.10) bietet Ihnen eine weitere, etwas musikalischere Gelegenheit, um diesen Wechsel zwischen verschiedenen Positionen zu üben. Sie beginnen mit Ihrer rechten Hand in der C-Position (vom mittleren C bis zum G); wenn Sie aber in den vierten Takt kommen, dann führen Sie Ihren Daumen unter RH2 hindurch und spielen das G in der G-Position. Dann spielen Sie in Takt 5 in der G-Position weiter. Setzen Sie RH3 über Ihren Daumen, um den ersten Taktschlag des sechsten Taktes zu spielen, und beenden Sie das Lied in der C-Position.

Abbildung 7.10: Row, Row, Row Your Boat

> **IN DIESEM KAPITEL**
>
> Lernen Sie Tonleitern kennen
>
> Bauen Sie verschiedene Tonleitern auf
>
> Improvisieren Sie Melodien, indem Sie Tonleitern benutzen

Kapitel 8
Auf zu neuen Höhen

Haben Sie das auch schon mal von Ihren Musikfreunden gehört?

- »Tonleitern sind schwierig.«
- »Tonleitern sind langweilig.«
- »Tonleitern sind nicht so wichtig.«

Diese Behauptungen stimmen einfach nicht. Richtig ist das Gegenteil: Tonleitern sind einfach, sobald man das Prinzip durchschaut hat; Tonleitern können Spaß machen, vor allem, wenn man mit ihnen improvisieren kann; und fürs Musikmachen sind sie ausgesprochen wichtig.

Mit Tonleitern (Skalen) können Sie auf einem Piano tolle Sachen machen – zum Beispiel eigene Songs komponieren. Sie sind gewissermaßen das große Einmaleins der Musik. Erinnern Sie sich an »Do-Re-Mi« aus dem Musical *The Sound of Music*? Das ganze Lied handelte von Tonleitern, und die Kinder hatten einen Mordsspaß.

In diesem Kapitel zeige ich Ihnen, dass es keine Zeitverschwendung ist, sich mit Tonleitern zu beschäftigen. Mal abgesehen davon, dass Sie mithilfe dieser Skalen die Melodie eines Liedes besser verstehen, können Sie sie auch dazu benutzen, Ihre Fingerkraft zu stärken. Außerdem: Je mehr Tonleitern Sie kennen, umso leichter wird es für Sie, Klavier zu spielen.

Wahrscheinlich haben Sie den Spruch schon tausendmal gehört, aber er ist dennoch richtig: Übung macht den Meister. Weiter hinten in diesem Kapitel zeige ich Ihnen verschiedene Tonleitern. Suchen Sie sich diejenigen aus, die Sie mögen, und spielen Sie sie täglich fünf- bis zehnmal. Das wärmt Ihre Finger auf und verbessert Ihre Fingerfertigkeit. Sehen Sie es so, als würden Sie täglich zum Fußballtraining gehen. Wenn dann das große Match stattfindet, sind Sie bestens gerüstet.

Wir bauen eine Tonleiter auf – Schritt für Schritt

Wenn man es ganz einfach ausdrücken will, dann ist eine *Tonleiter* eine Reihe von Noten in einer speziellen, nach Tonhöhe geordneten Folge. Die meisten Tonleitern haben die folgenden Eigenschaften:

- ✓ Sie sind acht Noten lang.
- ✓ Die oberste und die unterste Note haben den gleichen Namen.
- ✓ Sie bestehen aus Noten, die nebeneinander (oder mindestens sehr nahe beieinander) liegen und eine nach der anderen gespielt werden.

Jede Tonleiter hat einen anderen Namen, wie beispielsweise *C-Dur*. Dieser Name leitet sich von folgenden beiden Dingen ab:

- ✓ von der untersten Note der Tonleiter, dem *Grundton*
- ✓ von der Schrittfolge, nach dem die Tonleiter gebildet wird

Wenn es zum Beispiel heißt, ein Stück sei »in D-Dur« komponiert, dann heißt das: Der Grundton der zugrunde liegenden Tonleiter ist das D; dass es sich um eine Dur-Tonleiter handelt (und nicht etwa um eine Moll-Tonleiter) ergibt sich hingegen aus der Schrittfolge.

Was aber ist eine Schrittfolge? Zuerst müssen Sie verstehen, was Schritte sind. Musik besteht normalerweise aus zwei Arten von Schritten: *Halbtonschritten* und *Ganztonschritten* (in der arabischen Musik wird zum Beispiel auch mit Viertelschritten gearbeitet). Diese Schritte sind die Bausteine der Tonleitern.

Schauen Sie sich Ihre Klaviatur oder Abbildung 8.1 an, und Sie werden bemerken, dass zwischen manchen weißen Tasten eine schwarze Taste liegt und dass manche weißen Tasten direkt nebeneinander liegen. Die Anordnung der Tasten folgt dabei einem bestimmten Prinzip:

- ✓ Zwei Tasten, die nebeneinander liegen (ganz gleich ob schwarz oder weiß) machen einen Halbtonschritt aus.
- ✓ Zwei Tasten, die durch eine weitere Taste getrennt sind, machen einen Ganztonschritt aus.
- ✓ Zwei Halbtonschritte entsprechen einem Ganztonschritt.

In Kapitel 3 habe ich die Vorzeichen »erhöht« und »erniedrigt« erklärt, die verwendet werden, um die schwarzen Tasten zu benennen. Halbtonschritte helfen, erhöhte und erniedrigte Töne zu definieren. Suchen Sie beispielsweise irgendein D auf Ihrer Klaviatur. Spielen Sie die schwarze Taste auf der rechten Seite, das ist das Dis. Danach spielen Sie einen halben Schritt tiefer als das D, das ist das Des.

Wenn Sie diese Schritte verstanden haben, dann können Sie jede Tonleiter bilden, die auf einem beliebigen Grundton beruht – ganz einfach, indem Sie die richtige Schrittfolge (die Folge von Ganzton/Halbtonschritten) anwenden. Diese Schrittfolge, über die ich in den folgenden Abschnitten sprechen werde, verleihen den Tonleitern (und somit auch den Liedern) völlig unterschiedliche Klangbilder.

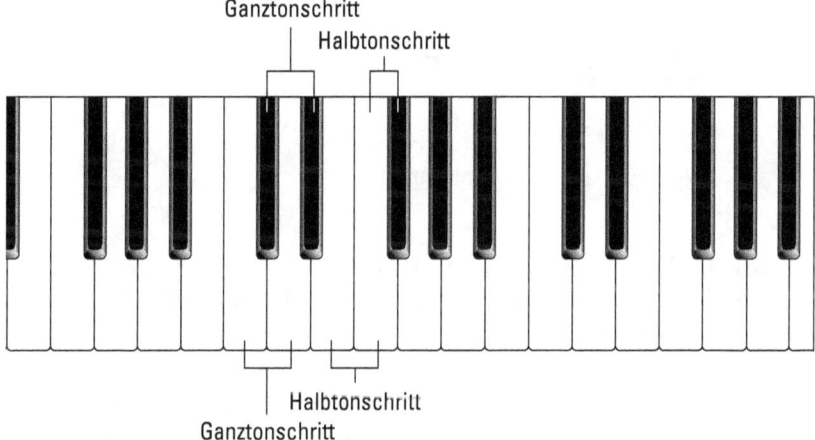

Abbildung 8.1: Ganztonschritte und Halbtonschritte.

Kleine Renovierungen, große Innovationen

Die beiden am häufigsten benutzten, beliebtesten und bekanntesten Tonleitern in der westlichen Musik sind die *Dur-* und die *Moll-Tonleiter*. Eine Dur- oder Moll-Tonleiter können Sie mit jedem Ton auf der Klaviatur beginnen. Der Unterschied zwischen den beiden Typen von Tonleitern ist die Kombination von ganzen und halben Schritten – also die Schrittfolge, die Sie anwenden, um die Tonleitern aufzubauen.

 Ganz allgemein sagen viele, dass Dur-Tonleitern eher fröhlicher, heller klingen und Moll-Tonleitern eher trauriger, dunkler.

Dur-Tonleitern

Jede Dur-Tonleiter wird auf die gleiche Art und Weise gebaut. Die Schrittfolge solcher Dur-Tonleitern sieht so aus:

Ganz – Ganz – Halb – Ganz – Ganz – Ganz – Halb

Beispielsweise können Sie eine C-Dur-Tonleiter aufbauen, wenn Sie beim C anfangen und diese Folge anwenden. Spielen Sie irgendein C und diese Folge ganzer und halber Schritte bis zum nächsten C. Abbildung 8.2 zeigt Ihnen, wie das geht. Beginnen Sie mit dem C: Die Anordnung der weißen Tasten rechts davon folgt dieser Schrittfolge genau, sodass Sie die gesamte C-Dur-Tonleiter ausschließlich auf weißen Tasten spielen:

C – D – E – F – G – A – H – C

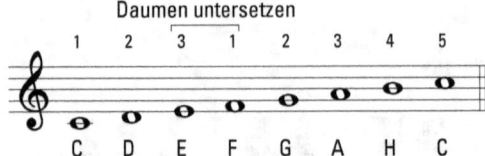

Abbildung 8.2: Wir steigen die C-Dur-Tonleiter nach oben.

Nach der dritten Note (dem E) müssen Sie den Daumen untersetzen, um alle acht Noten der Tonleiter fließend spielen zu können (siehe Kapitel 7, dort erhalten Sie Tipps zum Daumenuntersatz).

Wenn Sie eine Tonleiter rückwärts spielen (von oben nach unten), vergessen Sie bitte nicht, dass dann die Schrittfolge genau umgekehrt ist. Denken Sie jedoch nicht zu sehr darüber nach – denken Sie nur an die Tasten, die Sie gespielt haben, als Sie nach oben gingen, und spielen Sie die gleichen Tasten in umgekehrter Reihenfolge, wenn Sie wieder zurückgehen.

Jetzt versuchen wir etwas anderes: Fangen Sie beim G an, und wenden Sie die Schrittfolge der Dur-Tonleitern an. Wenn Sie zum sechsten Schritt kommen, dann werden Sie bemerken, dass ein ganzer Schritt vom E aus eine schwarze Taste, das Fis, erfordert. Abbildung 8.3 zeigt Ihnen, wie diese G-Dur-Tonleiter gespielt wird:

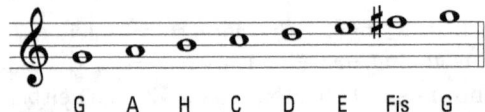

Abbildung 8.3: In der G-Dur-Tonleiter finden wir eine erhöhte Note.

Der Grundton und die Schrittfolge bestimmen, welche erhöhten und erniedrigten Noten (schwarze Tasten) benutzt werden müssen. In der G-Dur-Tonleiter finden wir eine erhöhte Note. Wie wäre es mit einer Dur-Tonleiter, die eine erniedrigte Note enthält? Beginnen Sie bei F, und wenden Sie die Schrittfolge an, so wie Sie es in Abbildung 8.4 sehen, dann erhalten Sie die F-Dur-Tonleiter.

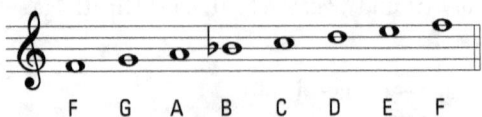

Abbildung 8.4: Die F-Dur-Tonleiter benutzt ein Vorzeichen: das ♭.

Woher wissen Sie, dass es ein erniedrigtes H und kein erhöhtes A ist – also ein B und kein Ais? Die Antwort ist ganz einfach: Bei der G-Dur-Tonleiter wird das Fis anstelle eines F gespielt, während bei der F-Dur-Tonleiter das B anstelle eines H gespielt wird. Jeder Notenname, egal ob alteriert oder nicht, sollte in jeder Tonleiter wenigstens einmal vorkommen. Und da das erniedrigte H bekanntlich nicht Hes, sondern B heißt (im Gegensatz zum erhöhten A, dem Ais), ist hiermit die H-Note voll zu ihrem Recht gekommen.

 Mit diesen neuen Erkenntnissen zu Dur-Tonleitern sollten Sie nun einen Song spielen. Der Klassiker »Danny Boy« (Musikbeispiel 21) enthält alle Noten der F-Dur-Tonleiter, auch das B.

▶ MUSIKBEISPIEL 21

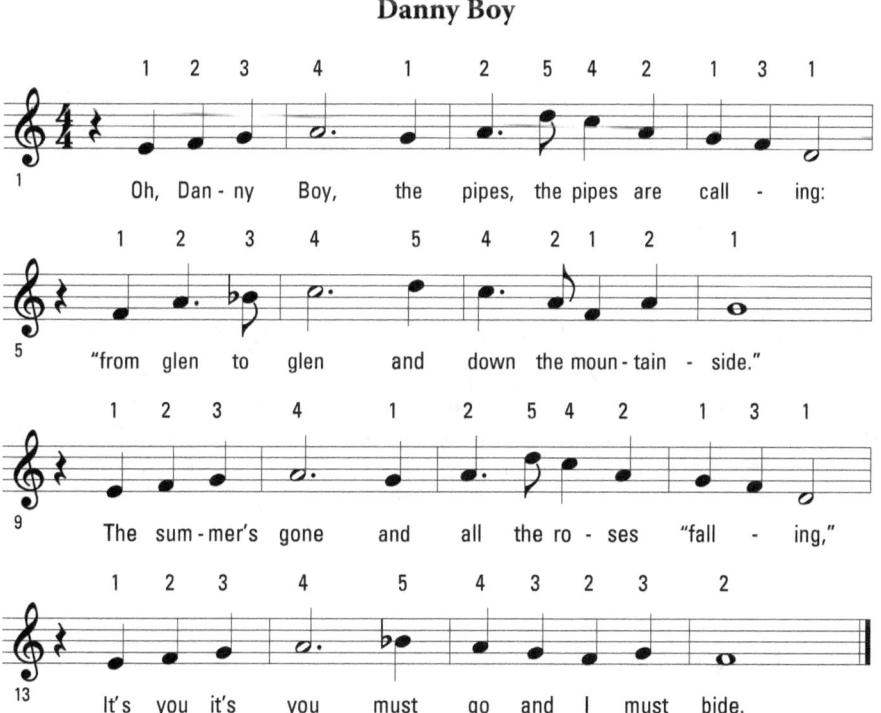

Eine andere Tonleiter, ein anderer Song. Versuchen Sie Bachs kleines Meisterstück »Jesu, meine Freude« (Abbildung 8.5) zu spielen, das auf der G-Dur-Tonleiter beruht (und eine Menge Triolen hat, wie wir sie in Kapitel 5 besprochen haben). Dieses Lied enthält alle Noten der G-Dur-Tonleiter, auch das Fis.

Abbildung 8.5: Jesu, meine Freude.

Wie man Tonleitern in wunderschöne Songs verwandelt

Sie können die Noten der C-Dur-Tonleiter in unterschiedlicher Reihenfolge spielen, dann erhalten Sie statt einer Tonleiter eine Melodie. Wenn Sie beispielsweise ein wenig herumspringen und C-G-F-E-A-H-D-C spielen, dann hören sich die Noten nicht mehr wie eine Tonleiter an – sie sind zur Melodie geworden. Und Sie zu einem Komponisten.

Moll-Tonleitern

Wie die Dur-Tonleitern haben auch Moll-Tonleitern acht Noten, bei denen die unterste und die oberste Note den gleichen Namen tragen. Und auch Moll-Tonleitern beziehen ihren Namen von ihrem Grundton. Allerdings haben sie eine andere Schrittfolge als Dur-Tonleitern:

Ganz – Halb – Ganz – Ganz – Halb – Ganz – Ganz

Diese kleine Veränderung bei den halben und ganzen Schritten macht den gravierenden Unterschied aus. Am besten versteht man den Klangunterschied, wenn man eine Dur-Tonleiter und gleich danach eine Moll-Tonleiter hört. Abbildung 8.6 zeigt die C-Dur-Tonleiter, gefolgt von der c-Moll-Tonleiter.

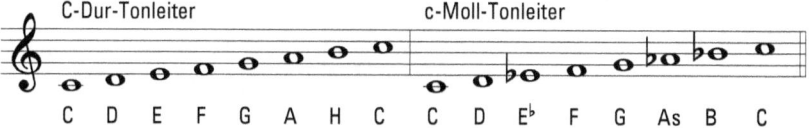

Abbildung 8.6: C-Tonleitern in Dur und Moll.

Hören Sie den Unterschied? Versuchen Sie noch etwas anderes: Abbildung 8.7 zeigt eine Passage aus dem Song »Joy to the World«. In der oberen Zeile wird die Melodie in C-Dur gespielt. Beim zweiten Mal wird die Melodie in c-Moll gespielt. Achten Sie auf den unterschiedlichen Klangcharakter

Abbildung 8.7: Freude oder Trauer für die Welt?

Auch Moll-Tonleitern können sowohl erhöhte als auch erniedrigte Töne enthalten. Wenden Sie die Schrittfolge auf den Grundton A an, und Sie erhalten eine Moll-Tonleiter auf allen weißen Tasten: A–H–C–D–E–F–G–A. Wenn Sie diese Schrittfolge jedoch auf andere Grundtöne anwenden, dann erhalten Sie Moll-Tonleitern mit erhöhten Noten (beispielsweise bei e-Moll) und auch welche mit erniedrigten Noten (wie bei g-Moll), wie es auch in Abbildung 8.8 zu sehen ist.

Mit den Noten der Moll-Tonleitern lassen sich auch großartige Melodien zaubern. »House of the Rising Sun« beruht auf der e-Moll-Tonleiter. Spielen Sie diesen Song zusammen mit Musikbeispiel 22, und Sie werden hören, wie eine Moll-Melodie klingt.

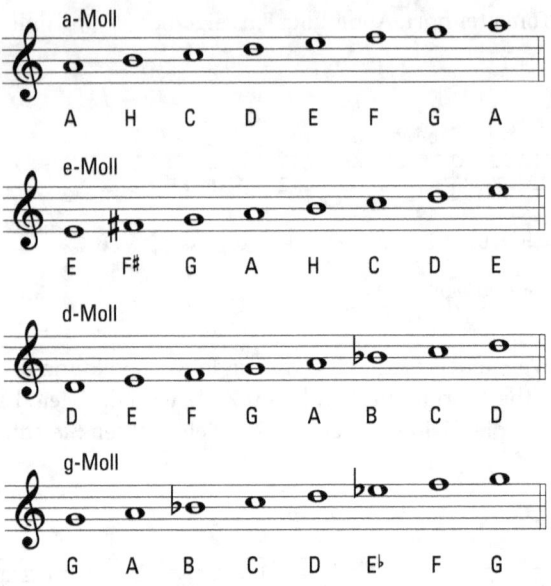

Abbildung 8.8: So viele Moll-Tonleitern – traurig, traurig.

▶ MUSIKBEISPIEL 22

Wir brechen die Regeln

 Natürlich ist der Komponist eines Liedes nicht dazu verpflichtet, für seine Melodie jede Note einer Tonleiter zu verwenden. Er benutzt die Tonleitern lediglich wie eine Speisekarte, aus der er auswählt. »The Farmer in the Dell« beispielsweise basiert auf der F-Dur-Tonleiter, allerdings kommt in diesem Song kein B vor. Wenn Sie Musikbeispiel 23 hören oder den Song auf Ihrem Klavier spielen, dann möchte ich wetten, dass Sie diese Auslassung nicht vermissen werden.

▶ MUSIKBEISPIEL 23

 Der Komponist kann nicht nur Noten einer Tonleiter weglassen, er kann für ein Lied auch Noten benutzen, die gar nicht zu dieser Tonleiter gehören – einfach um die Melodie ein wenig zu würzen. Ich sagte Ihnen schon, dass Musik keine starren Regeln kennt. Spielen Sie »Greensleeves« (Musikbeispiel 24), dann werden Sie hören, was ich meine. Der Song basiert auf einer a-Moll-Tonleiter, doch das Gis und das Fis sind bekanntlich keine Bestandteile der a-Moll-Tonleiter.

▶ MUSIKBEISPIEL 24

Alternative Tonleitern

Dur- und Moll-Tonleitern sind zwar die verbreitetsten Tonleitern, aber nicht die einzigen. Geben Sie es ruhig zu – Sie haben mit den Schrittfolgen der Dur- und Moll-Tonleitern schon ein wenig experimentiert. Die Neugierde hat Sie dazu getrieben, hier einen halben Schritt statt eines ganzen zu spielen, um dann zu hören, was passiert.

Wahrscheinlich ist Folgendes passiert: Sie haben angefangen, andere Tonleitern aufzubauen, weder in Dur noch in Moll. Einige hören sich sehr gut an, andere klingen schrecklich und wieder andere fast exotisch. Eigene Tonleitern zu erstellen, wird nicht nur geduldet – es wird sogar empfohlen. Völlig neue Tonleitern führen unweigerlich zu frischen neuen Melodien und Harmonien.

Seit den Anfängen der Musik haben die Menschen mit Tonleitern experimentiert. Obwohl die meisten experimentellen Tonleitern auf die Dur- und Moll-Tonleitern zurückgehen, benutzen bestimmte Musikstile diese Erfindungen als Grundlage für mitreißende Melodien.

Harmonische Moll-Tonleitern

Die *harmonische Moll-Tonleiter* unterscheidet sich von der natürlichen Moll-Tonleiter nur durch einen halben Schritt, trotzdem hat sie ein völlig anderes Klangbild. Um eine harmonische Moll-Tonleiter zu spielen, gehen Sie so vor:

1. Fangen Sie mit einer natürlichen Moll-Tonleiter an. (Also der Art von Moll-Tonleiter, die wir bereits kennen und besprochen haben.)

2. Erhöhen Sie die siebte Note um einen halben Schritt.

    Durch diese Veränderung beträgt der nächste Schritt eineinhalb Töne, aber ich glaube, Ihre Finger werden damit zurechtkommen.

Wenn Sie es richtig gemacht haben, sieht die Schrittfolge Ihrer harmonischen Moll-Tonleiter wie folgt aus:

Ganz – Halb – Ganz – Ganz – Halb – Eineinhalb – Halb

Spielen Sie das, und vergleichen Sie die normale Moll-Tonleiter in Abbildung 8.9 mit der harmonischen Moll-Tonleiter gleich daneben. Diese Tonleiter finden Sie in vielen klassischen Klavierstücken.

Abbildung 8.9: Die natürliche (links) und die harmonische a-Moll-Tonleiter

Melodische Moll-Tonleitern

Eine andere Variation der Moll-Tonleiter ist die *melodische Moll-Tonleiter*. (Natürlich benutzten Komponisten wie Bach und Mozart diese Tonleiter als Werkzeug ihrer Kunst schon lange, bevor es Jazz überhaupt gab.)

Hier folgt die Schrittfolge der melodischen Moll-Tonleiter:

Ganz – Halb – Ganz – Ganz – Ganz – Ganz – Halb

Was ist passiert? Nichts Großartiges: Wir haben nur zusätzlich zur Erhöhung des siebten Tons (harmonische Moll-Tonleiter) auch noch den sechsten Ton um eine halbe Stufe erhöht – und damit schon wieder fast die ganze Welt verändert.

Ich nenne diese Tonleiter gern *Wackelleiter*, weil sie sich nicht entscheiden kann, ob sie wie Dur oder Moll klingen soll, also fröhlich oder traurig. Schauen Sie sich noch einmal die Schrittfolge an, und Sie bemerken, dass die ersten vier Schritte die gleichen sind wie bei den anderen Moll-Tonleitern, während die letzten vier Schritte die einer Dur-Tonleiter sind. Abbildung 8.10 zeigt Ihnen, wie Sie eine melodische Moll-Tonleiter spielen.

Abbildung 8.10: Traurig oder fröhlich – das ist hier die Frage.

Die Blues-Tonleiter

Eine Tonleiter, die ich persönlich sehr mag, ist die *Blues-Tonleiter*. Sie hören sie im Rock, in der Country Music, im Jazz – und natürlich im Blues.

Diese Tonleiter ist ein richtiger Rebell, denn sie verstößt gleich gegen drei ungeschriebene Regeln beim Erstellen von Tonleitern:

✔ Sie beginnt mit einem Eineinhalb-Schritt.

✔ Sie hat nur sieben Noten.

✔ Sie enthält von der dritten Note sowohl den natürlichen als auch den erhöhten Wert (F und Fis).

Die Schrittfolge für diese aufrührerische kleine Tonleiter ist:

Eineinhalb – Ganz – Halb – Halb – Eineinhalb – Ganz

Um diese Verwirrung aufzulösen, spielen Sie die Tonleiter in Abbildung 8.11.

Abbildung 8.11: Got the Blues?

Um die Blues-Tonleiter zu spielen, müssen Sie nicht gleich in todtrauriger und bedrückter Sonntagnachmittagsstimmung sein. Sie können die Noten dieser Tonleiter für alle Arten kleinerer Stücke und Melodien benutzen, beispielsweise für die in Abbildung 8.12.

Abbildung 8.12: Aus der Blues-Tonleiter wird eine tolle Melodie.

Benutzen Sie Tonleitern, wie es Ihnen gerade gefällt

Was Sie sich vermutlich schon die ganze Zeit fragen: Wie können Sie Tonleitern jetzt, genau *jetzt* benutzen? Worauf warten Sie noch? Ich muss Ihnen doch nicht sagen, dass Sie alle Regeln brechen sollen, um die mystische Welt der Tonleitermuster zu erforschen. Kreieren Sie Ihre eigenen Tonleitern mit Ihren eigenen Schrittfolgen. Improvisieren Sie Melodien oder linkshändige Bassmuster, indem Sie nur ein paar Noten einer Tonleiter benutzen (siehe Kapitel 9). Im Grunde können Sie mit Tonleitern alles machen, was Sie wollen.

Fassen wir zusammen: Lassen Sie sich von Tonleitern helfen, wo immer Sie sie brauchen können. Es spielt keine Rolle, wie Sie diese Tonleitern benutzen – ob Sie Ihre Finger mit ein paar E-Dur-Tonleitern lockern, sich durch die Inspiration einer harmonischen d-Moll-Tonleiter einen coolen Linkshänder-Groove einfallen lassen oder Ihre Freunde mit einer rhythmischen Blues-Tonleiter in F beeindrucken. Tonleitern machen Spaß – fangen Sie an.

> **IN DIESEM KAPITEL**
>
> Benutzen Sie die linke Hand
>
> Spielen Sie die Noten aus dem Bassschlüssel
>
> Begleiten Sie die Melodie der rechten Hand mit der linken Hand

Kapitel 9
Halt, vergessen Sie nicht die Linke!

Soll ich Ihnen ein Geheimnis aus der Musikbranche verraten? Es gibt viele Pianisten, die in einer Band spielen und nie ihre linke Hand benutzen. Schon klar, Sie nehmen an, die linke Hand spielt, weil sie sich auf der linken Seite des Keyboards auf und ab bewegt und weil Sie viele Basslinien und Bassakkorde hören. Aber der Schein trügt. Der Bassist ist es, der die Bassnoten beisteuert, der Gitarrist übernimmt die Akkorde. Der weniger gute Pianist tut nur so als ob.

Mit der linken Hand zu spielen oder mit beiden Händen zusammen ist wesentlich schwerer als nur mit der rechten Hand zu spielen. Aber Sie haben es nicht nötig, den Leuten etwas vorzumachen. In diesem Kapitel bringe ich Ihnen bei, mit beiden Händen gemeinsam zu spielen. Und mit ein wenig Übung und Begeisterung werden Sie schon heute die ersten Fortschritte machen.

Übrigens: Auch in diesem Kapitel spreche ich Ihre Finger mit den Nummern 1 bis 5 an. Ihre rechte und Ihre linke Hand werden mit RH und LH abgekürzt.

Go West

Wenn Sie das mittlere C als die Mitte der Klaviatur betrachten, dann können Sie sich die Tasten rechts daneben als den Osten und die Tasten links daneben als den Westen vorstellen. (Falls Sie Probleme haben, das mittlere C zu finden, dann schlagen Sie noch einmal in Kapitel 4 nach.) Und in diesem Kapitel geht die Reise Richtung Westen.

Um die tiefen Tasten zu ergründen, sollten Sie sich mit dem Bassschlüssel vertraut machen. In Kapitel 4 finden Sie ein paar einfache Möglichkeiten, sich die Linien und Zwischenräume in dieser oft vernachlässigten Notenzeile einzuprägen. Die beste Möglichkeit aber, diese

Zeile kennenzulernen, ist, einfach einzusteigen und mit dem Klavierspielen anzufangen. Schon bald werden Sie jede Linie und jeden Zwischenraum erkennen, wenn Sie ihn sehen, auch ohne nachzudenken.

Wir bringen uns in Stellung

In Kapitel 7 habe ich Ihnen zwei Positionen für die rechte Hand gezeigt: die C- und die G-Position. Diese Positionen gibt es auch für die linke Hand, aber diesmal nimmt LH5 (der kleine Finger) das C unterhalb des mittleren Cs ein, das eine Oktave tiefer ist. In der G-Position geht LH5 noch weiter nach links, bis zu dem G, das auf der untersten Linie der Notenzeile sitzt. Abbildung 9.1 zeigt Ihnen die richtige Platzierung der Finger für die C-Position.

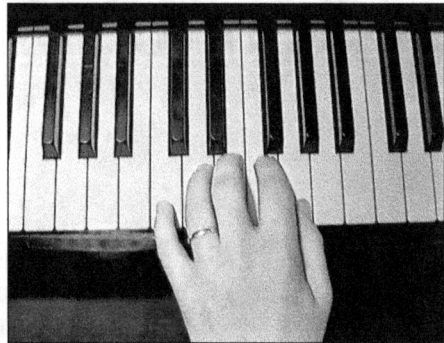

Abbildung 9.1: Die C-Position mit der linken Hand.

Vertauschen Sie Ihre Hände, und verändern Sie Ihr Leben

 Wenn Sie nicht von Natur aus Rechtshänder sind, dann sollten Sie lernen, mit der linken Hand alltägliche Handgriffe auszuführen, bei denen Sie ansonsten die rechte Hand nehmen. Beispielsweise können Sie mit der linken Hand:

- ✔ Türen öffnen
- ✔ Die Fernbedienung des Fernsehers bedienen
- ✔ Ihr Fahrzeug steuern (aber bitte vorsichtig)
- ✔ Anderen Leuten etwas zureichen (zum Beispiel den Salzstreuer)
- ✔ Sich die Zähne putzen
- ✔ Festverschlossene Gurkengläser aufmachen

Wenn Sie einige Wochen lang ganz *bewusst* die Hände wechseln, dann machen Sie *unbewusst* Ihre linke Hand stärker, beweglicher und unabhängiger.

Gewöhnen Sie sich an die neue Nachbarschaft

Mit einer schnellen und sehr stimulierenden Übung hilft Ihnen Abbildung 9.2, die Finger Ihrer linken Hand in der C-Position zu lockern. Singen oder sprechen Sie den Namen jeder Note laut, wenn Sie sie spielen. Wenn Sie gleichzeitig sehen, spielen, sprechen und hören, hilft Ihnen dies, sich die Noten auf der Notenzeile schneller einzuprägen.

Abbildung 9.2: Locker mit links

Und jetzt machen wir das gleiche in der G-Position (Abbildung 9.3). Denken Sie wieder daran, jede Note laut zu singen.

Abbildung 9.3: Taste drücken, singen, lauschen, lernen

Spielen Sie mehr als nur Übungen mit Ihrer linken Hand

Sie können mit Ihrer linken Hand Verschiedenes tun: Sie können Tonleitern spielen, Melodien, einfache Harmonien mit einer Note, Akkorde oder ganz einfache, aber erstklassige Begleitmuster. Harmonien mit einer Note und Akkorde zeige ich Ihnen in den Kapiteln 10 und 11. In diesem Abschnitt konzentriere ich mich auf Tonleitern, Melodien und Muster.

Tonleitern für die Linke

Ich weiß, dass Tonleitern nicht das Aufregendste sind, was man spielen kann, aber haben Sie Geduld. Wenn Sie mit der linken Hand Tonleitern spielen, beherrschen Sie bald diese wichtigen musikalischen Elemente:

✔ Sie können den Bassschlüssel lesen.

✔ Sie spielen mit dem richtigen Fingersatz.

✔ Sie benutzen raffinierte Muster und Harmonien.

✔ Sie stellen fest, wie viel Sie versäumen, wenn Sie nur mit der rechten Hand spielen.

Fangen Sie mit ein paar Dur- und Moll-Tonleitern aus Abbildung 9.4 an, indem Sie sie lesen und spielen. (In Kapitel 8 erfahren Sie alles über Dur- und Moll-Tonleitern.) Wie beim Spiel mit der rechten Hand sollten Sie immer daran denken, den richtigen Fingersatz zu verwenden, so wie es die Zahlen über jeder Note angeben. Wie und wann Sie Ihre Finger

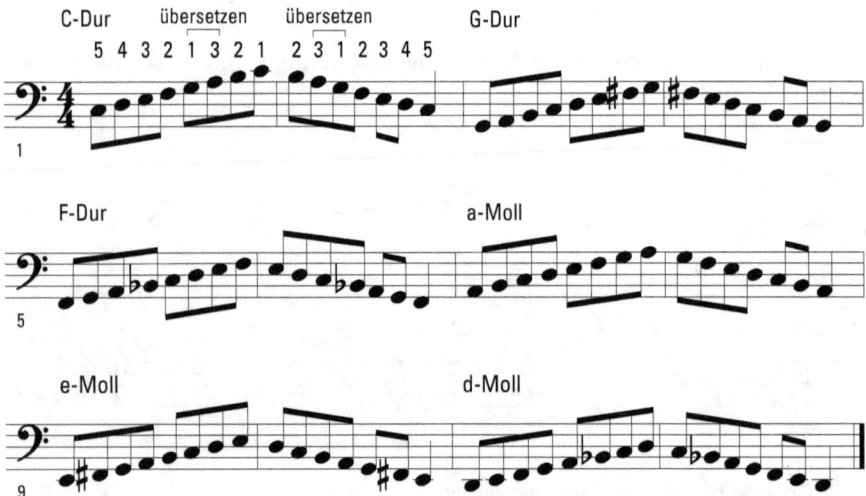

Abbildung 9.4: Mit der linken Hand die Tonleitern auf und ab

kreuzen, ist sehr wichtig, um einen glatten Sound und eine bequeme Technik der linken Hand zu erzielen. Viel Glück.

Eine der am häufigsten angewandten Möglichkeiten, die Melodie der rechten Hand zu begleiten, ist, Teile einer Tonleiter zu spielen. Die Noten in Abbildung 9.5 sind Teile von Dur-, Moll- und Blues-Tonleitern. Schon nach kurzer Zeit kann sich das ziemlich gekonnt anhören.

Abbildung 9.5: Auch Teile einer guten Sache sind eine gute Sache.

Melodien mit links

Manchmal sind Sie es leid, alle Melodien mit Ihrer rechten Hand zu spielen – Sie hätten es gern ein wenig tiefer oder wollen das Stück variieren oder es juckt Sie irgendwo. In solchen Fällen können Sie natürlich auch Melodien mit der linken Hand spielen. Auf diese Weise prägen Sie sich gleichzeitig die Bassnoten besser ein und stärken die Koordination Ihrer linken Hand.

 Melodien linkshändig zu spielen macht sehr viel Spaß, doch sollten Sie immer den richtigen Fingersatz wählen, wenn Sie die folgenden Klassiker »Swing Low, Sweet Chariot« und »Little Brown Jug« (Musikbeispiele 25 und 26) spielen.

130 TEIL III Eine Hand nach der anderen

▶ MUSIKBEISPIEL 25

▶ MUSIKBEISPIEL 26

Immer in guter Begleitung

Tonleitern und Melodien sind eine schöne Sache für die linke Hand, aber das ist nicht der Hauptzweck der Linken. Lieber möchte Ihre linke Hand die *Begleitmuster* spielen, während Ihre Rechte an irgendeiner Melodie herumnudelt oder fetzige Akkorde spielt. Eines der anwenderfreundlichsten Muster für die linke Hand ist das *Arpeggio*. (Später, in Kapitel 14, zeige ich Ihnen weitere, jazzigere Begleitmuster.)

Das Wort *arpeggio* bedeutet so viel wie »harfenähnlich«. Das Arpeggio zählt zu den sogenannten »gebrochenen Akkorden« (Akkorde, bei denen nicht alle Töne gleichzeitig gespielt werden). Auch bei einem Arpeggio spielt man die Noten nicht gemeinsam, sondern fein säuberlich nacheinander, also wie bei einer Harfe (oder Gitarre), deren Saiten man streicht.

Arpeggios mit drei Noten

Meiner Meinung nach sind Arpeggios mit drei Noten die einfachsten und beweglichsten Begleitmuster, die Sie mit der linken Hand spielen können. Denn Ihre Hand ist für solche Arpeggios wie geschaffen. Beispielsweise legen Sie die linke Hand in die C-Position, wobei LH5 auf C, LH2 auf dem G darüber und LH1 auf dem mittleren C liegt. Passt wie ausgemessen, oder?

Die drei Noten, die Sie für ein Arpeggio mit drei Noten benutzen, sind der Grundton, der fünfte Ton und der obere Ton der jeweiligen Tonleiter. (In Kapitel 8 erfahren Sie mehr über Tonleitern.) In der C-Dur-Tonleiter sind die Arpeggionoten beispielsweise das C, das G und das C. Und jetzt kommt es: Dieses Muster gilt in der c-Moll-Tonleiter genauso. Und so können Sie dieses Arpeggio mit der ersten, der fünften und der achten Note (siehe Abbildung 9.6) sowohl bei Dur- als auch bei Moll-Akkorden spielen. Es klingt in beiden Fällen passend.

Abbildung 9.6: Ganz gleich, ob Dur oder Moll, die Noten dieser Arpeggios weisen das gleiche Grundmuster auf.

Wenn Sie mit Drei-Noten-Arpeggios arbeiten möchten, wählen Sie am besten einen Viertelnoten-Rhythmus.

Im Viervierteltakt spielen Sie nacheinander Grundton, fünfte Note, oberste Note, fünfte Note, sodass jeder Takt wieder mit der Grundnote beginnt. Im Dreivierteltakt spielen Sie nacheinander Grundton, fünfte Note, oberste Note; auch hier beginnt somit jeder neue Takt mit dem Grundton.

Abbildung 9.7: So schaffen Sie die linkshändigen Arpeggios.

Abbildung 9.7 zeigt diese Drei-Noten-Arpeggiomuster mit einem einfachen Viertelnoten-Rhythmus in beiden Takten. Die ersten acht Takte sind im Vierviertaktakt, die letzten acht im Dreivierteltakt.

 Wenn Sie ein schnelleres Arpeggio mit Achtelnoten spielen wollen, dann machen Sie einfach alles schneller. Das heißt, Sie spielen eine Serie aus Grundnote, fünfter, oberster und fünfter Note auf jeweils zwei Taktschläge, sodass die Taktschläge 1 und 3 in jedem Takt immer mit der Grundnote des Arpeggios beginnen. Ein Dreivierteltakt mit Achtelnoten ist ein wenig anders: Der dritte Taktschlag eines Dreivierteltaktes erhält immer nur zwei Noten des Arpeggios, vorzugsweise die oberste und die fünfte.

Versuchen Sie dieses schnellere Achtel-Arpeggio mit dem Beispiel in Abbildung 9.8. Bewegen Sie Ihre linke Hand sanft auf- und abwärts über die Tasten, bis Sie das Gefühl haben, dass Ihnen dieses Muster in Fleisch und Blut übergegangen ist. Natürlich erfordert das einige Wiederholungen, aber Sie wissen ja: Übung macht den Meister.

Arpeggios mit vier Noten

Eine andere sehr beliebte Version des Arpeggios ist die mit vier Noten. Bei diesem Arpeggio fügen Sie die dritte Note der Tonleiter hinzu. Das Vier-Noten-Dur-Arpeggio verwendet die Grundnote, die dritte, die fünfte und die oberste Note der Tonleiter. Um ein Vier-Noten-Moll-Arpeggio zu bilden, setzen Sie die dritte Note ganz einfach einen halben Schritt tiefer.

Abbildung 9.8: Spielen Sie schnellere Arpeggios.

Die Noten des C-Dur-Arpeggios beispielsweise sind C, E, G und C. Um daraus ein c-Moll-Arpeggio zu machen, erniedrigen Sie die dritte Note E zu einem Es wie in c-Moll (siehe Abbildung 9.9).

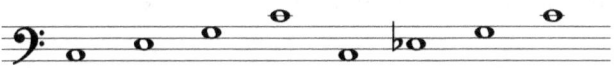

Abbildung 9.9: Vier-Noten-Arpeggios, die auf dem C basieren (links in Dur, rechts in Moll)

Ebenso wie bei den Drei-Noten-Arpeggios ermöglichen es unterschiedliche Metren, rhythmische Variationen zu spielen. Wenn Sie Viertelnoten in einem *Viervierteltakt* benutzen, dann spielen Sie aufwärts – Grundnote, dritte, fünfte, oberste Note – und zwar einmal in jedem Takt. So steht jeder der vier Noten ein Taktschlag zu, und jeder folgende Takt beginnt wieder mit der Grundnote. Im *Dreivierteltakt* spielen Sie in einem Takt aufwärts – Grundnote, dritte, fünfte Note – und im nächsten Takt wieder abwärts – oberste Note, fünfte, dritte.

Werfen Sie einen Blick auf diese Rhythmen in Abbildung 9.10. Sprechen Sie den Namen jeder Note aus, wenn Sie sie spielen. Indem Sie sich selbst hören, fällt es Ihnen leichter, die Noten zu erkennen.

Abbildung 9.10: Auf und ab mit Vier-Noten-Arpeggios

 Bei einem Achtelnoten-Rhythmus können Sie jede Menge Spaß haben, wenn Sie verschiedene Muster der vier Arpeggionoten ausprobieren. Vergessen Sie nur nicht die richtigen vier Noten jeder Tonleiter – Grundnote, dritte Note, fünfte Note und oberste Note –, und spielen Sie immer zwei auf jeden Taktschlag. Abbildung 9.11 zeigt Ihnen einige Beispiele für verschiedene Muster.

Abbildung 9.11: So können Sie mit den vier Arpeggionoten herumspielen.

Das Arpeggio, dein Freund in der Not

Da sitzen Sie. Es ist spät. Der Pianist beendet sein »My Funny Valentine« und zieht sich zu einer längst fälligen Kaffeepause zurück. Sie entschließen sich, Ihre Freunde zu beeindrucken, und stehlen sich auf den Klavierstuhl. Der ganze Saal wartet. Sie öffnen das Notenheft auf dem Piano, und – igitt! – alles, was Sie sehen, ist eine mehrfache, ganz merkwürdige Notenzeile: oben die Melodien, unten die Akkordsymbole, und dazwischen der Text.

Sie sind verloren – dem Schicksal ausgeliefert – Schande über Ihr Haupt! Doch Sie können sich entspannen.

Was Sie gerade sehen, ist vermutlich ein »Schummel-Notenheft«, auch *Fake Book* genannt. Es enthält in eigentlicher Notenschrift nur die Melodien; die Akkorde sind als einfache Bezeichnungen angegeben wie »Am« oder »D7«, die es dem Pianisten ermöglichen, die linke Hand so zu spielen, wie es ihm am geeignetsten erscheint. Da Sie aber kein Profipianist sind, wäre Ihnen in dieser Situation, so spät am Abend, jede Notenangabe für die linke Hand willkommen.

Zuerst holen Sie einmal tief Luft. Dann öffnen Sie Ihre Trickkiste und zaubern ein paar Arpeggios für die linke Hand hervor, wie ich sie Ihnen in diesem Kapitel gezeigt habe. Benutzen Sie die Akkordsymbole – die kleinen Buchstaben über der Notenzeile –, um den Namen der niedrigsten Note (der Grundnote) des Arpeggios festzustellen, und dann spielen Sie los.

Ach ja – vergessen Sie nicht, einen Teller für das Trinkgeld hinzustellen.

Links und rechts zusammen

Ganz gleich, wie viel Spaß es Ihnen macht, Melodien mit der linken und der rechten Hand getrennt zu spielen, nun ist die Zeit gekommen, diese beiden großen Freunde zusammenzuführen. Holen Sie beide Hände an die Tasten, und lassen Sie sie eine Nacht lang tanzen.

Wenn Sie versuchen, Stücke mit beiden Händen zu spielen, dann müssen Sie verschiedene Dinge berücksichtigen:

✔ Wenn Sie die Noten in einer Akkolade (das heißt, einer Notenzeile für die rechte und einer für die linke Hand) vor sich sehen, dann lesen Sie die Noten zuerst senkrecht (von oben nach unten), bevor Sie horizontal (von links nach rechts) weiterlesen.

✔ Spielen Sie das Stück ein paar Mal nur mit der rechten Hand. Dann spielen Sie das Stück ein paar Mal mit der linken Hand. Erst wenn Sie mit den Noten für jede Hand vertraut sind, sollten Sie versuchen, das Stück mit beiden Händen zusammen zu spielen.

✔ Spielen Sie am Anfang langsam, und erhöhen Sie das Tempo, wenn Sie das Stück besser kennen.

✔ Seien Sie geduldig und ausdauernd.

✔ Bitten Sie die anderen, einen Augenblick hinauszugehen, damit Sie ungestört ein wenig üben können. Wenn Sie glauben, dass alles gut sitzt, können Sie Ihre Freunde danach zu einem kleinen Konzert einladen.

In dem Klassiker »Yankee Doodle« (Abbildung 9.12) können Sie versuchen, gleichzeitig beide Notenzeilen zu lesen und beidhändig zu spielen. Obwohl die Melodien in den beiden Notenzeilen ganz unterschiedlich aussehen, sind es tatsächlich genau die gleichen Noten – Sie spielen mit beiden Händen Noten gleichen Namens.

Abbildung 9.12: Yankee Doodle.

In »On Top of Old Smokey« (Musikbeispiel 27) spielen Sie mit der rechten Hand eine Melodie und mit der linken einige Arpeggios. Wenn Sie das einmal draufhaben, wird Ihre linke Hand mühelos über die Arpeggiomuster hin- und herlaufen. Wenn die Basszeile Ihnen Angst macht, dann halten Sie Ihre Hand in der Position für ein Arpeggio, und bewegen Sie LH5 zu jeder neuen Grundnote. Von jeder Grundnote aus können Sie ganz leicht die entsprechenden Arpeggionoten finden und »On Top of Old Smokey« weiterspielen.

► MUSIKBEISPIEL 27

On Top of Old Smokey

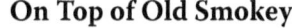

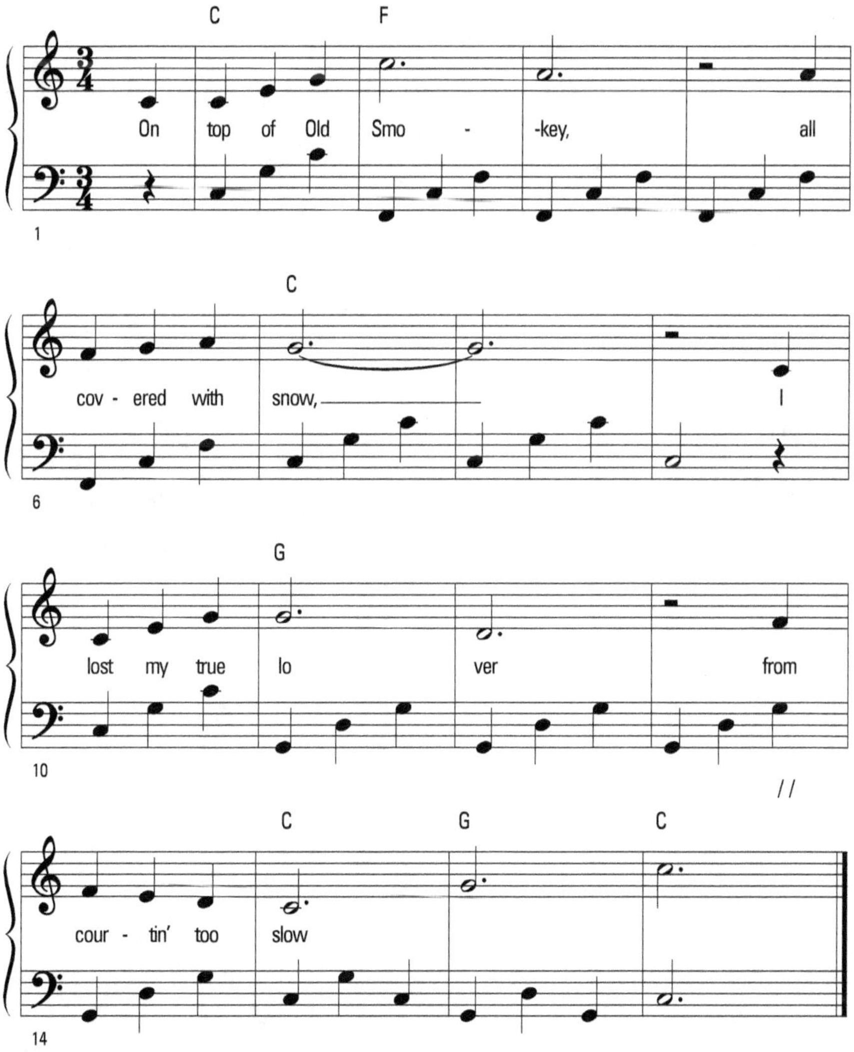

In »On Top of Old Smokey« (Musikbeispiel 27) spielen Sie mit der rechten Hand eine Melodie und mit der linken einige Arpeggios. Wenn Sie das einmal draufhaben, wird Ihre linke Hand mühelos über die Arpeggiomuster hin- und herlaufen. Wenn die Basszeile Ihnen Angst macht, dann halten Sie Ihre Hand in der Position für ein Arpeggio, und bewegen Sie LH5 zu jeder neuen Grundnote. Von jeder Grundnote aus können Sie ganz leicht die entsprechenden Arpeggionoten finden und »On Top of Old Smokey« weiterspielen.

► MUSIKBEISPIEL 27

On Top of Old Smokey

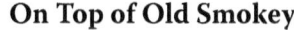

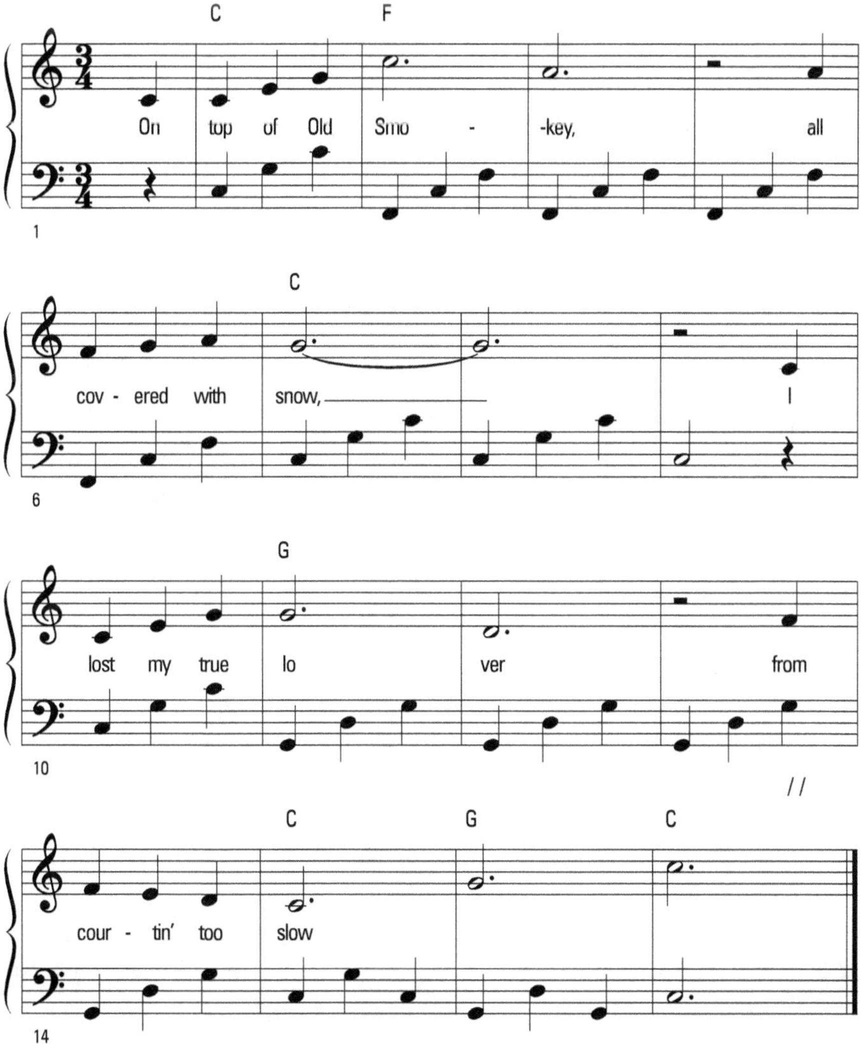

Teil IV
In bester Harmonie

IN DIESEM TEIL ...

Wenn es um Musik geht, sind wir alle ziemlich harmoniesüchtig. Die Harmonien sind es, die aus einer Melodie ein kleines Kunstwerk machen, anstatt nur eine lieblose Abfolge von Tönen. In diesem Teil des Buchs wollen wir uns damit ein wenig näher beschäftigen.

Was Sie dabei alles lernen? Nun, Sie können zum Beispiel Ihre Freunde beeindrucken, indem Sie ihnen die Intervalle nennen, die in berühmten Liedern benutzt werden. Sie lernen, eine Melodie in verschiedenen Tonarten zu spielen und Akkorde von unbeschreiblicher Größe aufzutürmen. Ja, und ich will Ihnen in diesem Teil des Buchs nicht vorenthalten, wie Sie Songs auf Ihrem Telefon spielen.

IN DIESEM KAPITEL

Messen wir den Abstand zwischen zwei Noten

Erkennen wir Noten an ihrem Klang

Konstruieren wir Harmonien

Unterstützen wir eine Melodie mit Harmonien

Kapitel 10
Bausteine der Harmonie

Beim Musikhören geht Ihnen meist als Erstes die Melodie ins Ohr, manchmal auch der ultrafunkige Beat des Schlagzeugs. Die anderen Noten, die zusammen mit der Melodie gespielt werden, um der Musik *Harmonie* zu verleihen, werden Sie oft kaum bemerken.

Ohne Harmonien würden Sie nur eine Reihe von einzelnen Tönen hören. Auf Ihrem Klavier können Sie jedoch mehr als nur einen Ton gleichzeitig spielen und verleihen ihm damit das begehrte Prädikat, ein *Akkordinstrument* zu sein, mit dem Sie Harmonien spielen können. Sicher, andere Instrumente in einer Band oder in einem Orchester erledigen das oft gemeinsam, aber Sie können es mit dem Klavier ganz allein schaffen.

Das Kennzeichen von Harmonien ist es, dass mehrere Töne gleichzeitig erklingen. Die Noten, die Sie auswählen, und wie Sie sie um die Melodie herum arrangieren, legen die Art der Harmonie fest, die Sie produzieren, egal, ob Sie viele Noten oder nur eine mit jeder Hand spielen. Fangen Sie an und versuchen Sie es: Spielen Sie zwei, drei, vier oder sogar zehn Noten gleichzeitig. Klingt gut? Oder eher nach dem Weltuntergang? Nun, es kommt immer darauf an, *welche* Noten Sie spielen.

Wir messen die Harmonie auf einer Tonleiter

Die Entfernung zwischen jeweils zwei Tönen nennt man *Intervall*. Diesen Begriff und das Konzept der Intervalle müssen Sie wirklich verstehen, damit Sie die richtigen Noten auswählen können, um Harmonien aufzubauen.

Ein Intervall wird nach der Zahl der Halbschritte und ganzen Schritte zwischen zwei Noten gemessen. (In Kapitel 8 finden Sie weitere Informationen über ganze und halbe Tonschritte.) Weil diese Methode jedoch viel Zählerei, Auswendiglernen und komplizierte Rechnerei mit sich bringt, habe ich für Sie eine einfachere Lösung gefunden: Benutzen Sie einfach die Dur-Tonleiter (siehe Kapitel 8) als Maßband.

Eine Dur-Tonleiter enthält acht Noten, die Sie benutzen können, um Intervalle zu benennen. Abbildung 10.1 zeigt beispielsweise die so beliebte C-Dur-Tonleiter. Unter die Noten der Tonleiter schreibe ich die Zahlen von 1 bis 8.

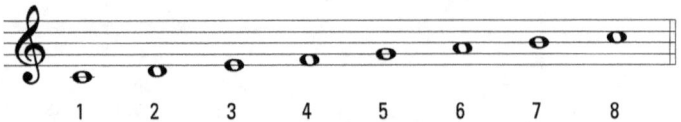

Abbildung 10.1: Die Noten einer Tonleiter erhalten Nummern.

 Benutzen Sie diese acht Zahlen, um jedes Intervall einer Tonleiter zu benennen. Sie suchen sich einfach zwei Noten heraus und zählen die Noten dazwischen; dazu eine Prise Latein - dann haben Sie den Namen des Intervalls, das Sie spielen.

Wenn Sie beispielsweise die erste Note der Tonleiter spielen (C), gefolgt von der fünften (G), dann haben Sie eine *Quinte* gespielt. Woher dieser Name? Nun, im Lateinischen heißt *quintus* der fünfte. Wenn Sie die Noten von C bis G zählen, dann erhalten Sie fünf – C, D, E, F, G (die Ausgangsnote, also in diesem Fall das C, wird immer mitgezählt). Die Quinte ist somit das fünfte Intervall. Zwischen dem C und dem E (der dritten Note) liegt eine *Terz*. Der Dritte heißt auf lateinisch *tertius*. (Die Namen sind nicht gerade leicht zu merken, aber dieses kleine Opfer müssen Sie der Musik leider bringen.)

Sie müssen aber nicht bei der ersten Note einer Tonleiter anfangen, um eine Quinte zu spielen. Sie erinnern sich: Das Konzept der Intervalle geht von Abständen aus. Sie können eine Quinte auch bei der Note G beginnen lassen – die fünfte Note darüber ist das D. Es ist ganz einfach, das zu prüfen – zählen Sie nur die Noten, die dazwischen liegen.

 Beachten Sie, dass ich nur die Zahl der Noten auf der Tonleiter zähle und *nicht* die Zahl der Klaviertasten! Wenn Sie die Tasten von G bis D zählen (die schwarzen und die weißen), dann funktioniert das nicht. Ich möchte Ihnen nicht raten, irgendwelche mathematischen Gleichungen aufzustellen, damit es doch funktioniert.

Abbildung 10.2 zeigt Ihnen noch einmal die C-Dur-Tonleiter, aber dieses Mal habe ich jedes Intervall eingetragen.

 Ich benutze die C-Dur-Tonleiter als Beispiel, weil sie so einfach ist, denn sie hat keine erhöhten und keine erniedrigten Noten. Allerdings funktioniert diese Methode, die Intervalle nach Zahlen zu benennen, bei jeder Dur-Tonleiter. Schreiben Sie ganz einfach die Tonleiter auf und nummerieren Sie die Noten von 1 bis 8 – es klappt immer. (In solchen Fällen sind natürlich auch erhöhte und erniedrigte Noten dabei; lassen Sie sich dadurch nicht stören.)

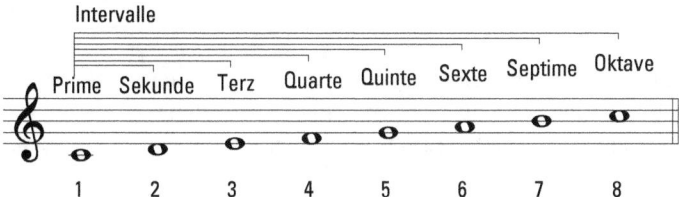

Abbildung 10.2: Die ganze Intervall-Familie.

Intervalle in Steno

So wie es verschiedene Tonleitern gibt, gibt es auch verschiedene Intervalle: *große*, *kleine* und *reine*. Wenn man diese Einteilung kennt, hilft das, die richtigen Harmonien zu der Musik zu finden, die man gerade spielt. Viele Akkorde (auch die Dur- und Moll-Akkorde) enthalten ein kleines Intervall. (Kapitel 12 sagt Ihnen alles darüber, wie man Akkorde aufbaut.)

Alle Intervalle, die man vom Grundton einer Dur-Tonleiter spielt, sind entweder groß oder rein. Ein kleines Intervall stellt man dadurch her, dass man ein großes Intervall um einen halben Schritt verkleinert. Da nicht alle Musiker fleißige, dafür aber effiziente Leute sind, benutzen viele von ihnen die folgenden Abkürzungen wie Steno, wenn sie über Intervalle sprechen:

- ✔ *G* für große Intervalle
- ✔ *K* für kleine Intervalle
- ✔ *R* für reine Intervalle
- ✔ Zahlen für die Größe des Intervalls (beispielsweise wird für eine Quinte die Zahl 5 benutzt)

Wenn Sie also R5 sehen, dann wissen Sie, dass Sie es mit einer reinen Quinte zu tun haben. Wenn ich G2 schreibe, dann meine ich eine große Sekunde. Wenn ich K6 schreibe, dann meine ich eine kleine Sexte.

Es wäre unverzeihlich, Ihnen nicht zu sagen, dass Intervalle aufwärts als auch abwärts gemessen werden können. Das heißt: Wenn Sie eine C-G-Quinte spielen, können Sie sagen, dass das G um eine Quinte über dem C liegt oder das C eine Quinte unter dem G. Wenn ich also von einem *absteigenden* Intervall spreche, dann zähle ich von der oberen Note zur unteren. Die anderen Intervalle nennt man *aufsteigend*.

In den folgenden Abschnitten erkläre ich jedes Intervall auf der Tonleiter und biete Ihnen jeweils ein bekanntes Musikstück als Beispiel, das dieses Intervall enthält. Ich möchte Sie ermutigen, ja bitten, jedes dieser Beispiele auf Ihrem Piano zu spielen. Nichts trainiert einen Musiker besser als gleichzeitig zu spielen und zu hören. Merken Sie sich diese Intervalle zusammen mit den entsprechenden bekannten Stücken, und ich garantiere Ihnen, dass Sie sie nicht vergessen werden.

Sekunden

Sicher haben Sie schon einmal gehört, wie jemand »Happy Birthday« gesungen hat – vielleicht sechs Kellner in einem Restaurant, die sich noch viel unwohler in ihrer Haut fühlten als derjenige, dem das Lied gewidmet war? Womöglich waren Sie sogar selbst der Gesangskünstler.

Das erste Intervall, das Sie in diesem Lied hören, ist eine *große Sekunde* oder G2. Legen Sie los und singen Sie: »Hap-py Birth-« Stop! Bei der Silbe »Birth-« sind Sie um eine große Sekunde nach oben gesprungen. In der C-Tonleiter ist G2 der Abstand zwischen C und D.

Ein anderes Lied, das mit G2 beginnt, ist »London Bridge«, das Sie in Abbildung 10.3 sehen. Immer wenn Sie den Namen der Brücke spielen, dann gehen Sie auf- und abwärts, jeweils um eine große Sekunde. Fangen Sie an – versuchen Sie es auf Ihrem Klavier.

Abbildung 10.3: Machen Sie sich mit großen Sekunden vertraut.

Eine *kleine Sekunde* oder K2 spielen Sie dann, wenn Sie die große Sekunde um einen halben Notenschritt verringern. Mit anderen Worten: Spielen Sie vom C bis zum Des. Spielen Sie das immer wieder, immer schneller ... Vorsicht – Haie! Tut mir leid. Immer wenn ich eine kleine Sekunde höre, dann denke ich an das berühmte Intervall, das vom Komponisten John Williams in der Filmmusik zu *Der weiße Hai* benutzt wurde. Abbildung 10.4 zeigt Ihnen eine K2 auf dem Festland, sie stammt aus »Scheherazade« von Nikolai Rimski-Korsakow. Spielen Sie selbst, und hören Sie, wie das Intervall klingt.

Abbildung 10.4: Eine kleine Sekunde

Terzen

Wenn ein Komponist das Copyright auf ein Intervall besäße, dann läge das für die *große Terz* (G3) bei Ludwig van Beethoven. Die ersten vier Noten seiner legendären *Fünften Symphonie* enthalten eine große Terz. Als ob das noch nicht ausreichte, versuchte Ludwig auch, in den Besitz der *kleinen Terz* (K3) zu gelangen, die er in den nächsten vier Noten des Themas benutzte. Spielen Sie Abbildung 10.5, den Anfang der *Fünften Symphonie*, und Sie werden nie vergessen, was Terzen sind.

Abbildung 10.5: Große und kleine Terzen zusammen im selben Stück

Große Terzen hören Sie oft auch in Spirituals. Abbildung 10.6 zeigt dieses Intervall in den Liedern »Kum-bah-yah« und »Swing Low, Sweet Chariot«.

Abbildung 10.6: Große Terzen zur religiösen Erbauung

Aus irgendeinem Grund, den auch Beethoven nicht kannte, scheint die kleine Terz vor allem Kindern gut zu gefallen. Wie Sie in Abbildung 10.7 sehen können, bilden die ersten Noten des Kinderlieds »This Old Man« eine kleine Terz, das in vielen Musikfibeln als »Kuckucksruf«-Intervall bezeichnet wird. (»Kuck-kuck!«)

Abbildung 10.7: Eine kleine Terz

Quarten

Vom C bis zum F ist es eine *reine Quarte* (R4). Mit der Quarte lassen sich hervorragend die verschiedensten Arten von Gefühlen ausdrücken.

Komponisten benutzen dieses Intervall, um Heldentum, Liebe, Humor und sogar den Weltraum in ihren Melodien darzustellen. Ich habe hier nicht den Platz und auch nicht die Abdruckgenehmigungen, um Ihnen zu zeigen, wie oft Quarten in Filmmusik vorkommen. Wie wäre es also mit einem Volkslied?

Spielen und singen Sie die ersten Noten von »I've Been Working On The Railroad«, und hüpfen Sie auf einer reinen Quarte auf- und abwärts, bis das Wort »the« dem Spaß ein Ende bereitet, wie wir in Abbildung 10.8 sehen.

Abbildung 10.8: Die reine Quarte in Aktion

Bei der Hochzeit Ihres besten Freundes können Sie ebenfalls eine reine Quarte hören, wenn die spektakulären ersten Takte von »Here Comes the Bride« ertönen, wie Sie sie in Abbildung 10.9 sehen. Ich habe Ihnen schon gesagt, dass Komponisten gern Quarten benutzen, um festliche Lieder zu schreiben.

Abbildung 10.9: Mit der reinen Quarte unter die Haube

Quinten

Ein weiteres reines Intervall ist die *reine Quinte* (R5). Weshalb ist sie so rein und perfekt? Es gibt fast kein Lied, das nicht mindestens ein R5-Intervall enthält. Außerdem passt es hervorragend zur Hand: Das Intervall von C bis G entspricht genau der C-Position der Hand. (Kapitel 7 erklärt die C-Position.)

Die beiden folgenden Stücke, »Twinkle, Twinkle Little Star« (Abbildung 10.10) und das Thema aus *Star Wars* beginnen mit einer R5.

Wenn Sie eine absteigende Quinte spielen, also von G nach C, dann werden Sie vielleicht den unsterblichen Klassiker »Feelings« erkennen. Da wir gerade von Klassikern sprechen: Auch Petzold benutzte eine Quinte in den ersten Takten seines »Menuetts«, wie in Abbildung 10.11 dargestellt.

Abbildung 10.10: Die reine Quinte, ein strahlender Stern

Abbildung 10.11: Absteigende Quinten

Sexten und Septimen

Eine *große Sexte* (G6) ist das Anfangsintervall von »My Bonnie Lies Over the Ocean«. Die Silben »My Bon-« bilden eine große Sexte, von C nach A. Wenn Sie von C zum As spielen, dann erhalten Sie eine *kleine Sexte* (K6). Abbildung 10.12 zeigt Ihnen beide Sexten.

Abbildung 10.12: Die große und die kleine Sexte

Die *große Septime* (G7) und die *kleine Septime* (K7) sind die vorletzten Intervalle der Tonleiter. Es gibt nicht viele Komponisten, die Septimen als besonders melodisch ansehen. Vielleicht fallen mir deshalb keine bekannten Lieder ein, in denen G7 oder K7 am Anfang vorkommen.

Trotzdem ist dieses Intervall sehr wichtig, da es im dritthäufigsten Akkord der Musik vorkommt, dem Septakkord. (Kapitel 12 verrät Ihnen mehr über Akkorde.) Lernen Sie diese beiden Intervalle kennen und urteilen Sie selbst, wie melodisch sie sind, indem Sie die Noten in Abbildung 10.13 spielen.

Abbildung 10.13: Von Septimen werden wir noch hören, wenn es um die Septakkorde geht.

Oktaven

Das letzte Intervall in der Tonleiter ist die Oktave. Die Intervall-Namensgeber (auch so ein kurzlebiger Berufsstand) haben es nach der Vorsilbe *octa* benannt, die acht bedeutet. (Denken Sie an den achtbeinigen Oktopus oder das achtseitige Oktagon.) Auch die Oktave zählt zu den reinen Intervallen.

Abbildung 10.14 zeigt Ihnen eine *reine Oktave*, ein Intervall, an das Sie sich erinnern können, indem Sie an Judy Garlands »Somewhere Over the Rainbow« aus *The Wizard of Oz* denken. Im ersten Wort des Refrains (von »some« bis »where«) hören Sie einen Sprung, der eine Oktave ausmacht. Eine weitere Möglichkeit, sich an dieses Intervall zu erinnern, findet sich darin, dass beide Noten den gleichen Namen tragen.

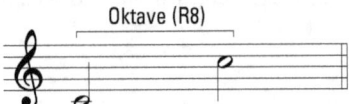

Abbildung 10.14: Oktave von C nach C in dem Wort »Somewhere«

Harmonie mit Intervallen

Im vorangehenden Abschnitt haben Sie jedes Intervall mit einzelnen Noten gespielt und den Unterschied zwischen beiden Tönen gehört. Aber das ist noch keine Harmonie. Um Harmonie zu erhalten, müssen Sie beide Noten gleichzeitig spielen.

Zwei Noten gleichzeitig

In Abbildung 10.15 sehen Sie alle Intervalle – rein, groß und klein – von den Sekunden bis zur Oktave. Versuchen Sie, die Noten jedes Intervalls gleichzeitig zu spielen. Beachten Sie, dass die Noten in jedem Intervall übereinanderliegen. Wenn zwei Noten übereinanderliegen oder durch denselben Notenhals verbunden sind, heißt das, dass Sie diese Noten gleichzeitig spielen müssen.

Man spricht in diesem Fall von einem *harmonischen Intervall* – im Gegensatz zum *melodischen Intervall*, bei dem die Noten (wie wir es im ersten Teil dieses Kapitels getan haben) nacheinander gespielt werden.

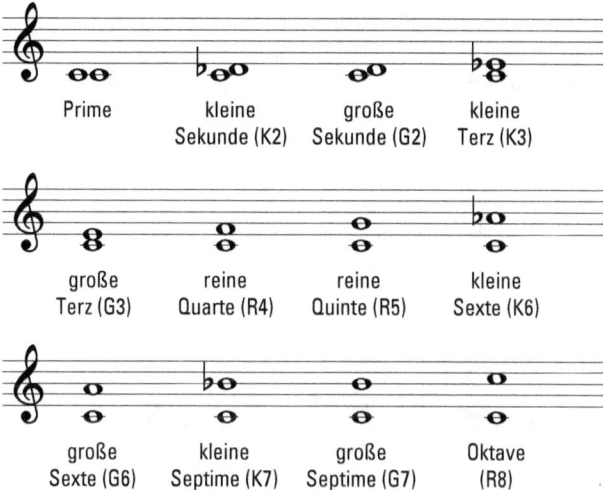

Abbildung 10.15: Alle Intervalle auf einen Blick

Wie benutzt man nun diese Intervalle für die Harmonie? Sie können:

✔ Intervalle mit der rechten Hand in die Melodiezeile einfügen

✔ Intervalle mit der linken Hand spielen, während die rechte Hand die Melodie weiterführt

✔ Beides tun

Ganz egal, was Sie machen, Intervalle bringen Harmonie in Ihre Musik.

Wir fügen Intervalle zur Melodie hinzu

 Wenn man der Melodie Intervalle hinzufügt, wird der Klang dieser Melodie reicher. Spielen Sie die Melodie aus Abbildung 10.16 »America, the Beautiful« einmal als Melodie aus einzelnen Noten, und dann die gleiche Melodie zusammen mit Intervallen der rechten Hand. Bemerken Sie den Unterschied?

150   TEIL IV In bester Harmonie

Abbildung 10.16: America, the Beautiful

 Wenn man der Melodie Intervalle hinzufügt, wird der Klang dieser Melodie reicher. Probieren Sie den alten Folksong »Shenandoah«. Mit Intervallen der rechten Hand. Sie können ihn in Musikbeispiel 28 hören.

▶ MUSIKBEISPIEL 28

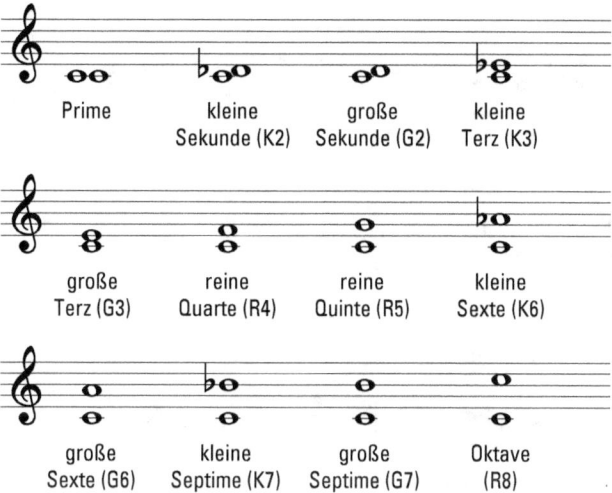

Abbildung 10.15: Alle Intervalle auf einen Blick

Wie benutzt man nun diese Intervalle für die Harmonie? Sie können:

✔ Intervalle mit der rechten Hand in die Melodiezeile einfügen

✔ Intervalle mit der linken Hand spielen, während die rechte Hand die Melodie weiterführt

✔ Beides tun

Ganz egal, was Sie machen, Intervalle bringen Harmonie in Ihre Musik.

Wir fügen Intervalle zur Melodie hinzu

 Wenn man der Melodie Intervalle hinzufügt, wird der Klang dieser Melodie reicher. Spielen Sie die Melodie aus Abbildung 10.16 »America, the Beautiful« einmal als Melodie aus einzelnen Noten, und dann die gleiche Melodie zusammen mit Intervallen der rechten Hand. Bemerken Sie den Unterschied?

Abbildung 10.16: America, the Beautiful

 Wenn man der Melodie Intervalle hinzufügt, wird der Klang dieser Melodie reicher. Probieren Sie den alten Folksong »Shenandoah«. Mit Intervallen der rechten Hand. Sie können ihn in Musikbeispiel 28 hören.

▶ MUSIKBEISPIEL 28

Sie brauchen sich keine Gedanken darüber zu machen, wie oder wann Sie diese Intervalle einer Melodie hinzufügen sollen. Das erledigt der Komponist für Sie, indem er die Intervalle in die Notenblätter einträgt. Sicher, Sie könnten auch nur die Melodie spielen, aber Ihr Publikum wird es zu schätzen wissen, wenn Sie auch die Intervalle spielen, um Ihrer Musik jene unwiderstehliche Prise Harmonie zu verleihen. Genug Finger haben Sie ja.

Wenn Sie selbst Intervalle hinzufügen wollen, dann sollten Sie es mit Sexten versuchen. Nehmen Sie eine einfache Melodie wie beispielsweise »Yankee Doodle«, und fügen Sie jeder Melodienote der rechten Hand einfach eine Sexte hinzu. Wie es geht, sehen Sie in Abbildung 10.17.

Abbildung 10.17: Wir harmonisieren »Yankee Doodle«.

Suchen Sie die Sexte *unterhalb* der ersten Melodienote und behalten Sie Ihre Hand in dieser Stellung. Ihr kleiner Finger spielt dann immer die obere Note, Ihr Daumen die untere Note des Intervalls. Wenn Sie entsprechend der Melodie auf- und abwärts gehen, wird Ihre Hand immer auf der richtigen Sexte landen.

Nur ein linker Finger

Eine der einfachsten Möglichkeiten, der Musik Harmonien hinzuzufügen, besteht darin, mit der linken Hand einzelne Noten zu spielen, die zusammen mit den Melodienoten der rechten Hand ein Intervall bilden. Oft spielen Sie mit der linken Hand ganz einfach eine Note und halten sie über mehrere Takte hinweg; so können Sie mit nur einer Note mehreren Takten Harmonie verleihen.

152 TEIL IV In bester Harmonie

 In dem Lied »Marianne« können Sie die harmonisierende Kraft einer einzelnen Note sehen und hören. Es ist sehr hilfreich, wenn Sie die Melodie zuerst nur mit der rechten Hand spielen, und sie zu Musikbeispiel 29 ein paar Mal wiederholen. Dann spielen Sie den Teil für die linke Hand allein. Erst wenn Sie entspannt und zuversichtlich sind, benutzen Sie beide Hände gemeinsam.

▶ MUSIKBEISPIEL 29

Marianne

All day, all night, Mar-ia-anne, down by the sea-side sift-in' sand. Even little children love Mari-anne, down by the sea-side sift-in' sand.

KAPITEL 10 Bausteine der Harmonie 153

 »I'm Called Little Buttercup« (Musikbeispiel 30) ist ein wenig schwieriger, weil die linke Hand Noten von verschiedener Länge spielt. Bleiben Sie dran, und seien Sie geduldig; üben Sie mit jeder Hand einzeln, bis Sie mit den Noten vertraut sind.

▶ MUSIKBEISPIEL 30

I'm Called Little Buttercup

154 TEIL IV In bester Harmonie

 Die Bassharmonien sind nicht immer nur einzelne Noten. Versuchen Sie, mit Ihrer linken Hand Quinten zu spielen in einem Lied, das durch Elvis Presley bekannt wurde (Musikbeispiel 31). Natürlich benutzte Elvis einen anderen Text – »Love me Tender« oder so ähnlich. Wenn Sie beim Spielen durcheinanderkommen, dann spielen Sie einfach langsamer, und üben Sie mit jeder Hand getrennt, bis Sie sich so sicher fühlen, dass Sie wieder mit beiden Händen gleichzeitig spielen können.

▶ Musikbeispiel 31

Aura Lee

Mit Ihrer linken Hand können Sie aber nicht nur einzelne Noten oder Quinten spielen. Es kann durchaus sein, dass der Komponist Ihnen Terzen, Sexten, Oktaven oder irgendetwas anderes vorgibt, so wie es ihm gerade einfiel. Im nächsten Lied, »Auld Lang Syne« (in Deutschland bekannt als »Nehmt Abschied, Brüder«), können Sie Ihre linke Hand echt trainieren (Musikbeispiel 32). Und noch einmal möchte ich Ihnen sagen: Üben Sie mit jeder Hand einzeln, bevor Sie mit beiden Händen zusammen spielen.

▶ **MUSIKBEISPIEL 32**

Auld Lang Syne

> **IN DIESEM KAPITEL**
>
> Finden wir ein Zuhause für Ihre Musik
>
> Lernen wir die Signaturen für Tonarten kennen
>
> Bürgern wir einige Noten ein

Kapitel 11
Alle Arten von Tonarten

Was man unter einer Tonart versteht

»Und nun hören Sie den ersten Satz von Beethovens fünfter Symphonie in c-Moll.« Sicher haben Sie im Klassik-Radio so eine Ansage auch schon mal gehört. Aber was bedeutet das eigentlich: »in c-Moll«? Es bezeichnet die *Tonart*, in der das betreffende Stück komponiert wurde – und eine Tonart erkennt man am *Grundton* der zugrundeliegenden Tonleiter (in diesem Fall dem C) und dem *Tongeschlecht* (in diesem Fall Moll).

Die Tonart eines Stücks verrät Ihnen also, auf welcher Tonleiter sie aufgebaut ist, das heißt: welche Noten Ihnen in dieser Komposition hauptsächlich (wenn auch nicht ausschließlich) begegnen werden, außerdem welche davon erhöht und welche erniedrigt werden. Im Fall von c-Moll orientieren Sie sich also an der c-Moll-Tonleiter.

Wird ein Stück in der Tonart C-Dur gespielt, bedeutet dies hingegen, dass es hauptsächlich auf der C-Dur-Tonleiter basiert und meistens Noten aus dieser Tonleiter für Melodie und Harmonien benutzt. Im Verlauf des Stücks gewöhnen sich Ihre Ohren an die Noten der C-Dur-Tonleiter. Wenn der Komponist einzelne Noten aus einer anderen Tonleiter einstreut (beispielsweise ein Fis), klingt das zunächst ein wenig irritierend. Wenn das Lied aber wieder zu den Noten der C-Dur-Tonleiter zurückkehrt, fühlen sich Ihre Ohren wieder zu Hause.

 Musiktheoretiker würde Ihnen das wahrscheinlich nicht in so einfachen Worten erklären, sondern feststellen, dass die Tonart einer Komposition deren *tonales Zentrum* ist, um das herum die Melodie und die Harmonie des Stücks angeordnet sind. Und Sie würden statt eines Notenschlüssels bald nur noch ein großes Fragezeichen sehen.

Für jeden Sänger die richtige Tonart

In der Musik werden viele verschiedene Tonarten benutzt, die nach den vielen verschiedenen Tasten auf Ihrer Klaviatur benannt sind. Das bedeutet, dass Sie für die Noten A, H, C, D, E, F und G jeweils eigene Tonarten haben; das Gleiche gilt für alle erhöhten und erniedrigten Noten.

Wie die verschiedenen menschlichen Stimmen, die einem so begegnen, ist auch jede Tonart einzigartig in Charakter, Gefühl und Klang. Ein Komponist wählt eine bestimmte Tonart, um seiner Musik den richtigen Sound und das richtige Feeling zu verleihen. Denn jede Tonart hat eine etwas andere Klangfarbe.

Die beste Möglichkeit, um zu begreifen, welchen Unterschied Tonarten bei einem Lied ausmachen können, besteht darin, sich dasselbe Lied nacheinander in zwei verschiedenen Tonarten anzuhören. Wir machen das jetzt am Beispiel von »Good Night, Ladies« (Musikbeispiel 33), zunächst einmal in C.

▶ MUSIKBEISPIEL 33

Für Komponisten und Interpreten sind Tonarten äußerst hilfreich. Tonarten ermöglichen es, Musikstücke so zu verändern, dass sie zu verschiedenen Interpreten passen. Wenn beispielsweise ein Komponist ein Lied in G schreibt, und die Melodie ist für einen bestimmten Sänger zu hoch, dann kann das Lied auch in einer tieferen Tonart (beispielsweise F oder E) notiert werden, um es der Stimme des Sängers anzupassen. Dem Komponisten macht das nichts aus, weil dem Musikstück als Ganzem nichts angetan wird, sondern lediglich die Höhe oder Tiefe der Melodie sich verändert. Die Tonart eines Stücks zu verändern, nennt man *transponieren* – ein Ausdruck, der in der Musik sehr häufig vorkommt.

IN DIESEM KAPITEL

Finden wir ein Zuhause für Ihre Musik

Lernen wir die Signaturen für Tonarten kennen

Bürgern wir einige Noten ein

Kapitel 11
Alle Arten von Tonarten

Was man unter einer Tonart versteht

»Und nun hören Sie den ersten Satz von Beethovens fünfter Symphonie in c-Moll.« Sicher haben Sie im Klassik-Radio so eine Ansage auch schon mal gehört. Aber was bedeutet das eigentlich: »in c-Moll«? Es bezeichnet die *Tonart*, in der das betreffende Stück komponiert wurde – und eine Tonart erkennt man am *Grundton* der zugrundeliegenden Tonleiter (in diesem Fall dem C) und dem *Tongeschlecht* (in diesem Fall Moll).

Die Tonart eines Stücks verrät Ihnen also, auf welcher Tonleiter sie aufgebaut ist, das heißt: welche Noten Ihnen in dieser Komposition hauptsächlich (wenn auch nicht ausschließlich) begegnen werden, außerdem welche davon erhöht und welche erniedrigt werden. Im Fall von c-Moll orientieren Sie sich also an der c-Moll-Tonleiter.

Wird ein Stück in der Tonart C-Dur gespielt, bedeutet dies hingegen, dass es hauptsächlich auf der C-Dur-Tonleiter basiert und meistens Noten aus dieser Tonleiter für Melodie und Harmonien benutzt. Im Verlauf des Stücks gewöhnen sich Ihre Ohren an die Noten der C-Dur-Tonleiter. Wenn der Komponist einzelne Noten aus einer anderen Tonleiter einstreut (beispielsweise ein Fis), klingt das zunächst ein wenig irritierend. Wenn das Lied aber wieder zu den Noten der C-Dur-Tonleiter zurückkehrt, fühlen sich Ihre Ohren wieder zu Hause.

Musiktheoretiker würde Ihnen das wahrscheinlich nicht in so einfachen Worten erklären, sondern feststellen, dass die Tonart einer Komposition deren *tonales Zentrum* ist, um das herum die Melodie und die Harmonie des Stücks angeordnet sind. Und Sie würden statt eines Notenschlüssels bald nur noch ein großes Fragezeichen sehen.

Für jeden Sänger die richtige Tonart

In der Musik werden viele verschiedene Tonarten benutzt, die nach den vielen verschiedenen Tasten auf Ihrer Klaviatur benannt sind. Das bedeutet, dass Sie für die Noten A, H, C, D, E, F und G jeweils eigene Tonarten haben; das Gleiche gilt für alle erhöhten und erniedrigten Noten.

Wie die verschiedenen menschlichen Stimmen, die einem so begegnen, ist auch jede Tonart einzigartig in Charakter, Gefühl und Klang. Ein Komponist wählt eine bestimmte Tonart, um seiner Musik den richtigen Sound und das richtige Feeling zu verleihen. Denn jede Tonart hat eine etwas andere Klangfarbe.

Die beste Möglichkeit, um zu begreifen, welchen Unterschied Tonarten bei einem Lied ausmachen können, besteht darin, sich dasselbe Lied nacheinander in zwei verschiedenen Tonarten anzuhören. Wir machen das jetzt am Beispiel von »Good Night, Ladies« (Musikbeispiel 33), zunächst einmal in C.

▶ MUSIKBEISPIEL 33

Für Komponisten und Interpreten sind Tonarten äußerst hilfreich. Tonarten ermöglichen es, Musikstücke so zu verändern, dass sie zu verschiedenen Interpreten passen. Wenn beispielsweise ein Komponist ein Lied in G schreibt, und die Melodie ist für einen bestimmten Sänger zu hoch, dann kann das Lied auch in einer tieferen Tonart (beispielsweise F oder E) notiert werden, um es der Stimme des Sängers anzupassen. Dem Komponisten macht das nichts aus, weil dem Musikstück als Ganzem nichts angetan wird, sondern lediglich die Höhe oder Tiefe der Melodie sich verändert. Die Tonart eines Stücks zu verändern, nennt man *transponieren* – ein Ausdruck, der in der Musik sehr häufig vorkommt.

Sie können »Good Night, Ladies« aber auch in F spielen (Musikbeispiel 34). Obwohl Melodie und Harmonie des Lieds völlig gleich sind, verändern sich das Klangbild und der Charakter des Songs, weil wir die Tonart gewechselt haben.

▶ Musikbeispiel 34

Einmal Tonartwechsel und zurück nach Hause

Die Tonart eines Stücks ist der Ort, zu dem wir zurückkehren, uns ausruhen und entspannen können – eine Art musikalisches Zuhause also.

Melodien und Harmonien in einem Lied verlassen oft die Grundtonart. Insbesondere im Jazz stellen Interpreten fest, dass Noten und Akkorde außerhalb der ursprünglichen Tonart der Musik einen frischen Sound verleihen. Soweit man zurückdenken kann, benutzten Komponisten verschiedene Tonarten, um Musik in eine neue, ungewohnte Umgebung zu bringen. Das ist dann nicht wie nach Hause kommen, sondern in Urlaub fahren. Daheim fühlen wir uns erst wieder, wenn das Musikstück zur ursprünglichen Tonart zurückkehrt.

 Um diese Art der musikalischen Reise besser verstehen zu können, spielen Sie die Melodie in Abbildung 11.1. Das Stück beginnt in der Tonart C und wechselt ein paar Takte lang in andere Tonarten. Versuchen Sie, nur durch Zuhören (ohne auf das Notenbild zu sehen) herauszufinden, wann das Lied in die ursprüngliche Tonart zurückkehrt.

Haben Sie es herausgehört? Im neunten Takt verlässt die Musik die Tonart C. Im 13. Takt kehrt das Lied wieder zu C zurück. Ich hoffe, die Takte 9 bis 12 haben Sie nicht zu sehr aufgerieben.

Abbildung 11.1: Mit unbekanntem Ziel: Wie man eine Tonart verlässt und wieder in die »Heimat« zurückkehrt.

Tonarten helfen beim Spielen

Als Interpret ist es sehr wichtig, Tonarten erkennen und lesen zu können und zu wissen, wie hoch oder tief ein Stück klingt. Wenn Sie die Tonarten kennen, können Sie besser spielen, weil die Tonart eines Stücks Ihnen mehr über die Musik unter Ihren Fingern sagt – vor allem, welche Noten gespielt und welche nicht gespielt werden.

Wenn Sie beispielsweise eine Melodie in G spielen, dann spielen Sie meistens die Noten aus der G-Dur-Tonleiter. Ihr Wissen über Tonleitern (siehe Kapitel 8) erinnert Sie daran, dass die G-Dur-Tonleiter die Note Fis enthält. Und deshalb spielen Sie alle Fs in diesem Stück als Fis.

Erfindungsreiche Komponisten dachten sich eine Möglichkeit aus, um Sie daran zu erinnern, welche erhöhten und erniedrigten Noten Sie innerhalb einer bestimmten Tonart spielen sollen. Um Tinte zu sparen, verwendeten Komponisten ein kleines Werkzeug, das Sie *Vorzeichen* nannten. Indem sie diese Vorzeichen direkt hinter den Notenschlüssel einer jeden Notenzeile schreiben, ermöglichen Komponisten es ihnen,

✔ auf alle Erhöhungs- und Erniedrigungszeichen (♯ und ♭) vor den einzelnen Noten zu verzichten

✔ auf den ersten Blick zu sehen, in welcher Tonart das Stück gespielt wird.

 Wenn ich tintensparend sage, meine ich das ganz wörtlich: Denn die Vorzeichen zu Beginn des Notenblatts gelten normalerweise auch für das gesamte Stück, werden aber zu Beginn jeder neuen Zeile wieder an den Anfang gesetzt.

Sie müssen dann nicht vor jeder erhöhten oder erniedrigten Note dieser Zeile wiederholt werden. Diese Vorzeichnung findet sich gleich nach dem Notenschlüssel, noch vor der Taktangabe (dem Metrum). Ein Notenblatt beginnt also mit **Notenschlüssel** – **Vorzeichnung** – **Metrum**, abgekürzt **N – V – M**. Falls Sie sich das nicht merken können, versuchen Sie es mit der Eselsbrücke »Nicht vergessen, Mensch!«

Wie man Vorzeichen liest

Abbildung 11.2 zeigt Ihnen zwei Vorzeichen für Dur-Tonarten: eines für G und eines für F. Das erste Vorzeichen ist ein Erhöhungssymbol, ein Kreuz auf der obersten Linie der Notenzeile. Es sagt Ihnen, dass Sie jedes F als Fis spielen müssen. Es gibt aber nur eine Dur-Tonart mit einem einzigen ♯ – nämlich G-Dur, und um genau diese Tonart handelt es sich.

Die zweite Dur-Tonart hat auf der mittleren Linie der Notenzeile ein Erniedrigungszeichen (also ein ♭), und das bedeutet, dass Sie jedes H um einen Halbton tiefer spielen. Es gibt aber nur eine Dur-Tonart mit einem einzigen ♭ – nämlich F-Dur. Und genau diese Tonart liegt vor.

Abbildung 11.2: Art und Zahl der Vorzeichen verrät die Tonart.

Sie nehmen vielleicht an, dass nur die Fs auf der oberen Linie von dem Kreuz als Vorzeichen betroffen sind. Das ist aber falsch. Das Vorzeichen gilt für *alle* Fs, nicht nur für das auf der oberen Linie. Auch das ist eine zeit- und tintensparende Entscheidung. Andernfalls müsste die Tonart G gekennzeichnet werden, wie in Abbildung 11.3 gezeigt.

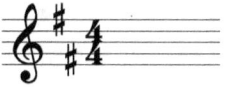

Abbildung 11.3: Auch das tiefere F im ersten Zwischenraum wird zum Fis.

Achtung! Als Klavierspieler arbeiten Sie für gewöhnlich mit zwei Notenzeilen – die für den Violinschlüssel und die für den Bassschlüssel. Und im Bassschlüssel stehen die Noten an einer anderen Stelle als im Violinschlüssel, deshalb werden sie in der entsprechenden Notenzeile ein weiteres Mal gekennzeichnet, so wie in Abbildung 11.4 zu sehen.

162 TEIL IV In bester Harmonie

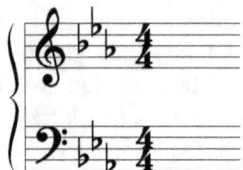

Abbildung 11.4: Vorzeichen für beide Hände

Spielen Sie einmal ein ganzes Stück mit Vorzeichen. Das ist nicht schwerer als ein Stück ohne. Sie müssen nur im Kopf haben (dabei helfen Ihnen die Vorzeichen), welche Noten Sie erhöhen beziehungsweise erniedrigen müssen. Musikbeispiel 35 ist der »Worried Man Blues« in G. Spielen Sie mit – und denken Sie daran: Statt F immer Fis.

▶ MUSIKBEISPIEL 35

Sie können das gleiche Stück in unterschiedlichen Tonarten spielen. Wie Sie diese erkennen, erfahren Sie direkt im nächsten Abschnitt. Und denken Sie immer daran, alle Vorzeichen zu beachten. Viel Spaß und viel Glück!

Tonarten schnell und einfach erkennen

Vorzeichen sagen Ihnen sofort, in welcher Tonart ein Stück gespielt wird. Vielleicht denken Sie:»Wenn ich die ganzen Kreuze und ♭s zählen und dann herausfinden soll, welche Tonleiter das ist, dann geht das nicht besonders schnell!« Das brauchen Sie auch gar nicht zu tun. Es geht auch ohne zu zählen und zu spielen – und ohne wirklich nachdenken zu müssen: Werfen Sie einfach einen genaueren Blick auf die Vorzeichen, und schon wissen Sie genau, in welcher Dur-Tonart (oder der entsprechenden Moll-Parallele) das Stück geschrieben ist. (In unseren Ausführungen gehen wir hier vorerst von Dur-Tonarten aus; die Zahl der Vorzeichen bei den jeweiligen Paralleltonarten ist ja identisch.)

Tonarten mit Kreuzen

Folgen Sie diesen Schritten:

1. **Stellen Sie fest, wo das letzte Kreuz (das am weitesten rechts) auf der oberen oder unteren Notenzeile steht.**

2. **Gehen Sie einen halben Tonschritt nach oben, dann finden Sie den Namen der Tonart, in der das Stück gespielt wird.**

Ein Beispiel: Wenn Sie zwei Kreuze haben (eins beim F, das andere beim C), heißen die beiden erhöhten Noten Fis und Cis. Von diesen beiden Noten steht das Cis weiter rechts, also müssen Sie von dort einen halben Schritt nach oben gehen. Dort liegt das D. Das Stück ist also in der Tonart D geschrieben.

Abbildung 11.5 zeigt Ihnen die Vorzeichen aller erhöhten Tonarten. Versuchen Sie herauszufinden, wie schnell Sie jeweils die Tonart bestimmen können.

Abbildung 11.5: Mit Kreuzen die Tonart bestimmen

Achten Sie darauf, dass Tonarten mit vielen Kreuzen ein wenig Überlegung erfordern. Beispielsweise ist auf Ihrer Klaviatur die Taste, die einen halben Schritt über dem E liegt, das F. Rein technisch gesehen, kann man diese Note auch als »erhöhtes E«, als Eis, betrachten. Wenn also das sechste Kreuz am Anfang der Notenzeile ein erhöhtes E ist (gleichzeitig auch ein F), dann gehen Sie einen halben Schritt nach oben und finden dort die richtige Tonart, und die ist in diesem Fall Fis.

Tonarten mit ♭s

Um Tonarten zu erkennen, die erniedrigte Noten enthalten, stellen Sie fest, auf welcher Linie das *vorletzte* (zweite von rechts) ♭ am Anfang der Notenzeile steht. Dies ist der Name der Tonart, in der Sie sich befinden. Wenn Sie beispielsweise 3 ♭s sehen – das B, das Es und das As –, dann ist das vorletzte das Es. Das Stück ist dann in Es geschrieben. Abbildung 11.6 zeigt Ihnen alle Vorzeichnungen mit ♭s.

Abbildung 11.6: Mit ♭s die Tonart bestimmen.

 Es gibt eine Tonart, deren Vorzeichen Sie sich besonders einprägen müssen – die Tonart F. Da sie nur ein einziges ♭ hat, gibt es in diesem Fall ja kein »vorletztes ♭«. Deshalb müssen Sie sich einfach einprägen, dass ein einzelnes ♭ bedeutet, dass dieses Stück in F geschrieben wurde. Eine einfachere Möglichkeit kann ich Ihnen leider nicht anbieten.

Hoppla! Die Vorzeichen werden zurückgenommen

Gelegentlich bringt ein Komponist Abwechslung in ein Stück, indem er eine Note außerhalb der Tonart einfügt, beispielsweise ein F in G-Dur.

 Diese »fremde« Note ist schon richtig (und kein Missgeschick); Sie sollten sie so spielen, wie sie aufgeschrieben ist.

Um Ihnen anzuzeigen, dass Sie eine Note spielen sollen, die nicht zur Tonleiter des Stücks gehört, benutzen Komponisten gegebenenfalls ein *Auflösungszeichen*, wie es im ersten und dritten Takt von Abbildung 11.7 zu sehen ist. Wenn das Stück beispielsweise in der Tonart G geschrieben ist, dann sind alle Fs ein Fis (um einen halben Schritt erhöht). Wenn ein Komponist aber doch möchte, dass Sie ein F spielen, dann sehen Sie vor dem Fis ein Auflösungszeichen. Das Auflösungszeichen überstimmt das Zeichen für die Erhöhung, jedoch nur für einen Takt oder bis Sie auf ein weiteres Fis treffen, je nachdem, was zuerst kommt.

Abbildung 11.7: Nicht alle Fs sind ein Fis.

In vielen Stücken bringen aufgelöste Noten eine gewisse Frische in die Melodie. Wenn Sie jemals in den USA ein Baseballspiel gesehen haben oder bis zum nächtlichen Programmschluss vor der Glotze geblieben sind, dann kennen Sie die Nationalhymne »The Star-Spangled Banner« (Abbildung 11.8). Aber wahrscheinlich wissen Sie nicht, dass darin mehrere Vorzeichen aufgelöst werden. (Und wussten Sie, dass der Komponist Francis Scott Key heißt – ja genau, »key« wie »Tonart« oder »Klaviertaste«.)

Abbildung 11.8: The Star-Spangled Banner.

Tonartfremde Töne werden nicht immer auf den weißen Tasten gespielt. Da es beispielsweise in C-Dur keine Kreuze oder ♭s gibt, sind die Töne Fis, B und überhaupt alle Töne auf schwarzen Tasten tonartfremde Töne. Daher sehen Sie vor diesen »fremden« Noten ein ♯ oder ein ♭.

Bauen Sie sich eine Eselsbrücke

Suchen Sie nach einer einfachen Möglichkeit, sich die Vorzeichen der wichtigsten Tonarten zu merken? Sie benötigen dazu nur fünf Finger und ein einigermaßen gutes Gedächtnis.

Die meisten Stücke, die Sie spielen, stehen in C-, F-, G-, D-, A-, E-, H- und Fis-Dur. Die ersten beiden Tonarten sind einfach zu behalten: C-Dur hat kein Vorzeichen, F-Dur hat ein ♭. Die übrigen Tonarten sind alles Kreuztonarten, und Sie können sich eine schöne Eselsbrücke bauen, um sich die Reihenfolge G-D-A-E-H-Fis zu merken. Im Deutschen kommt meist der folgende Spruch zum Einsatz:

✔ **Geh Du Alter Esel Hole Fis**che

Jetzt zählen Sie mit den Fingern, bis Sie bei der Tonart sind, die Sie interessiert. Ist das beispielsweise A-Dur, zählen Sie G, D, A. Wie viele Finger halten Sie hoch? Drei. A-Dur hat also drei Kreuze. Bei ♭-Tonarten geht es ähnlich – nur merken Sie sich da den Spruch:

✔ **Fr**ische **Br**ötchen **Es**sen **As**sessoren **Des Ges**angsvereins

Beispiel: Sie suchen As-Dur – also zählen Sie bis zum Wort mit dem Anfangsbuchstaben As: »Frische Brötchen essen Assessoren«. Ergibt vier Worte und vier Vorzeichen oder umgekehrt, vier ♭-Vorzeichen = As-Dur.

Die Kreuze beziehungsweise erhöhten Töne liegen jeweils eine Quinte (fünf Töne) auseinander (aufwärts gerechnet). Es beginnt mit Fis, die drei erhöhten Töne in A-Dur sind daher Fis, Cis und Gis. Die Bs beziehungsweise erniedrigten Töne liegen jeweils eine Quinte abwärts auseinander: F-B-Es-As-Des-Ges. Manche haben in diesem Zusammenhang vielleicht auch schon den Begriff »Quintenzirkel« gehört.

> **IN DIESEM KAPITEL**
>
> Bilden wir Akkorde
>
> Lesen wir die Symbole für Akkorde
>
> Wirbeln wir Noten durcheinander

Kapitel 12
Bereichern Sie Ihren Sound mit Akkorden

Wir haben es bereits erwähnt: Melodien zu spielen ist ganz hübsch, aber die Harmonie ist der Schlüssel dazu, dass Ihre Musik voller, besser und richtig professionell klingt. Akkorde mit der linken Hand zu spielen, ist wahrscheinlich die einfachste Art und Weise, eine Melodie zu begleiten. Auch mit der rechten Hand Akkorde zu spielen, ist eine gute Möglichkeit, einen Sänger, Gitarristen oder auch Zirkusartisten zu begleiten.

Dieses Kapitel zeigt Ihnen Schritt für Schritt, wie man Akkorde aufbaut und sie benutzt, um jede Melodie begleiten zu können.

Harmonie durch Akkorde

Drei oder mehr Noten, die gleichzeitig gespielt werden, bilden einen *Akkord*. Diese Noten können mit einer oder beiden Händen gespielt werden. Akkorde haben in ihrem kurzen Leben nur einen einzigen Zweck: Sie sollen Harmonie vermitteln.

 Um zu verstehen, welche Kraft Harmonien haben können, hören Sie das Musikbeispiel 36 – das Stück »Red River Valley«. Zuerst wird das Lied nur als Melodie gespielt, ohne irgendwelche Harmonien. Beim zweiten Mal hören Sie die Melodie und die zugehörigen Harmonien. Hört sich das nicht wesentlich besser an?

Wahrscheinlich sind Sie Akkorden schon öfter begegnet – zum Beispiel, wenn auf einem Notenblatt mehrere Noten übereinander standen. Aber auch wenn Sie einer Band oder einem Orchester lauschen, kommen darin Instrumente vor, deren Hauptaufgabe es ist, die Melodie durch das Hinzufügen von Harmonien erst zu richtiger Musik zu machen.

Anatomie eines Akkords

Wie Melodien setzen sich auch Akkorde hauptsächlich aus Tönen einer bestimmten Tonleiter zusammen. (Mehr über Tonleitern finden Sie in Kapitel 8.) Um einen Akkord zu spielen, wählen Sie eine Note aus, irgendeine Note, und legen weitere Noten aus der *gleichen* Tonleiter darüber.

Die tiefste Note eines Akkords ist normalerweise der *Grundton*. (Stellen Sie sich das wie ein Haus vor – die Grundsteine sind ganz unten.) Der Grundton gibt dem Akkord auch den Namen. Beispielsweise ist ein Akkord mit einem A als Grundton ein A-Akkord. Die Noten, die Sie auf den Grundton setzen, bestimmen, welche Art von Akkord daraus entsteht, doch das erkläre ich in diesem Kapitel weiter hinten.

Die meisten Akkorde beginnen als Dreiklänge – drei Noten, die zusammen gespielt werden. *Dreiklang* heißt also, dass drei Noten gleichzeitig erklingen, und damit können Sie sich diesen Begriff gut merken.

Ein Dreiklang besteht aus einem Grundton und zwei weiteren Noten im Abstand von einer Terz und einer Quinte. (In Kapitel 10 lesen Sie alles, was mit Intervallen zu tun hat.) Abbildung 12.1 zeigt Ihnen einen typischen Dreiklang, den man auf den weißen Tasten C-E-G spielt. C ist der Grundton, E bildet eine Terz zu C, und G bildet die Quinte zu C.

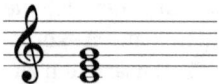

Abbildung 12.1: Ein einfacher Dreiklang

Wenn man diesen C-Dreiklang auf eine der folgenden Arten verändert, dann erhält man neue Akkorde:

✔ Man erhöht oder erniedrigt Noten des Dreiklangs um einen halben oder ganzen Schritt.

✔ Man fügt dem Dreiklang weitere Noten hinzu.

✔ Man macht beides.

Beispielsweise könnten Sie andere Intervalle aus der C-Dur-Tonleiter nehmen, um den C-Dreiklang zu verändern, und den ganzen Tag lang neue Akkorde erfinden.

Abbildung 12.2 zeigt Ihnen vier verschiedene Möglichkeiten, den C-Dreiklang zu verändern und auf diese Weise vier neue Akkorde zu spielen. Spielen Sie jeden dieser Akkorde, um zu hören, wie sie klingen. Ich habe die Intervalle in jedem Akkord gekennzeichnet.

Abbildung 12.2: Aus dem C-Dreiklang abgeleitete Akkorde.

Und natürlich ist der C-Dreiklang auch für sich ein hervorragender Akkord, selbst ohne Veränderungen. Wenn ich übrigens C-Dreiklang sage, meine ich immer einen C-*Dur*-Dreiklang, doch dazu kommen wir gleich.

Dur-Akkorde

Dur-Akkorde sind wahrscheinlich diejenigen, die am häufigsten verwendet werden, die uns am vertrautesten sind. Viele Dreiklänge sind Dur-Akkorde.

Dur-Akkorde setzen sich aus den Noten und Intervallen der Dur-Tonleiter zusammen. (Kapitel 8 bietet Ihnen eine Übersicht über die Dur-Tonleitern.)

Einen Dur-Akkord bilden Sie, wenn Sie mit einem Grundton anfangen und dann weitere Noten aus der gewünschten Tonleiter hinzufügen. Wenn Sie beispielsweise einen G-Dur-Akkord spielen wollen, dann spielen Sie den Grundton G und fügen die dritte und fünfte Note der G-Dur-Tonleiter über dem Grundton hinzu – also die große Terz und die Quinte.

 Da sie so verbreitet sind, werden Dur-Akkorde meist nur mit dem Namen des Grundtons angegeben. (Abbildung 12.3 zeigt Ihnen vier solcher Dur-Akkorde.) Ein G-Akkord ist also in der Regel ein G-Dur-Akkord; einen g-Moll-Akkord hingegen bezeichnet man bei seinem vollständigen Namen als g-Moll-Akkord.

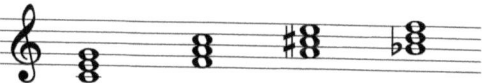

Abbildung 12.3: Dur-Akkorde

 Benutzen Sie die Finger 1, 3 und 5, um Dur-Akkorde zu spielen. Wenn Sie mit der linken Hand Akkorde spielen, dann beginnen Sie mit LH5 auf dem Grundton. Bei Akkorden der rechten Hand spielen Sie den Grundton mit RH1.

 Spielen Sie ein paar dieser Dur-Dreiklänge mit Ihrer linken Hand in dem Lied »Down by the Station« (Musikbeispiel 37).

▶ MUSIKBEISPIEL 37

Moll-Akkorde

Der zweithäufigste Akkord ist der *Moll-Akkord*. Wie der Dur-Akkord besteht auch der Moll-Akkord aus drei Noten: einem Grundton, einer Terz und einer Quinte – im Gegensatz zum Dur-Akkord handelt es sich hier jedoch nicht um die große, sondern um die kleine Terz. Moll-Akkorde erhalten den Zusatz »m«. Einen a-Moll-Akkord schreibt man also Am.

 Diese Akkorde sind nicht weniger wichtig als Dur-Akkorde. Sie hören sich lediglich anders an. Ich spreche von Dur-Akkorden gern als fröhlichen und von Moll-Akkorden als traurigen Akkorden.

Einen Moll-Akkord kann man auf zwei verschiedene Weisen bilden:

✔ Spielen Sie einen Dur-Akkord und erniedrigen Sie die zweite Note, die Terz, um einen halben Schritt. So wird aus der großen eine kleine Terz. Beispielsweise besteht der C-Dur-Akkord aus den Noten C, E und G. Um einen C-Moll-Akkord zu spielen, vermindern Sie das E zu Es.

✔ Spielen Sie den Grundton und fügen Sie die dritte und fünfte Note der Moll-Tonleiter hinzu. Wenn Sie beispielsweise das A als Grundton haben und die dritte Note (C) und die fünfte Note (E) hinzufügen, dann stellt dies einen a-Moll-Akkord dar.

Abbildung 12.4 zeigt Ihnen mehrere Moll-Akkorde mit den Grundtönen und den Intervallen. Spielen Sie sie, und hören Sie, wie sie klingen. Vergleichen Sie diese Akkorde mit den entsprechenden Dur-Akkorden in Abbildung 12.3.

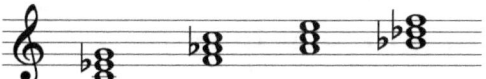

Abbildung 12.4: Moll-Akkorde sind auch sehr wichtig.

Wie schon bei den Dur-Akkorden benutzen Sie auch für die Moll-Dreiklänge die Finger 1, 3 und 5. Bei den Moll-Dreiklängen der linken Hand spielen Sie den Grundton mit LH5. Bei Dreiklängen der rechten Hand spielen Sie den Grundton mit RH1.

Versuchen Sie ein Lied zu spielen, in dem sowohl Dur-, als auch Moll-Akkorde vorkommen. Der Komponist Edward MacDowell schrieb »To a Wild Rose«, das Sie in Abbildung 12.5 sehen. Die Mischung von Dur- und Moll-Akkorden darin ist keineswegs sonderbar. Eine solche Kombination von Akkorden kommt in vielen Stücken vor. Der kleine Unterschied im Klang der beiden Dreiklänge verleiht der Musik hier eine interessante Harmonie.

Abbildung 12.5: To a Wild Rose.

Weitere Akkorde gefällig?

Dur- und Moll-Akkorde klingen gut und kommen bei Weitem am häufigsten vor, aber auch andere Arten von Akkorden geben Ihnen die Möglichkeit, Ihre Musik mit Leben zu erfüllen. Diese Akkorde werden gebildet, indem man die Noten eines Dur- durch die eines Moll-Akkords verändert oder einem Dur- oder Moll-Akkord weitere Noten hinzufügt.

Übermäßige und verminderte Akkorde

Dur- und Moll-Akkorde unterscheiden sich voneinander nur durch die große beziehungsweise kleine Terz. Doch die oberste Note, die reine Quinte, ist bei beiden Akkorden gleich. Wenn man diese Note eines Dur- oder Moll-Akkords verändert, kann man zwei neue Akkordtypen spielen.

Ein *übermäßiger Akkord* enthält einen Grundton, eine große Terz und ein erhöhtes zweites Intervall, und das ist eine reine Quinte, die um einen halben Schritt erhöht wurde. Diese nennt man dann eine übermäßige Quinte, daher auch der Name »Übermäßiger Akkord«! Stellen Sie sich das ganz einfach als einen Dur-Akkord vor, bei dem die oberste Note um einen halben Schritt erhöht wurde. Abbildung 12.6 zeigt mehrere übermäßige Akkorde.

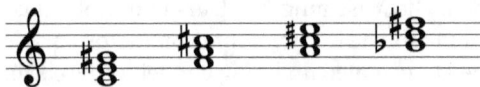

Abbildung 12.6: Übermäßige Akkorde

Der übliche Zusatz bei übermäßigen Akkorden ist ein Kreuz vor der fünften Note, das uns als Pianisten darauf hinweist, dass wir den Ton erhöhen müssen.

Ein *verminderter Akkord* enthält einen Grundton, eine kleine Terz und eine »verminderte« Quinte, was einer reinen Quinte entspricht, die um einen halben Schritt vermindert wurde. Abbildung 12.7 zeigt Ihnen eine Auswahl verminderter Akkorde.

Abbildung 12.7: Verminderte Akkorde

Aus irgendeinem Grund finde ich es am einfachsten, die Finger 1, 2 und 4 für die erweiterten und verminderten Akkorde zu benutzen, wenn man mit der rechten Hand spielt. Bei der linken Hand finde ich es am bequemsten, die Finger 5, 3 und 1 zu benutzen, genauso wie bei Dur- und Moll-Akkorden.

Das Lied »Rags and Riches« (Abbildung 12.8) ist ein gutes Beispiel dafür, wie übermäßige und verminderte Akkorde die Harmonie eines Liedes ganz raffiniert beeinflussen. Ihre Ohren erwarten wahrscheinlich, Dur- oder Moll-Akkorde zu hören, doch es erklingt etwas viel Schöneres.

Abbildung 12.8: Rags and Riches

Wir bringen Spannung in Ihre Akkorde

Eine weitere, sehr verbreitete Art eines Akkords mit drei Noten, (der allerdings musiktheoretisch gesehen kein »Dreiklang« ist, denn ein Dreiklang besteht immer aus Grunton, Terz und Quinte) ist der *Vorhaltakkord*. Der Klang eines Vorhaltakkordes lässt Sie als Hörer immer auf die nächsten Noten oder Akkorde warten. Sie sind also gespannt, was kommt.

Es gibt zwei Arten von Vorhaltakkorden, den *Sekund-Vorhaltakkord* und den *Quart-Vorhaltakkord*. Weil sie so schicke Vorsilben haben, nennt man diese Akkorde auch sus2- und sus4-Akkorde. Der sus4 ist der beliebtere (und auch schöner klingende) von beiden. Wenn Musiker einfach nur von einem sus-Akkord sprechen, meinen sie meistens sus4.

Ein Sekund-Vorhaltakkord besteht aus einem Grundton, einer großen Sekunde und einer reinen Quinte. Ein Quart-Vorhaltakkord besteht aus einem Grundton, einer reinen Quarte und einer reinen Quinte. Abbildung 12.9 zeigt Ihnen einige dieser Akkorde mit Spannungseffekt.

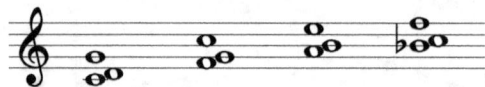

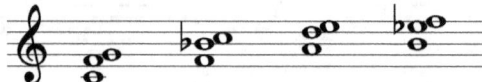

Abbildung 12.9: sus-Akkorde

Achten Sie in Abbildung 12.9 darauf, dass diese beiden Arten von Akkorden sich von Dur- und Moll-Akkorden nur durch eine Note unterscheiden: Die mittlere Note eines Dur-Dreiklangs ist eine große Terz; die mittlere Note eines Moll-Dreiklangs ist eine kleine Terz. Diese Terz ist es, die eigentlich den Unterschied zwischen Dur und Moll ausmacht, die restlichen Noten sind identisch. Bei den Vorhaltakkorden haben wir es jedoch weder mit Dur noch mit Moll zu tun, und das Ohr kann sie auch keinem der beiden Tongeschlechter zuordnen. Es klingt, als hingen sie in der Luft, befänden sich in der Schwebe.

Der Fingersatz bei den Vorhaltakkorden ist ziemlich einfach. Bei der rechten Hand benutzen Sie die Finger 1, 2 und 5 für den sus2-Akkord und die Finger 1, 4 und 5 für den sus4-Akkord. Für den sus2-Akkord mit der linken Hand nutzen Sie die Finger 5, 4 und 1 und die Finger 5, 2 und 1 beim linkshändigen sus4-Akkord.

Nicht immer, aber meistens ist der *auflösende Akkord*, der einem Vorhaltakkord folgt, ein Dur- oder Moll-Dreiklang, nach dem Ihr Ohr sich förmlich sehnt. Man nennt ihn auflösenden Akkord, weil er den Konflikt löst, den Ihr Ohr mit Ihnen hat, weil Sie nicht seinen Lieblings-Dur- oder Moll-Akkord spielen. Spielen Sie nach Abbildung 12.10 zusammen mit Musikbeispiel 38 der Download-Hörbeispiele, und hören Sie, wie der Akkord, der jedem sus-Akkord folgt, so richtig erlösend klingt.

Abbildung 12.10: Wir lösen die Spannung auf.

Unser erster Vierklang: Der Septakkord

Wenn man einem Dreiklang eine vierte Note hinzufügt, füllt dies den Klang des Akkords weiter auf. Komponisten benutzen Akkorde mit vier oder mehr Noten, um musikalische Spannung aufzubauen. Wenn Ihre Ohren diese Spannung oder diesen ungelösten Klang hören, dann betteln sie geradezu um die Auflösung, die Sie normalerweise in einem darauffolgenden Dur- oder Moll-Akkord finden. Zumindest bewirken diese Akkorde, dass Sie weiter zuhören wollen. Für einen Komponisten ist das eine gute Sache.

Vielen Leuten gefallen Septimen überhaupt nicht, weil sie schon sehr gewöhnungsbedürftig klingen. Das gilt aber nicht für Septimen, die einem Akkord angefügt werden. Das Ergebnis einer solchen Aktion ist der am dritthäufigsten verwendete Akkord in der westlichen Musik – der Septakkord.

Jeder der vier Dreiklänge, die ich in diesem Kapitel schon vorgestellt habe – Dur, Moll, erweitert und vermindert –, kann zum Septakkord werden, indem man ihm eine Septime (die siebte Note der Tonleiter) hinzufügt.

Der normale Septakkord benutzt eine kleine Septime. Das ist die siebte Note auf der Tonleiter vom Grundton aus, jedoch um einen halben Schritt erniedrigt. Wenn der Grundton beispielsweise das C ist, dann ist die siebte Note aufwärts auf der Tonleiter das H. Vermindern Sie diese Note um einen halben Schritt, und Sie erhalten eine kleine Septime, das B. Die Akkorde mit vier Noten, die in Abbildung 12.11 dargestellt sind, sind ausschließlich Septakkorde.

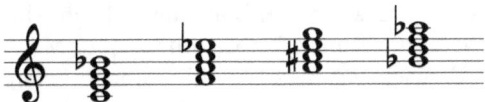

Abbildung 12.11: Eindrucksvolle Septakkorde

Um Septakkorde zu spielen, benutzen Sie die Finger 1, 2, 3 und 5. Bei einem Septakkord der rechten Hand spielen Sie den Grundton mit RH1 und die oberste Note (die siebte) mit RH5. Bei der linken Hand wird der Grundton mit LH5 gespielt, während LH1 die oberste Note spielt.

 Septakkorde finden Sie in allen Musikstilen von Klassik bis Pop. Johannes Brahms' berühmtes »Schlaflied« (Musikbeispiel 39), auch bekannt unter dem Titel »Guten Abend, gute Nacht« ist ein Beispiel dafür, wie Septakkorde für harmonische Abwechslung sorgen können. Schlafen Sie gut!

▶ Musikbeispiel 39

Wie man Akkordsymbole liest

Wenn Sie Noten oder Liederbücher verwenden, in denen nur die Melodien und Texte abgedruckt sind (»Leadsheets« in sogenannten »Fakebooks«), finden Sie normalerweise kleine Buchstaben und Symbole über der Notenzeile, wie sie in Abbildung 12.12 zu sehen sind. Das sind die *Akkordsymbole*, Abkürzungen für die Namen der Akkorde, die zur Melodie gespielt werden sollen. Und genau deshalb erkläre ich, wie man Akkorde aufbaut – damit Sie einen verminderten G-Akkord spielen können, wenn Sie das Symbol G° erblicken.

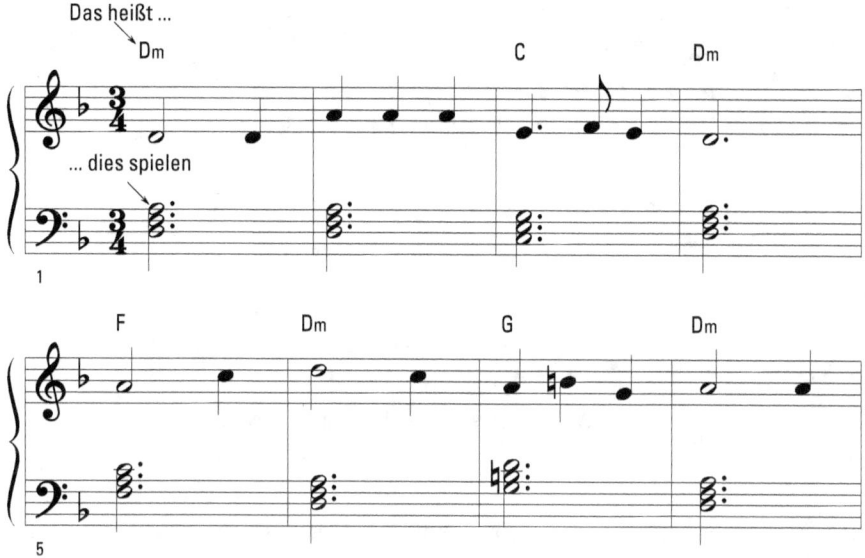

Abbildung 12.12: Auf vereinfachten Notenblättern stehen die Akkordsymbole über der Notenzeile.

Ein Akkordsymbol verrät Ihnen zwei Dinge über einen Akkord: seinen Grundton, und um welchen Typ von Akkord es sich handelt. Wie bei den Tonleitern gibt der Grundton dem Akkord seinen Namen. Der Grundton eines C-Akkords ist die Note C.

Jede weitere Kennzeichnung, jedes Symbol, das dem Akkordnamen folgt, bezeichnet den Typ des Akkords. In den vorausgehenden Abschnitten habe ich erklärt, dass »m« für Moll-Akkorde und »7« für Septakkorde stehen. Dur-Akkorde haben kein Kennzeichen, nur den Buchstaben des Grundtons.

Versuchen Sie, das Lied »Piano« zu spielen (Abbildung 12.13), bei dem Sie nur die Melodie, den Text und die Akkordsymbole sehen. Ihre rechte Hand spielt die Melodie, wie sie abgedruckt ist, Ihre linke Hand spielt die Akkorde, die durch die Symbole über der Notenzeile bezeichnet werden. Es ist hilfreich, sich zuerst die Akkorde vorzunehmen und sie ein paar Mal durchzuspielen, bevor man die Melodie hinzufügt.

 Der Name oder das Symbol des Akkords ist Ihr Wegweiser, der Ihnen zeigt, wie Sie den Akkord aufbauen und spielen müssen. Jeden Akkord, dem Sie in Ihrem Musikerleben begegnen (und es liegen noch viele Akkorde vor Ihnen), können Sie aufbauen, indem Sie die entsprechenden Intervalle oder Noten auf den Grundton setzen. Beispielsweise bedeutet C6, dass Sie einen C-Dur-Akkord spielen und die Sexte (A) hinzufügen. Cm6 bedeutet, einen c-Moll-Akkord zu spielen und die Sexte hinzuzufügen.

Abbildung 12.13: Piano.

In den Stücken, die Sie üben, werden Sie wahrscheinlich auf viele seltsame Akkordsymbole treffen. In Tabelle 12.1 finden Sie einen Überblick über die Kennzeichnungen in den Akkordsymbolen und ihre Bedeutung. Bei Akkorden mit mehreren Möglichkeiten wurde die jeweils verbreitetste fett gedruckt.

Akkordtyp	Kennzeichnung
Dur	Kein Kennzeichen
Moll	**m**, min
Übermäßig	+, **aug**, (♭5)
Vermindert	**dim**, °
Sekunde statt Terz	sus2
Quarte statt Terz	sus, **sus4**
Verminderte Quinte	**♭5**, −5
Zusätzliche Sexte	6
Moll-Akkord mit Sexte	m6
Dominantseptakkord	7
Großer Septakkord (maj7)	**maj7**, M7, 7
Mollseptakkord	**m7**, min7
Verminderter Septakkord	**dim7**, °7
Übermäßiger Dominantseptakkord	**7♯5**, +7
Dominantseptakkord mit verminderter Quinte	**7♭5**, 7(−5)
Mollseptakkord mit verminderter Quinte	**m7♭5**, m7(−5)
Zusätzliche None	(add9)

Tabelle 12.1: Verschiedene Akkordtypen und ihre Kennzeichnungen

Akkordsymbol	Akkordtyp	Rezeptur der Akkordtöne
C	Dur	1-3-5
Cm	Moll	1-♭3-5
C+	Übermäßig	1-3-♯5
Cdim	Vermindert	1-♭3-♭5
Csus2	Sekunde statt Terz	1-2-5
C(add2), C(add9)	Zusätzliche Sekunde (oder None)	1-2-3-5
Cm(add2), Cm(add9)	Moll-Akkord mit zusätzlicher Sekunde (oder None)	1-2-♭3-5
Csus	Quarte statt Terz	1-4-5
C♭5	Verminderte Quinte	1-3-♭5
C6	Zusätzliche Sexte	1-3-5-6
Cm6	Moll-Akkord mit Sexte	1-♭3-5-6
C7	Dominantseptakkord	1-3-5-♭7
Cmaj7	Dur-Akkord mit großer Septime (Großer Septakkord)	1-3-5-7
Cm7	Mollseptakkord	1-♭3-5-♭7
Cdim7	Verminderter Septakkord	1-♭3-♭5-6
C7sus	Dominantseptakkord mit Quarte statt Terz	1-4-5-♭7
Cm(maj7)	Großer Mollseptakkord	1-♭3-5-7
C7♯5	Übermäßiger Dominantseptakkord	1-3-♯5-♭7
C7♭5	Dominantseptakkord mit verminderter Quinte	1-3-♭5-♭7
Cm7♭5	Mollseptakkord mit verminderter Quinte	1-♭3-♭5-♭7
Cmaj7♭5	Dur-Akkord mit großer Septime und verminderter Quinte	1-3-♭5-7

Tabelle 12.2: Akkordrezeptur

Nachdem Sie jetzt die verschiedenen Akkordtypen kennen, werfen Sie einen Blick auf Tabelle 12.2. Dort erfahren Sie, aus welchen Tönen diese Akkorde bestehen. Die Zahlen beziehen sich auf die Stufen der Dur-Tonleiter. Wenn Sie beispielsweise 1-3-5-7 lesen, wissen Sie, dass Sie den Grundton, die große Terz, die Quinte und die große Septime spielen müssen. Ein Kreuz oder ein ♭ gibt an, ob die Töne um einen Halbton erhöht oder erniedrigt werden. Bewahren Sie diese Rezeptur der Töne auf jeden Fall für Ihre Kinder und Enkel auf. (Ich gehe in Tabelle 12.2 immer von C als Grundton aus, aber Sie können die Akkorde natürlich auch zu jedem anderen Grundton bilden.)

In Abbildung 12.14 können Sie genau sehen, wie Sie anhand der Rezeptur aus Tabelle 12.2 einen Akkord aufbauen. Ich habe mir als Rezeptur 1-3-#5-7 ausgesucht und illustriere Ihnen anhand drei verschiedener Grundtöne – C, F und G –, wie so ein Akkordaufbau funktioniert. Der resultierende Akkord ist übrigens ein Cmaj7#5 (beziehungsweise ein Fmaj7#5 und ein Gmaj7#5), ein übermäßiger Dur-Akkord mit großer Septime. Zum Dur-Dreiklang kommt die große Septime hinzu und die Quinte wird um einen Halbton erhöht.

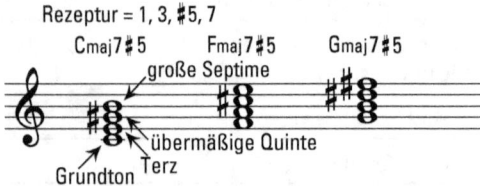

Abbildung 12.14: Töne zu einem Akkord zusammensetzen

Wir machen einen Kopfstand

Der Grundton eines Akkords ist normalerweise seine tiefste Note, aber nicht immer. Niemand hindert Sie daran, die Noten eines Akkords neu anzuordnen, ganz nach Belieben, ohne dass dadurch der Akkordtyp verändert wird. Dieses Umpositionieren der Noten in einem Akkord nennt man dann eine *Akkordumkehrung*.

Wie viele Umkehrungen sind bei einem Akkord möglich? Das hängt von der Anzahl der Töne ab, die in ihm enthalten sind. Wenn Sie einen Akkord mit drei Tönen, also einen Dreiklang haben, können Sie zusätzlich zur Ursprungsposition zwei Umkehrungen spielen. Haben Sie einen Akkord aus vier Noten, dann können Sie drei Umkehrungen spielen, haben also insgesamt vier Möglichkeiten.

Umkehrungen in Aktion

Weshalb aber sollte man einen Akkord, der durchaus in Ordnung ist, umgestalten? Spielen Sie die Akkorde für die linke Hand in Abbildung 12.15, dann werden Sie bemerken, wie schnell Ihre linke Hand über die Klaviatur flitzen muss.

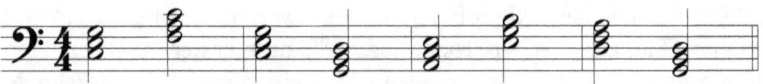

Abbildung 12.15: Fingergymnastik mit Akkorden

Wenn Sie die Akkorde in der Abbildung 12.15 sehr schnell spielen, werden Sie bald ermüden, und die Akkorde klingen schlampig. Die Lösung ist, Akkordumkehrungen zu benutzen. Spielen Sie die Akkorde in Abbildung 12.16, und Sie werden bemerken, dass Ihre linke Hand wesentlich weniger über die Klaviatur toben muss. Sie spielen die gleichen Akkorde, aber ohne Ihre linke Hand die ganze Zeit auf der Klaviatur auf und ab zu bewegen.

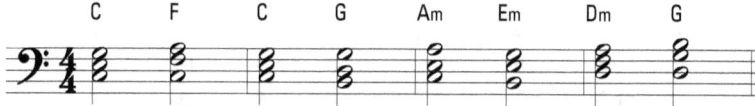

Abbildung 12.16: Weniger Anstrengung und hört sich toll an

Akkordumkehrungen sind aus mehreren Gründen nützlich:

- **Handhaltung:** Sie verhindern, dass Sie Ihre Hände ständig auf der Klaviatur auf und ab bewegen müssen, von einem Grundton zum nächsten.

- **Die oberste Note:** Die oberste Note eines Akkords in der rechten Hand soll normalerweise lauter als der Rest klingen, da die höchsten Akkordtöne häufig auch Melodienoten sind. Um die Melodie also besser mitspielen zu können, müssen Sie die Akkorde so umkehren, dass die gewünschten Melodienoten auch oben liegen und gut zu greifen sind.

- **Eintönigkeit der Akkorde:** Akkorde, bei denen der Grundton die tiefste Note ist, werden schnell langweilig, wenn sie oft benutzt werden. Bringen Sie ein wenig Abwechslung in ein Musikstück, indem Sie Umkehrungen benutzen.

- **Müheloseres Spielen:** Wie schon erwähnt, spielen Ihre Hände viel stressfreier und entspannter, wenn Sie Akkordumkehrungen verwenden.

Wir wirbeln die Noten durcheinander

Die gebräuchlichsten Akkordpositionen sind die *Grundstellung*, die *erste Umkehrung* und die *zweite Umkehrung*. Die Grundstellung ist die Ursprungsposition: Der Grundton ist die tiefste Note, wie man es in Abbildung 12.17 sieht.

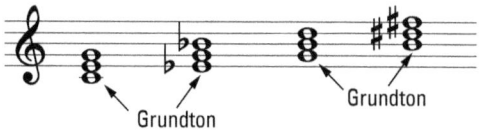

Abbildung 12.17: Akkorde in der Grundstellung

Bei der ersten Umkehrung setzt man den Grundton ganz nach oben, eine Oktave höher als in der ursprünglichen Position. Nun ist die zweite Note des Akkords ganz unten. In Abbildung 12.18 sehen Sie ein Beispiel für diese Umkehrung.

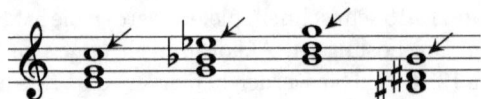

Abbildung 12.18: Der Grundton (Pfeile) ganz oben

Bei der zweiten Umkehrung rutscht die zweite Note des ursprünglichen Akkords ganz nach oben (eine Oktave höher als ihre ursprüngliche Position), sodass nun die dritte Akkordnote unten ist und der Grundton in der Mitte. Abbildung 12.19 zeigt Ihnen einige Akkorde in der zweiten Umkehrung.

Abbildung 12.19: Der Grundton in der Mitte

Bei Akkorden mit vier Noten gehen Sie genauso vor. Der Unterschied ist nur, dass es jetzt eine weitere Umkehrung gibt: die dritte. Setzen Sie also die oberste, die vierte Note ganz nach unten, eine Oktave tiefer als in ihrer ursprünglichen Position. Abbildung 12.20 ist ein Beispiel für die dritte Umkehrung eines Septakkords.

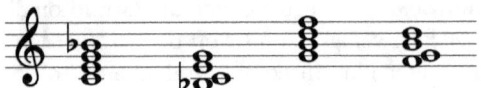

Abbildung 12.20: Die dritte Umkehrung bei Septakkorden

Experimentieren Sie mit diesen Umkehrungen bei verschiedenen Typen von Akkorden. Sie brauchen nur die Noten einer Melodie vor sich liegen zu haben, um zu erkennen, welche Akkordumkehrungen am besten passen.

Teil V
Technik ist alles

IN DIESEM TEIL ...

Es folgt der mit Abstand beste Teil des ganzen Buchs. Ich zeige Ihnen, wie Sie Ihre Musik so aufpolieren können, dass die Leute glauben, Sie spielten schon jahrelang Klavier.

Aber auch wenn Sie tatsächlich schon jahrelang Klavier spielen, können Sie von Teil V profitieren. Was Ihnen schon bekannt ist, können Sie überblättern, zum Beispiel das Grundwissen über Betonung und Dynamik in Kapitel 13, aber wie sieht's mit den Tricks in Kapitel 14 aus, oder mit den Stilrichtungen in Kapitel 15? Sie lernen Muster für die linke Hand kennen, Einstiege und Schlusstakte, Tonartwechsel und Alternativen für Akkorde. Das ist Material, bei dem für jeden, auch für alte Hasen, etwas dabei ist.

> **IN DIESEM KAPITEL**
>
> Verleihen Sie Ihrer Musik einen Hauch von Perfektion
>
> Verzieren wir Ihre Noten ein wenig

Kapitel 13
Wir polieren Ihre Musik auf

Die richtigen Noten und Rhythmen eines Stücks zu spielen, ist wichtig, aber *wie* Sie sie spielen ist sogar noch wichtiger. Spielen Sie auch wirklich mit Gefühl, Technik und Leidenschaft? Die Musik ein wenig aufzuputzen und sie zu etwas ganz eigenem zu machen, dazu braucht es mehr, als nur Noten zu spielen. Und wenn Sie ein paar Spezialeffekte einfügen, schadet das auch nichts.

Mit ein wenig Übung sind alle diese Effekte ganz leicht. Wenn Sie sie an der richtigen Stelle in Ihre Musik einfügen, dann wird Ihr Spiel lebendig, und Sie hören sich an wie ein echter Profi.

Betonen Sie das Positive

Mit Ausdruck spielen – das ist es, woran man einen guten Pianisten erkennt. Ich meine damit die Art und Weise, wie Sie jede einzelne Note spielen. Die verschiedenen Möglichkeiten, eine Note zu spielen, nennt man *Artikulation*.

Symbole der Artikulation

Es gibt viele Formen der Artikulation. Jede wird durch ein Symbol dargestellt, das Ihnen sagt, wie Sie eine Note spielen können: hart, lang, kurz und so weiter. Wenn Sie diese Artikulationen verwenden, können Sie den ganzen Sound und Stil eines Musikstücks verändern. (Kapitel 15 führt Sie in verschiedene Musikstile ein und zeigt Ihnen, welche Artikulationen typisch für jeden Stil sind.)

In Tabelle 13.1 finden Sie die Symbole, die Komponisten benutzen, um die verschiedenen Artikulationen zu kennzeichnen.

Um diese Artikulationen auf dem Notenblatt unterzubringen, setzt der Komponist die entsprechenden Zeichen genau unter oder über eine bestimmte Note.

Symbol	Name	Wie man die Note spielt
.	Staccato	Kurz
–	Tenuto	Lang
>	Akzent	Hart
∧	Akzent	Härter
>̇	Akzent mit Staccato	Hart und kurz
≥	Akzent mit Tenuto	Hart und lang
𝑡𝑟	Triller	Alternierende Noten
⁓	Glissando	Über die Tasten gleiten
♪	Vorschlag	Kurz angespielte Note vor der eigentlichen Note
⌢	Fermate	Halten

Tabelle 13.1: Musikalische Artikulationen

Die Kraft der Artikulation

Wenn Sie Musik ohne Artikulationen spielen, wird Ihr Publikum Ihnen nicht lange zuhören wollen. Ein Musikstück, in dem keine Artikulationen vorkommen, ist wie eine Rede, die mit völlig monotoner Stimme vorgetragen wird: einfach nur langweilig.

Um die Bedeutung der Artikulation zu verstehen, hören Sie sich das Lied »Camptown Races« in Musikbeispiel 40 an, und verfolgen Sie den Vortrag auf dem Notenbild. Zunächst hören Sie das Lied ohne irgendwelche Artikulationen; danach spiele ich Ihnen die Musik mit allen angegebenen Artikulationen vor. (Der fünfte Takt enthält einen Triller, über den Sie später in diesem Kapitel noch mehr erfahren.)

Suchen Sie sich die Artikulationen aus, die Sie interessieren, und wenden Sie sie in Ihrer Musik an. Ich bin sicher, Mozart & Co würde es nicht gefallen, dass ich Ihnen das rate, aber vergessen Sie ruhig, was der Komponist sagt: Schreiben Sie Ihre eigenen Artikulationen aufs Notenblatt und spielen Sie die Musik auf Ihre Art. Schließlich verändern Sie nicht die Melodie, sondern nur den Stil. Natürlich ist es immer die beste Lösung, den Artikulationen auf dem Original-Notenblatt zu folgen, um den Klang und Stil zu erhalten, den der Komponist beabsichtigte. Es kommt ganz darauf an, was Ihnen wichtiger ist.

▶ MUSIKBEISPIEL 40

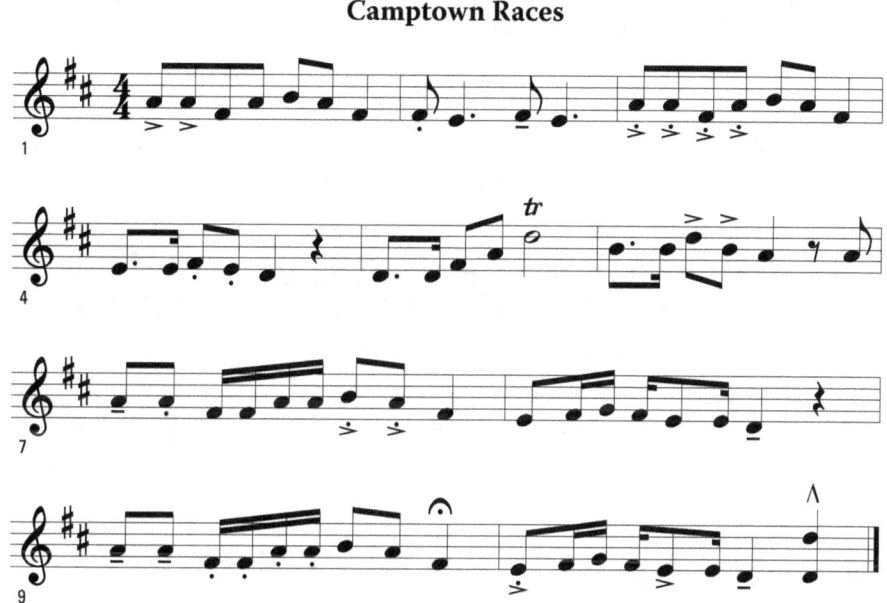

Mein erster Vorschlag: Vorschlagsnoten

Der Begriff *Vorschlagsnote* hört sich ein wenig nach Vorschlaghammer an, aber Vorschlagsnoten sind in Wirklichkeit ein sehr unkomplizierter Effekt, der Ihre Musik wesentlich komplexer erscheinen lässt. Eine Vorschlagsnote ist eine Note, die Sie ganz knapp vor einer »vollen« Note spielen. Ihr Finger streicht dabei ganz sanft über die Taste, bevor es die eigentliche Note spielt.

Vorschlagsnoten können auf verschiedene Weise dargestellt werden. Abbildung 13.1 zeigt Ihnen die üblichsten Schreibweisen. Eine einzelne Vorschlagsnote sieht aus wie eine durchgestrichene Achtelnote. Der Strich durch die Note soll vielleicht bedeuten: Beachten Sie den rhythmischen Wert nicht. Mehrfache Vorschlagsnoten sehen aus wie sehr kleine Sechzehntel. Man spielt sie auch sehr schnell, so als ob man in die wirkliche Note hineinrollte.

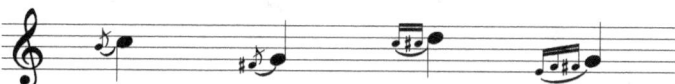

Abbildung 13.1: Vorschlagsnoten klingen viel sanfter als ihr Name vermuten lässt.

Steht vor einer Vorschlagsnote ein Versetzungszeichen, müssen Sie die Note entsprechend erhöhen beziehungsweise erniedrigen. Meist sind Vorschlagsnoten einen Ganz- oder Halbtonschritt tiefer als die Zielnote.

In Musikbeispiel 41 hören Sie Vorschläge in Aktion. Der Klassiker »Pop! Goes the Weasel« platzt vor Vorschlagsnoten fast aus allen Nähten. Üben Sie dieses Lied langsam, bis Ihre Finger wissen, wohin sie gehen müssen.

▶ Musikbeispiel 41

Pop! Goes the Weasel

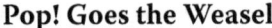

Eine Vorschlagsnote *muss* nicht unbedingt in unmittelbarer Nähe der Note liegen, die danach folgt. Sie kann zum Beispiel auch ganz am anderen Ende der Tastatur liegen. Die Wirkung einer Vorschlagsnote geht nicht von ihrer Nähe zur richtigen Note aus, sondern davon, dass sie der vollen Note eine besondere Bedeutung verleiht.

Vorschläge kommen im Blues, im Jazz, in der Country Music und in der klassischen Musik sehr häufig vor, doch darüber lesen Sie mehr in Kapitel 15. Sie können Vorschläge überall anwenden, wo es Ihnen gefällt. Und wie gesagt: Die besten Vorschlagsnoten sind zwar diejenigen, die nur einen halben oder ganzen Schritt von der Melodienote entfernt liegen, aber sie können ruhig auch andere ausprobieren, die weiter entfernt sind. Am Anfang der Melodie eines Lieds eine Vorschlagsnote zu spielen, ist eine hervorragende Idee, insbesondere wenn der Song aus dem Jazz oder dem Blues kommt.

Ein kleiner Triller

Wenn Sie jemals den Klang einer Piccoloflöte gehört haben, wie sie hoch über der Blaskapelle in einem Marsch von John Phillip Sousa zwitscherte, dann haben Sie auch *Triller* gehört. Was bei einem Musiker auf der Piccoloflöte ein schwieriger Trick zu sein scheint, ist in Wirklichkeit ganz einfach der Vorgang, dass man zwei Noten schnell alternierend (also in schnellem Wechsel) spielt – wie ein Kanarienvogel, wenn er richtig loslegt. Das Gleiche gilt für Triller auf dem Klavier.

Das Ganze hört sich an wie ein Bündel von Zweiunddreißigstel- oder Vierundsechzigstelnoten, wie Sie es in Abbildung 13.2 sehen.

Um Tinte zu sparen und zu vermeiden, diese vielen Balken zu zeichnen, benutzen Komponisten für Triller ein Symbol: Sie schreiben über die getrillerte Note die Buchstaben *tr*.

Abbildung 13.2: Der Sound eines Trillers

Ganz allgemein kann man sagen, dass eine Note nach oben getrillert wird, zusammen mit der nächsthöheren Note der Tonleiter. Das ist je nach Tonart dann entweder ein Halbton- oder ein Ganztontriller. Wenn der obere Ton ein anderer sein soll, als er in der Tonleiter vorkommt, muss man ein entsprechend passendes Vorzeichen darüber setzen, das kann – abhängig von der Tonart – sowohl ein Kreuz, ein ♭ oder ein Auflösungszeichen sein. Manchmal soll man auch den Triller von der oberen Note beginnen. Entweder macht man das nach Belieben (gerade in älterer, klassischer Musik) oder es steht der obere Ton dann als kleine Vorschlagsnote dabei. Eine andere, modernere Möglichkeit, einen Triller darzustellen, ist, die getrillerte Note als kleinen halslosen Notenkopf neben die Originalnote zu schreiben, so wie in Abbildung 13.3 zu sehen ist.

Abbildung 13.3: Triller rund um eine Note

Die genaue Triller-Technik müssen Sie schon ein wenig üben, ehe sie fließend und souverän klingt. Wichtig ist: Beim Trillern nie die Tasten gnadenlos bis zum Anschlag durchdrücken, sondern nur, bis Sie einen Ton bekommen. So können Ihre Hände viel fließender und geschmeidiger agieren.

Fangen Sie ganz langsam an und beschränken Sie sich zunächst auf die starken Finger Ihrer Hand – also Daumen, Zeigefinger und Mittelfinger. Die beiden letzten Finger sind immer ein Problem für den Anfänger, zumal die Sehnen von Mittelfinger und Ringfinger durch eine Sehnenbrücke verbunden ist. Dadurch ist die isolierte Bewegungsfreiheit des Ringfingers etwas eingeschränkt. Aber keine Sorge – Sie können auch ohne Einsatz dieser Finger sehr gekonnte Triller in Ihre Musik einbauen.

Irren ist menschlich, andere täuschen ist göttlich

 Artikulationen und Effekte wie Vorschläge, Triller und Glissandi können Ihren Sound wirklich aufpolieren. Außerdem helfen sie oft dabei, Fehler und falsche Noten zu überdecken.

Wann immer Sie eine falsche Note spielen, lassen Sie dem Fehler eine Vorschlagsnote, einen Triller oder ein Glissando folgen. Wenn Sie beispielsweise ein G spielen wollen, jedoch das Fis treffen, dann machen Sie das Fis einfach zur Vorschlagsnote, und gehen Sie dann zum richtigen G über. Damit täuschen Sie die Zuhörer fast immer.

So, jetzt haben wir genug über Triller gesprochen – nun sollten Sie versuchen, selbst welche zu spielen. Hören Sie sich zunächst Henry Purcells berühmtes »Trumpet Voluntary« in Musikbeispiel 42 an, um eine Vorstellung zu bekommen, wie es sich anhören sollte. Und dann versuchen Sie es selbst. Jeder Triller liegt auf der Note D und wird mit RH2 (Zeigefinger der rechten Hand) gespielt. Sie spielen mit RH3 dazu das E (den nächsthöheren Ton auf der Tonleiter). Wechseln Sie zwischen diesen beiden Noten sehr schnell hin und her, während Sie die Taktschläge zählen, die für diesen Triller benötigt werden – eine punktierte Viertelnote.

▶ Musikbeispiel 42

Warten Sie nicht, bis Ihnen ein Komponist einen Triller vorgibt – fügen Sie einfach einen ein. Halbe und ganze Noten sind die besten Notenlängen, um zu trillern, weil sie länger sind und Ihnen mehr Zeit geben, Ihre Finger flattern zu lassen. Experimentieren Sie mit Halb- und Ganzschritttrillern in verschiedene Richtungen. Triller verleihen Ihrem Stil eine gewisse klassische Finesse. (In Kapitel 15 erfahren Sie mehr über den klassischen Musikstil.)

Einfach elegant gleiten

Ein *Glissando* ist ein schnelles Rutschen oder Gleiten über eine ganze Reihe von Tasten auf der Klaviatur. Es gibt nichts Besseres, als ein Musikstück mit diesem Effekt zu beginnen oder zu beenden. Ich garantiere Ihnen, dass es alle Zuhörer verblüffen wird.

Wenn Sie ein Glissando spielen wollen, dann legen Sie Ihre Daumenspitze mit dem Nagel nach unten auf ein hohes C und ziehen den Daumen sehr schnell über die Tasten herab, bis ans Ende der Tastatur. Hört sich gut an, oder?

Abbildung 13.4 zeigt Ihnen, wie dieser Effekt auf einem Notenblatt angegeben wird: im Allgemeinen mit einer Wellenlinie und der Abkürzung *gliss*, die von der Note in Richtung des Glissandos geht. Wenn Sie also eine Wellenlinie vom C aus aufwärts sehen, dann spielen Sie die Note C und gleiten auf der Klaviatur aufwärts. Manchmal wird eine spezielle Schlussnote am anderen Ende der Wellenlinie angegeben. Manchmal liegt es auch bei Ihnen, wo Sie zu gleiten aufhören wollen.

Abbildung 13.4: Blitz und Donner auf dem Notenblatt

 Wenn der Komponist sowohl den Anfang als auch das Ende eines Glissandos angibt, dann kann ich Ihnen nur raten: Üben, üben, üben. An einer bestimmten Note zu beginnen, ist einfach, aber auf der richtigen Note anzuhalten, ist so, als ob Sie Ihr Auto zentimetergenau stoppen wollten.

Abhängig von der Richtung des Glissandos und der Hand, die Sie dazu benutzen, erledigen unterschiedliche Finger diesen Job. Die Abbildungen 13.5 bis 13.8 zeigen Ihnen die richtige Handhaltung für jedes der folgenden Glissandos:

✔ **Abwärts mit der rechten Hand:** Gleiten Sie mit Ihrem Daumen (RH1), wie Sie es in Abbildung 13.5 sehen.

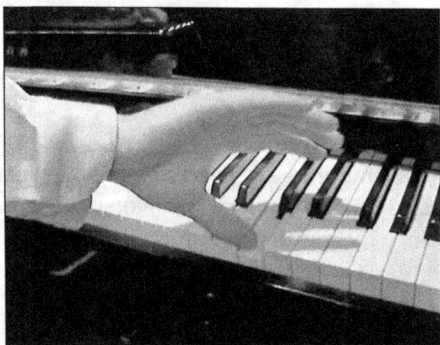

Abbildung 13.5: Abwärts mit der rechten Hand

✔ **Aufwärts mit der rechten Hand:** Gleiten Sie mit Ihrem Mittelfinger (RH3) und vielleicht noch ein wenig mit RH4 (dem Ringfinger), so wie Sie es in Abbildung 13.6 sehen.

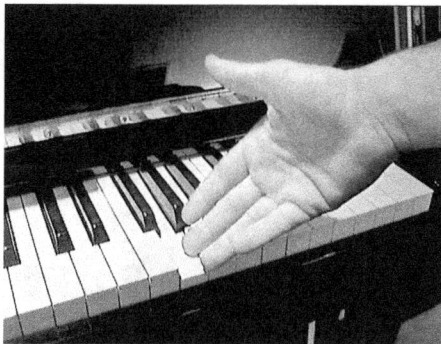

Abbildung 13.6: Aufwärts mit der rechten Hand

✔ **Abwärts mit der linken Hand:** Gleiten Sie mit Ihrem Mittelfinger (LH3) und vielleicht noch mit der Hilfe von LH4 über die Tasten, so wie sie es in Abbildung 13.7 sehen.

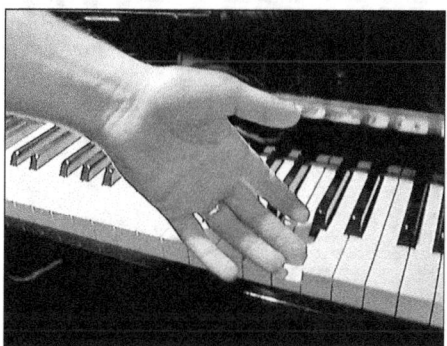

Abbildung 13.7: Abwärts mit der linken Hand

✔ **Aufwärts mit der linken Hand:** Jetzt ist wieder Ihr Daumen an der Reihe, aber diesmal der linke (LH1), so wie Sie es in Abbildung 13.8 sehen.

Abbildung 13.8: Aufwärts mit der linken Hand

Wenn Sie vom Rock'n'Roll das Glissando wegnehmen, dann können Sie die Musik von Künstlern wie Jerry Lee Lewis oder Dr. John gleich vergessen (in Kapitel 18 erfahren Sie mehr über diese Musiker). Der Glissando-Effekt ist kraftvoll und energisch – er rockt ganz einfach! Versuchen den Song aus Abbildung 13.9 in der Art von Jerry Lee Lewis zu spielen, um dieses Klanggefühl zu erleben.

Abbildung 13.9: To Gliss is Bliss

Wenn Sie ein paar Mal auf diese Weise über die Tasten geprescht sind, kann es leicht sein, dass Sie mich verfluchen, weil Ihre Finger zu schmerzen beginnen. Dann benutzen Sie wahrscheinlich die falsche Seite Ihrer Finger, um zu gleiten: Setzen Sie Ihre *Fingernägel* ein. Natürlich gibt es hartgesottene Perfektionisten, die fordern, die Knöchel zu benutzen, um so das Geräusch der Fingernägel zu vermeiden, die gegen die Tasten klicken. Ich sage Ihnen aber gleich: Das tut weh. Außerdem reicht die Lautstärke eines Glissandos leicht aus, um das Geräusch der Fingernägel zu übertönen. Auf gar keinen Fall sollten Sie ein Glissando mit Ihren Fingerspitzen spielen. Das kann nicht nur Blasen verursachen, sondern das Quietschen ist so schlimm, als würde man mit Kreide an eine Tafel schreiben. Für diesen Tipp werden Sie mir irgendwann noch dankbar sein.

Zitternde Tremolos

Sie spielen einen Triller, wenn Ihre Finger sehr schnell zwischen zwei Noten wechseln, die entweder einen Halbschritt oder einen ganzen Schritt voneinander entfernt liegen. Wie aber nennt man den schnellen Wechsel zwischen zwei Noten, die etwas weiter auseinander liegen? Nun, Sie können es nennen, wie Sie wollen, aber in der Welt der Musik heißt es *Tremolo*.

Um ein Tremolo zu spielen, suchen Sie sich irgendein Intervall aus, das größer ist als ein ganzer Schritt, und spielen diese beiden Noten abwechselnd so schnell wie nur möglich. (In Kapitel 10 können Sie alles über Intervalle nachlesen.) Wie bei einem Triller hört sich das an, als ob Sie ein ganzes Bündel von Zweiunddreißigstel- oder Vierundsechzigstelnoten spielten. Aber anders als bei der Notation für einen Triller, bei der man nur die Buchstaben *tr* über eine Note setzt, zeigt die Notation für ein Tremolo tatsächlich, auf welchen beiden Tasten Ihre Finger tanzen sollen (siehe Abbildung 13.10).

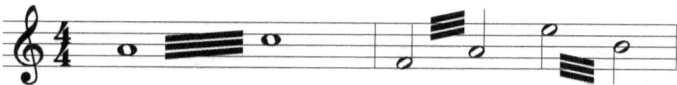

Abbildung 13.10: Ein Tremolo

Moment, werden Sie sagen, nach Adam Riese stimmt das aber nicht: Zwei ganze Noten in einem Takt? Und im nächsten vier halbe? Sie haben recht: Auf den ersten Blick sieht es tatsächlich so aus, als wären zu viele Taktschläge in jedem Takt, aber denken Sie an das Tremolo-Zeichen. Das sagt nämlich aus, dass die beiden Noten sich die Notenlänge teilen. Deshalb werden nur die Taktschläge der ersten Note gezählt.

 Tremolos hören sich immer toll an, unabhängig von der Intervallgröße und von welcher Hand sie gespielt werden. Das wahrscheinlich verbreitetste Tremolo der linken Hand ist das Oktaventremolo. Strecken Sie Ihre Hand über eine C-Oktave (also von einem C bis zum nächsten C), und bauen Sie dieses Intervall in eine vertraute Melodie ein. Wenn Sie sich Musikbeispiel 43 anhören, werden Sie erkennen, dass es sich um das Thema zum Film *2001: Odyssee im Weltraum* handelt.

 Sie können auch Tremoloakkorde spielen. Sie brauchen den Akkord nur in zwei Teile zu teilen: eine untere Note und die verbleibenden oberen Noten. Spielen Sie den Wechsel so schnell wie möglich. Tremoloakkorde erscheinen furchteinflößend, aber wenn Sie einen Akkord spielen können, dann können Sie ihn auch als Tremolo spielen. (In Kapitel 12 habe ich Sie schon mit Akkorden vertraut gemacht.)

Musikbeispiel 43

Abbildung 13.11 gibt Ihnen die Möglichkeit, ein paar Tremoloakkorde zu spielen. Im ersten Takt der Abbildung bringen Sie Ihre Hand in die Position für einen G-Dur-Akkord und wechseln sehr schnell zwischen den Noten oben (H und D) und der unteren Note (G). Gehen Sie zum nächsten Takt, und machen Sie das Gleiche mit der zweiten Umkehrung des C-Akkords.

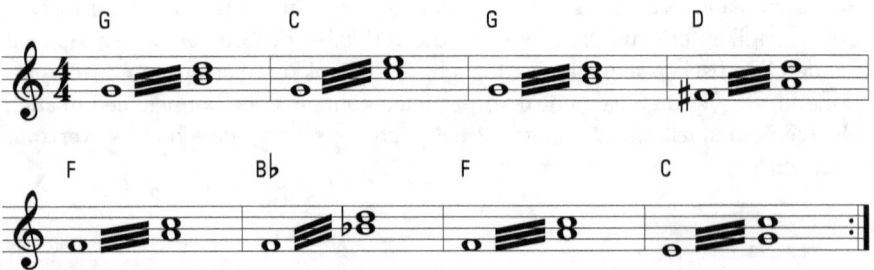

Abbildung 13.11: Tremoloakkorde

Tremoloakkorde sind sehr nützlich, wenn Sie Rock'n'Roll spielen, vor allem in einer Band. Hier wimmelt es oft geradezu von Tremolos anstelle der normalen Begleitakkorde.

Wir arbeiten unter dem Deckel

 Im 20. Jahrhundert waren viele Komponisten und Pianisten der normalen Töne eines Klaviers überdrüssig. Sie waren mit den Effekten der Triller, Glissandos und Tremolos nicht mehr zufrieden, und so begannen diese mutigen (und oft missverstandenen) Pioniere, unter dem Deckel des Klaviers herumzuwerkeln.

Probieren Sie das einmal selbst aus: Öffnen Sie den Deckel Ihres Klaviers, und zupfen Sie die Saiten mit Ihren Fingernägeln. Versuchen Sie dann ein Glissando über alle Saiten, während Sie das rechte Pedal treten. Dieser Klang ist wunderbar und auch ein wenig respekteinflößend.

Komponisten wie Henry Cowell und John Cage ließen es dabei aber nicht bewenden. Sie schrieben ganze Stücke, in denen solche Klänge enthalten waren, und forderten den Pianisten auf, bestimmte Noten im Inneren des Klaviers zu zupfen. (Und Sie dachten immer, es sei schon schwierig, die schwarzen und weißen Tasten zusammen zu spielen.)

Die Grenzen wurden noch ein wenig weiter ausgedehnt, als ein neues Phänomen namens »präpariertes Piano« bei modernen Komponisten sehr beliebt wurde (und immer noch ist). Eine Unmenge neuer Klänge entstanden, indem man verschiedene Gegenstände auf und zwischen die Saiten des Klaviers brachte – Schrauben, Ketten, Garn, und so weiter.

Ich möchte Ihnen nicht empfehlen, ein »präpariertes Piano« zu Hause auszuprobieren: Die Eisenwaren zwischen den Saiten können Ihr teures Klavier zerstören. Falls Sie diese Klänge trotzdem einmal hören wollen, dann sollten Sie dazu die folgenden Aufnahmen wählen:

- ✔ **Henry Cowell, *The Banshee*:** Unter anderem hört man auch das Zupfen oder Streichen über die Saiten des Klaviers.

- ✔ **George Antheil, »*Airplane*« *Sonata*:** In diesem eklektischen Stück hören Sie eine ganze Reihe von seltsamen Klaviereffekten.

- ✔ **Arvo Pärt, *Tabula rasa*:** Der Klavierteil wird mit Schrauben zwischen den Saiten gespielt.

- ✔ **Dave Grusin, Filmmusik zu *Die Firma*:** Auch dieses Stück verwendet alle Arten von Gegenständen, unter anderem einen Geigenbogen, mit dem über die Klaviersaiten gestrichen wird.

Dynamisch gesprochen

Der Komponist verlangt normalerweise, dass bestimmte Noten in einer bestimmten Lautstärke gespielt werden. Die unterschiedlichen Lautstärken verleihen der Musik eine abwechslungsreiche Dynamik, und genau so werden die verschiedenen Lautstärken in der Musik genannt: *Dynamik*.

Wie bei Fernsehgeräten, Autoradios und schreienden Kleinkindern kennt die Lautstärke einen weiten Bereich: von ganz leise bis sehr laut. Das erkannten die Komponisten sehr schnell und schrieben den Interpreten genau vor, in welchem Lautstärkespektrum sie zu spielen haben. Natürlich erfolgen alle Dynamikangaben auf Italienisch – wie so vieles in der Musik.

Lautstärke auf Italienisch

Wenn man über Lautstärke spricht, dann beschreibt man etwas als laut oder leise. Und das sagt ja bereits eine Menge aus. In der Musik jedoch können Sie erklären, *wie* laut oder *wie* leise etwas sein soll. Man beginnt mit zwei kleinen italienischen Wörtern, *piano* (leise) und *forte* (laut), um die Lautstärke einzelner Noten zu beschreiben. Sie wissen ja, dass Ihr Klavier ganz früher mal »Pianoforte« hieß – was bedeutet, dass Sie darauf sowohl laut als auch leise spielen können.

Indem der Komponist unter die Noten *piano* oder *forte* schreibt, teilt er Ihnen mit, welche Noten leise oder laut gespielt werden sollen. Viele Jahre und viele Tintenfässer später sind heute Abkürzungen für diese Wörter die Norm. Deshalb werden leise und laut ganz einfach als *p* und *f* geschrieben. Natürlich nicht in einfachen Lettern. Die Musik benutzt immer fantasievolle und stilisierte Buchstaben.

Wenn Sie eine Dynamikangabe sehen, ganz gleich für welche Lautstärke, spielen Sie so lange in dieser Lautstärke weiter, bis Sie auf eine neue Dynamikangabe stoßen.

In Alexander Borodins »Polowezer Tanz« (Musikbeispiel 44) können Sie laut und leise sowohl hören als auch sehen. Spielen Sie einfach mit.

▶ MUSIKBEISPIEL 44

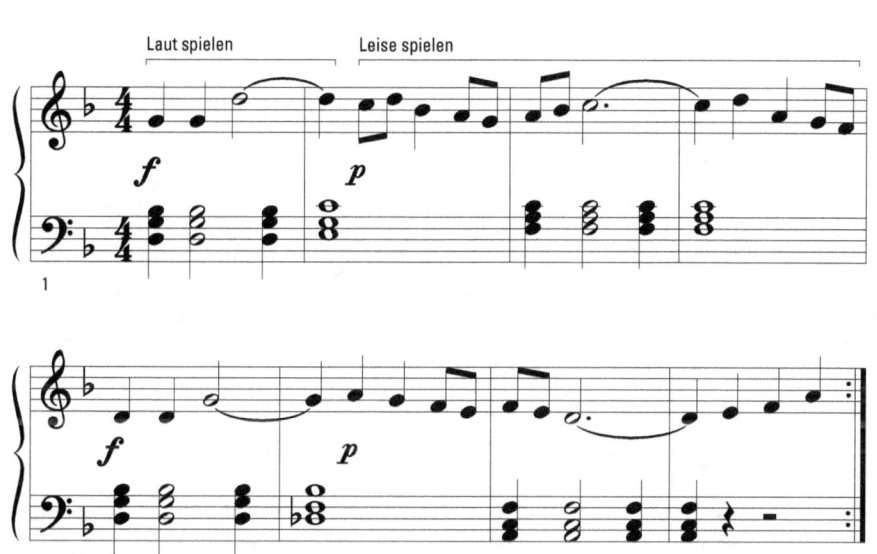

Wir erweitern das Lautstärkespektrum

Wenn leise und laut die einzigen Lautstärken wären, dann hätte Ihre Stereoanlage auch nur zwei Knöpfe. Aber Sie verwenden zur Lautstärkeeinstellung ja einen Drehknopf oder Schieberegler, sodass Sie die verschiedensten Zwischenstufen wählen können. Dabei hilft Ihnen zunächst das italienische Wörtchen »mezzo« (*m*), das auf Deutsch »mittel« bedeutet. Wenn Sie es vor die Dynamikangaben setzen, erhalten Sie *mezzopiano (mp)* = mittelleise und *mezzoforte (mf)* = mittellaut.

 Bei extremen Lautstärken wie kaum hörbar leise oder ohrenbetäubend laut brauchen Sie nur ein paar weitere ps oder fs hinzuzufügen. Das bedeutet, *pp* heißt sehr leise. Allerdings spricht man es nicht *piano piano* aus, sondern benutzt die italienische Nachsilbe -issimo, das man frei mit »sehr« übersetzen kann, also sehr leise = *pp* = *pianissimo*, und sehr laut = *ff* = *fortissimo*.

Wenn Sie all diese Wörter, Abkürzungen und Nachsilben sammeln, dann erhalten Sie die Liste der Dynamikbereiche, wie sie in Tabelle 13.2 aufgeführt sind.

Abkürzung	Name	Wie die Note klingt
ppp	piano pianissimo	fast unhörbar
pp	pianissimo	sehr leise
p	piano	leise
mp	mezzopiano	nicht zu leise
mf	mezzoforte	halblaut
f	forte	laut
ff	fortissimo	sehr laut
fff	forte fortissimo	irre laut

Tabelle 13.2: Dynamikbezeichnungen

Nach und nach lauter, dann wieder leiser

Es gibt zwei dynamische Symbole, die Sie sehr oft antreffen und die Ihnen sagen, dass Sie nicht urplötzlich, sondern *nach und nach* lauter oder leiser spielen sollen, sie sehen aus wie Klammern. Ist die Klammer nach rechts geöffnet, wird man nach und nach lauter, ist sie dagegen nach links geöffnet, wird man nach und nach leiser. In Abbildung 13.12 müssen Sie also im ersten Takt die Dynamik steigern, im dritten Takt wieder verringern.

Wenn man so spielt, dass die Musik langsam lauter wird, nennt man das ein *Crescendo*; wenn sie leiser wird, spricht man von einem *Diminuendo*. Die jeweiligen Abkürzungen sind *cresc* und *dim*.

Abbildung 13.12: Crescendo und Diminuendo auf dem Notenblatt

Doch ob sie nun als Wort, Abkürzung oder Symbol erscheinen, diese Anweisungen werden immer von dynamischen Zeichen begleitet, die Ihnen sagen, dass Sie von Lautstärke A langsam zu Lautstärke B wechseln sollen. Es könnte beispielsweise sein, dass Sie langsam von sehr leise (*pp*) zu sehr laut (*ff*) wechseln sollen, oder Sie lesen auf dem Notenblatt, dass Sie eine geringfügige Veränderung der Lautstärke von mezzopiano (*mp*) zu mezzoforte (*mf*) vornehmen sollen. Was auch immer der Fall sein mag, es liegt an Ihnen zu entscheiden, wie Sie diese Lautstärkeänderungen spielen wollen.

Manchmal kommt es vor, dass ein Komponist wünscht, dass Sie zuerst lauter und dann leiser spielen, sozusagen einen Auf-und-ab-Effekt erzeugen. Dann sieht die Anweisung aus wie in Abbildung 13.13.

Abbildung 13.13: Erst lauter, dann leiser.

Weshalb sollen wir uns überhaupt Gedanken um die Lautstärke machen? Weshalb können wir nicht einfach alles ordentlich laut spielen, sodass es jeder hören kann? Das mag für Heavy Metal-Gitarren ganz in Ordnung sein, aber in der Klaviermusik bewirken schon geringfügige Veränderungen der Lautstärke auch einen Gefühlswechsel. Wenn Sie also an den richtigen Stellen die Lautstärke variieren, ist das ein Zeichen dafür, dass Sie mit viel Gefühl spielen können.

IN DIESEM KAPITEL

Hilft Ihre linke Hand der rechten mit Begleitphrasen

Lernen Sie kleine Meisterstücke zu spielen

Versetzen Sie Ihre Freunde in Erstaunen

Kapitel 14
Grooves, Intros, Outros, Riffs & Co

Wollen Sie ein einfaches Lied wie »Row, Row, Row Your Boat« zu einer kleinen Sensation machen? Dann ist dies das richtige Kapitel für Sie. Wenn Sie es gelesen haben, können Sie eine Handvoll Tricks und Techniken in jedem Song unterbringen, auf den Sie in Ihrer Pianistenkarriere stoßen. Ganz gleich, ob es ein gutes Intro oder Outro ist, ein cooler Riff oder nur ein paar nette kleine Griffe, die Sie einstreuen: Die Tricks, die ich Ihnen in diesem Kapitel zeige, werden Ihrer Musik Würze geben.

Begleitphrasen für die linke Hand

Eines der wichtigsten Werkzeuge, das Sie in Ihrer Trickkiste unterbringen sollten, ist ein guter Vorrat an Begleitphrasen für die linke Hand. Immer, wenn Sie nur einfache Akkorde spielen sollen oder nur Melodien in einem Songbuch sehen, müssen Sie sich auf Ihre eigene Fähigkeit verlassen können, dem Bass einen interessanten Sound zu verleihen.

In diesem Abschnitt finden Sie neun hervorragende und professionell klingende Begleitphrasen für die linke Hand, die Sie zu fast jedem Musikstück spielen können. Alle sind sie sehr vielseitig anwendbar und meist nicht schwer zu spielen. Ich zeige Ihnen jede Phrase in den beiden am häufigsten vorkommenden Metren, dem Vierviertel- und dem Dreivierteltakt.

 Es ist wichtig, diese Phrasen immer wieder zu üben, um die Noten zu beherrschen und zu erfahren, wie sich jede Phrase unter Ihren Fingern anfühlt. Schon nach kurzer Zeit können Sie die Noten ignorieren und versuchen, diese Phrasen zu fühlen: Die Entfernung zwischen den Intervallen, die Form des Akkords, den

Rhythmus und so weiter. So wird es Ihnen leicht gelingen, diese Phrasen in jeder Tonart, jedem Akkord und jeder Tonleiter unterzubringen.

Ganze und gebrochene Akkorde

Die einfachste Begleitung besteht darin, mit der linken Hand Akkorde zu spielen, ganz gleich, ob normal oder als Arpeggios. In Kapitel 12 lesen Sie mehr über Akkorde und in Kapitel 9 über Arpeggios.

Fangen Sie mit den Grundakkorden an, und suchen Sie nach Umkehrungen, die Ihnen leicht fallen, also ohne dass Ihre linke Hand über die ganze Klaviatur rasen muss. (Über Umkehrungen habe ich in Kapitel 12 gesprochen.) Außerdem sollten Sie mit verschiedenen rhythmischen Patterns (Mustern) experimentieren. Versuchen Sie beispielsweise, Viertelakkorde statt Akkorde einer ganzen Notenlänge zu spielen, oder probieren Sie ein Muster aus punktierten Vierteln und Achteln aus.

In Musikbeispiel 45 spielt die linke Hand eine Reihe einfacher Akkorde, aber in verschiedenen rhythmischen Patterns. Spielen Sie mit, und entscheiden Sie, welches Pattern für Sie am geeignetsten ist.

▶ MUSIKBEISPIEL 45

Sie können die Monotonie der Akkorde ein wenig durchbrechen, wenn Sie mit der linken Hand Arpeggio-Patterns spielen. Bei jedem Akkordsymbol in Abbildung 14.1 benutzen Sie die erste, die fünfte und die Oktavnote (1 – 5 – 8) der entsprechenden Tonleiter, um während des ganzen Stücks ein Aufwärts-/Abwärtsmuster zu spielen. Dieses Pattern können Sie bei langsamen oder schnellen Stücken verwenden.

Abbildung 14.1: Arpeggios.

 Auch Musikbeispiel 46 enthält Arpeggios.

Akkorde »zupfen«

Das »Akkordzupfen« mit der linken Hand ist ein Stil, der am besten zur Country Music passt (mehr darüber können Sie in Kapitel 15 lesen). Aber auch wenn Sie kein Fan dieses Musikstils sind, können Sie dieses Pattern bei jedem anderen Lied anwenden.

Falls Sie auch Gitarre spielen, kennen Sie sicher die Techniken des Fingerpickings und Country-Pickings. Wir wollen versuchen, diese Methoden auch aufs Klavier zu übertragen.

In Kapitel 12 haben Sie erfahren, dass die meisten Akkorde aus einer Grundnote, einer Terz und einer Quinte bestehen. Diese drei Elemente müssen Sie kennen, um ein erfolgreicher »Akkordzupfer« zu werden.

Um so zu spielen, teilen Sie einen Akkord in zwei Einheiten auf: in die Grundnote und die beiden oberen Noten. (Bei C-Dur wäre das zum Beispiel der Grundton C, außerdem das Notenduo E und G.) Spielen Sie die Grundnote auf den ersten Taktschlag und die beiden oberen Noten zusammen auf den zweiten und vierten Taktschlag. Damit es noch eindrucksvoller klingt, machen Sie beim dritten Taktschlag etwas Neues: Spielen Sie die obere Note des Akkords allein, aber eine Oktave tiefer, wie Sie es in Abbildung 14.2 sehen, die Ihnen vier Takte dieses Musters mit vier verschiedenen Akkorden zeigt. Der erste Takt mit C-Dur besteht also aus C – EG – G (eine Oktave tiefer) – EG.

Abbildung 14.2: »Zupfen« Sie mal.

Im zweiten bis vierten Takt von Abbildung 14.2 werden andere Akkorde gespielt, also ändert sich auch die Note im dritten Taktschlag entsprechend. Im zweiten Takt (F-Dur) handelt es sich um ein C, im dritten Takt (e-Moll) um ein H, im vierten Takt (d-Moll) um ein A.

 Sie können versuchen, dieses Muster in »Picking and Grinning« (Musikbeispiel 47) zu spielen. Wenn Sie das Gefühl dieses hüpfenden Rhythmus verinnerlicht haben, brauchen Sie wahrscheinlich gar nicht mehr auf Ihre Hände zu sehen. Ihr kleiner Finger wird die beiden alternierenden Bassnoten finden, weil sie immer die gleiche Entfernung vom Grundton haben. Viel Spaß!

▶ MUSIKBEISPIEL 47

Picking and Grinning

Oktaven hämmern

Hier ist ein einfacher, wenn auch vielleicht ermüdender Griff für die linke Hand. Dieses Schema macht wirklich Spaß und ist ganz einfach, wenn Ihre rechte Hand lediglich Akkorde spielt. Wenn Sie jedoch mit Ihrer rechten Hand eine Melodie oder etwas anderes als Akkorde spielen, dann passt dieses Muster nicht so gut.

Um Oktaven zu hämmern, fixieren Sie ganz einfach Ihre linke Hand in einer weit gespannten Oktavenposition, springen über die Tastatur und spielen den Grundton jedes Akkords zusammen mit der Oktave. Sie können die Oktaven in jeder Geschwindigkeit spielen, die Ihnen gefällt – versuchen Sie es mit ganzen Noten, halben Noten und sogar Achteln, je nach Charakter des Songs.

 Bei »Octaves in the Left« (Musikbeispiel 48) können Sie mit Ihrer linken Hand Oktaven hämmern.

▶ MUSIKBEISPIEL 48

KAPITEL 14 Grooves, Intros, Outros, Riffs & Co 209

 Wenn Sie sich mit Harmonien vertraut gemacht haben, dann versuchen Sie, mit der linken Hand Oktaven zu spielen, die auf unterschiedlichen Noten des entsprechenden Akkords oder der entsprechenden Tonleiter aufbauen. In »Jumping Octaves« (Musikbeispiel 49) bewegen sich die Oktaven von der Grundnote bei jedem Akkord der rechten Hand zur dritten und zur fünften Note.

▶ MUSIKBEISPIEL 49

Jumping Octaves

Hüpfende Intervalle

Neben dem Hämmern von Oktaven gibt es auch eine hübsche Rock'n'Roll-Basslinie, bei der Noten von Intervallen unterschiedlichen Umfangs benutzt werden.

Ein großartiges Bassmuster haben Sie, wenn Sie die Oktave, die Quinte und die Sexte spielen. Probieren Sie diese rockige Begleitung zu »Rockin' Intervals« in Musikbeispiel 50. Schon nach wenigen Übungsdurchgängen werden Ihre Hände genau wissen, was sie zu tun haben.

► MUSIKBEISPIEL 50

Rockin' Intervals

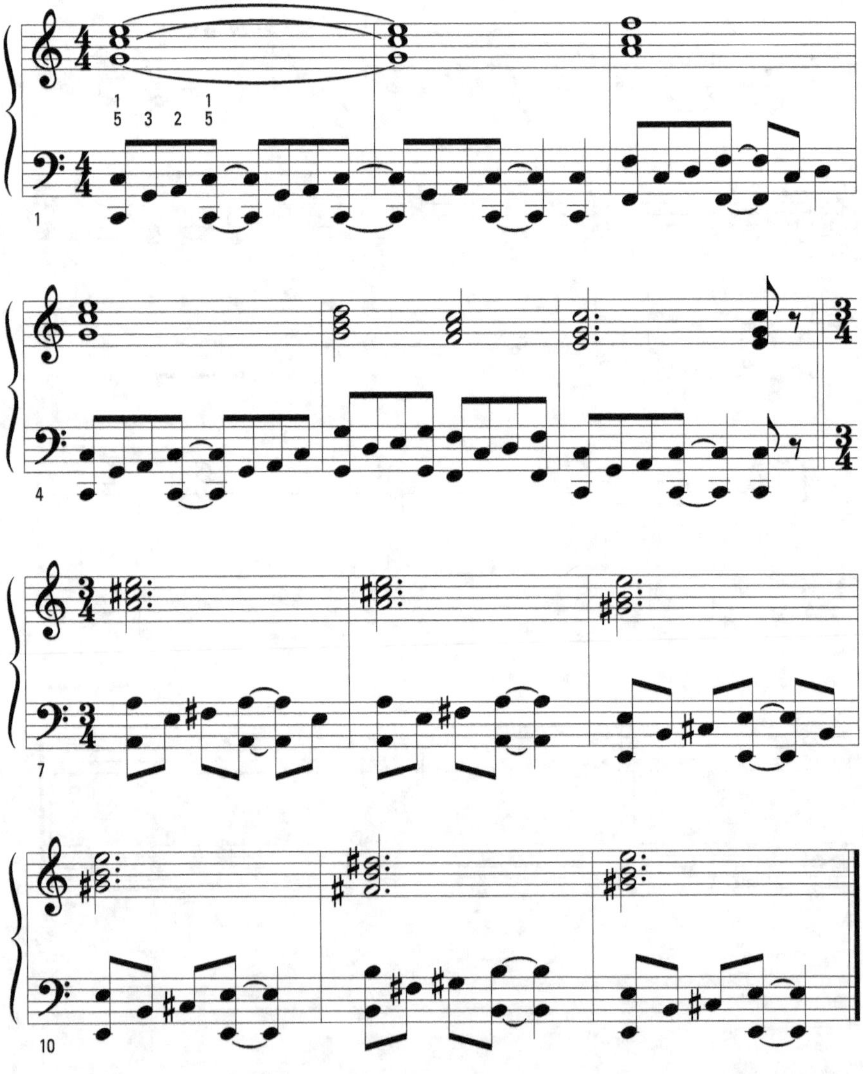

KAPITEL 14 Grooves, Intros, Outros, Riffs & Co   211

 Der große Chuck Berry machte auf der Gitarre ein Pattern sehr populär, das sich nach dem Stampfen einer Lokomotive anhört, wie Sie es in »Berry-Style Blues« (Musikbeispiel 51) hören können. Es dauerte nicht lange, bis ein Pianist dieses Gitarrenpattern aufs Klavier übertrug. Sie brauchen nur bei jedem Taktschlag zwischen einer Quinte und einer Sexte hin und her zu wechseln.

▶ **Musikbeispiel 51**

Berry-Style Blues

Melodische Basslinien

 Manche Muster für die linke Hand sind so verbreitet, dass man sie besser kennt als die Melodien, die von ihnen begleitet werden. »Bum-Ba-Di-Da« (Musikbeispiel 52) ist ein solches Muster, das durch den singenden Cowboy Roy Rogers und den Schlusstitel »Happy Trails« bei seinen Shows bekannt wurde. Alles, was Sie brauchen, sind drei Noten aus der Tonleiter eines jeden Akkords: den Grundton, die Quinte und die Sexte. Spielen Sie das Ganze vorwärts und rückwärts, immer wieder. Es wird Ihnen Spaß machen.

▶ MUSIKBEISPIEL 52

Ein weiteres melodisches Muster für die linke Hand spielt nahezu jeder Pianist, ganz gleich ob Anfänger oder Profi: Es ist die Boogie-Woogie-Basslinie. Dazu braucht man nicht einmal eine Melodie. Diese Bassphrase benutzt die Noten einer Dur-Tonleiter, doch die siebte Note wird um einen halben Schritt erniedrigt, damit man einen echten Blues-Sound erhält.

Bei jedem neuen Akkord in »Boogie-Woogie Bass Line« (Musikbeispiel 53) spielen Sie die folgenden Noten auf und ab: Grundnote, dritte Note, fünfte Note, sechste Note, verminderte siebte Note. Los geht's!

▶ MUSIKBEISPIEL 53

Tolle Intros und Outros

Ein guter Pianist sollte immer in der Lage sein, ein Musikstück auf interessante Weise zu beginnen und zu beenden. Sie können in den Club der guten Pianisten aufgenommen werden, wenn Sie sich ein Repertoire an Einstiegen (Intros) und Ausstiegen (Outros) merken, die Sie jederzeit bei jedem Musikstück anwenden können. Intro und Outro sind die Teile eines Musikstücks, mit denen Sie glänzen können. Einige klingen so phänomenal, dass sie gar nicht zu einem Song gehören müssen und trotzdem überzeugen.

Die meisten Intros und Outros in diesem Abschnitt sind für populäre Musik gedacht. Bei klassischen Stücken schlägt uns der Komponist selbst einen geeigneten Anfang und Schluss vor. Wenn Sie natürlich unbedingt Chopins »Minutenwalzer« mit einem dieser Intros oder Outros aufpeppen wollen, dann lassen Sie sich nicht aufhalten.

Wie man Intros und Outros an Songs anbindet

Die Intros und Outros in den nächsten beiden Abschnitten dieses Buchs können Sie eigentlich in Zusammenhang mit jedem Musikstück spielen. Allerdings sollten Sie sich bei der Auswahl folgende wichtige Fragen stellen:

1. **Zu welcher Stilrichtung gehört der Song?**

    Jeder der folgenden Intros und Outros hat einen anderen Stil oder Sound. Überlegen Sie sich, zu welcher Stilrichtung der Song gehört, den Sie spielen wollen, und wählen Sie ein Intro, das am besten dazu passt. Ein Rock'n'Roll-Intro käme wahrscheinlich nicht so gut vor einer sanften Country Ballade. Auch wenn in der Musik bekanntlich alles möglich ist …

2. **In welcher Tonart ist der Song notiert?**

    Alle Intros und Outros, die Sie in diesem Buch finden, sind in C-Dur notiert. Ist Ihr Lied ebenfalls in C-Dur notiert, dann können Sie sofort anfangen. Wenn nicht, müssen Sie die Noten und Akkorde des Intros oder Outros erst so verändern, dass sie zur Tonart des Songs passen. Beachten Sie dazu die hilfreichen Hinweise, die bei jedem Intro und Outro stehen.

3. **Mit welchem Akkord beginnt der Song?**

    Alle Intros, die ich Ihnen zeige, lassen sich leicht zu den Akkorden oder Noten eines Songs überleiten, vorausgesetzt, der Song beginnt mit einem Akkord, der mit dem Grundton der betreffenden Tonleiter beginnt. Ein Beispiel: Wenn das Lied, das Sie spielen, in C-Dur geschrieben ist und mit einem C-Dur-Akkord beginnt, dann passen alle Einführungen, die ich Ihnen zeige, wunderbar. Falls nicht, benutzen Sie die Hinweise bei jeder Einführung, um den Akkord entsprechend zu modifizieren.

4. **Mit welchem Akkord endet der Song?**

    Wie bei den Intros können Sie auch alle Outros, die ich Ihnen zeige, an das Ende jedes Songs anhängen, wenn dieser Song mit einem Akkord endet, der auf dem Grundton der betreffenden Tonleiter aufgebaut ist (was bei den meisten Songs der Fall ist). Dazu wieder ein Beispiel: Wenn das Lied, das Sie spielen, in C-Dur notiert ist und mit einem C-Dur-Akkord endet, dann werden Sie kein Problem mit diesen Outros haben. Falls nicht, müssen Sie das Outro erst in die entsprechende Tonart transponieren.

KAPITEL 14 Grooves, Intros, Outros, Riffs & Co

 Das Transponieren von Intros und Outros in eine andere Tonart macht viel Arbeit. Wenn Sie gerade erst mit dem Klavierspiel beginnen, dann sollten Sie sich den Gefallen tun und diese Intros/Outros nur bei Songs anwenden, die in C-Dur geschrieben sind. In diesem Buch finden Sie viele solche Stücke.

Der große Auftritt

Wenn der Sänger einen wirkungsvollen Auftritt benötigt, wer spielt dann die Musik dazu? Der Schlagzeuger? Wohl kaum. Es ist der Pianist, der spielt – also *Sie*. Und es sollte möglichst nicht irgendein altes Intro sein, mit dem Sie dem Sänger die Aufwartung machen. Das Publikum neigt dazu, sich zwischen einzelnen Songs zu unterhalten, und so ist es Ihre Aufgabe, die Leute zum Schweigen zu bringen und den Beginn eines neuen Songs anzukündigen. Sie haben mehrere Wahlmöglichkeiten:

✔ Sie spielen die ersten vier Akkorde des Songs. (*Na ja ...*)

✔ Sie spielen eine oder zwei Tonleitern. (*Oh nein!*)

✔ Sie stehen auf und sagen: »Ladies and Gentleman, ich bitte um Ruhe. Jetzt kommt ein Song.« (*Langweilig!*)

✔ Sie spielen ein paar mitreißende Takte, die die Leute wirklich vom Sitz reißen und um eine Zugabe betteln lassen. (*Ja, das ist es!*)

Der Einstieg – »Auf die Plätze, fertig, los!«

 Mit dem Intro, das Sie in Musikbeispiel 54 hören, werden Sie die Aufmerksamkeit des Publikums auf jeden Fall gewinnen. Dieses Intro wurde schon in fast jeder Musikstilrichtung verwendet, von Tanzmusik über Ragtime bis hin zu Stücken aus Musicals. Wenn Sie es gehört haben, werden Sie es nie vergessen. Wenn Sie es gespielt haben, werden Sie von ihm begeistert sein. Spielen Sie die Takte zwischen den Wiederholungszeichen, bis Sie bereit sind, mit der Melodie fortzufahren. (In Kapitel 5 lesen Sie alles über Wiederholungszeichen und was sie bewirken.)

▶ MUSIKBEISPIEL 54

Der rockige Einstieg

 Mit einem rockigen Intro wie dem Musikbeispiel 55, ziehen Sie allen Zuhörern die Schuhe aus. Die Triolen sind zwar ein wenig schwierig, dafür können Sie dieses Intro sowohl schnell als auch langsam spielen. Die langsamere Version passt gut zu einem Blues, während die schnellere sehr gut zu einem flotten Rock'n'Roll passt. (Das Intro enthält Vorschlagsnoten, die Sie ja bereits aus Kapitel 13 kennen.)

▶ Musikbeispiel 55

Das Vorspiel zu einer süßen Ballade

 Wenn eine langsame Ballade eher Ihrem Tempogefühl entspricht, dann ist das Intro in Musikbeispiel 56 genau das Richtige für Sie. Wenn Sie wollen, können Sie das Sechzehntel-Arpeggio am Anfang weglassen. Es ist vielleicht etwas schwierig, aber zweifellos auch sehr gefühlvoll.

▶ Musikbeispiel 56

Ein Intro, um Zeit zu gewinnen

 Manchmal müssen Sie ein Intro immer wieder spielen – vielleicht weil Ihnen die Melodie des Songs entfallen ist, oder weil Sie auf den Sänger warten, der gerade noch telefoniert, seine Frisur überprüft oder sich vor lauter Lampenfieber in seiner Garderobe verschanzt. Egal, ein Vorspiel wie in Musikbeispiel 57 können Sie mehrfach wiederholen, bis es an der Zeit ist, mit dem Song zu beginnen. Spielen Sie die ersten vier Takte immer wieder, bis Sie schließlich bereit sind. Dann können Sie in den fünften Takt gehen und weiterspielen.

▶ MUSIKBEISPIEL 57

Ein Intro für Stammgäste

 Wenn Sie in einer Pianobar spielen, brauchen Sie vielleicht nur ein paar Takte verstimmter Kneipenmusik wie die in Musikbeispiel 58. Beachten Sie, wie wirkungsvoll die Vorschlagsnoten (im ersten Takt) und Tremolos (im zweiten Takt) in diesem Intro sind. (In Kapitel 13 können Sie mehr über Vorschlagsnoten und Tremolos nachlesen.)

▶ MUSIKBEISPIEL 58

Schluss, Aus, Amen

Es ist Zeit für das große Finale. Die Band hält noch den Schlussakkord, der Sänger hat das letzte Wort des Textes gesungen. Und Sie haben nun die Aufgabe, den Vorhang fallen zu lassen. Schnell! Holen Sie sich ein paar von diesen Outros, und Sie können sicher sein, dass das Publikum eine Zugabe verlangt.

»Ich liebte dich, doch du gingst fort« – ein Ausstieg

 Das Outro, aus Musikbeispiel 59 ist ein einfaches, aber sehr wirkungsvolles Nachspiel; vielleicht löst es sogar Tränen aus, wenn Sie es mit dem richtigen Gefühl spielen. Sicher passt es nicht zu einem Rocksong wie »Burning Down the House«, aber eine schöne Ballade wird davon gewiss profitieren.

▶ Musikbeispiel 59

Das »Alle Mann einsteigen«-Outro

 Nach einem Classic-Rocksong kann so etwas wie das »Alle Mann einsteigen«-Outro in Musikbeispiel 60 genau das richtige Flair vermitteln. Die Triolen sollten Sie so sanft wie möglich spielen und deshalb das Tempo ruhig absenken, bis Sie die richtigen Fingersätze herausgefunden haben. Auf alle Fälle müssen Sie beim letzten Akkord richtig reinhauen! (Im Kapitel 4 finden Sie Tipps, wie man die Triolen in diesem Ausstieg spielt.)

▶ Musikbeispiel 60

Auf ein letztes Bier

 Die Triolen im Outro »Auf ein letztes Bier« in Musikbeispiel 61 transportieren eine Stimmung, die am besten zu Blues- oder Jazzstücken passt. Es klingt, als würde man langsam stehenbleiben.

▶ MUSIKBEISPIEL 61

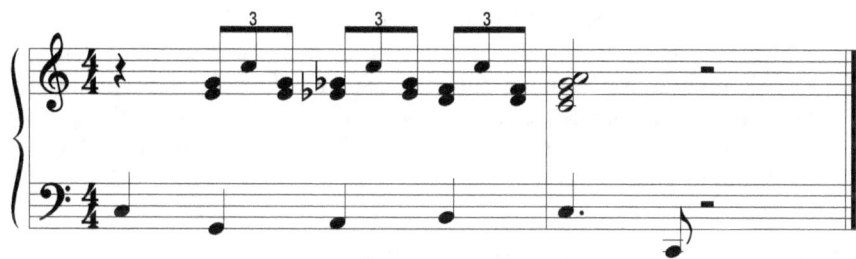

Ein weiterer Ausstieg

 Ein weiterer berühmter Ausstieg, den ich »Rasieren und Haare schneiden«-Ausstieg nenne, finden Sie in Musikbeispiel 62.

▶ MUSIKBEISPIEL 62

Tolle Riffs und Phrasen, mit denen Sie Ihre Freunde beeindrucken können

Riffs und Phrasen sind so etwas wie kleine Liedchen, die zur Begleitung eines größeren Liedes oder ganz für sich allein gespielt werden können. Riffs sind keine eigenständigen Melodien; Pianisten streuen sie gelegentlich als kleine Verzierungen in ein Lied ein oder verwenden sie als Zwischenspiel.

Bei jedem der folgenden Riffs/Phrasen ist es wichtig, das Tempo, die Artikulationen, die Dynamik und die Effekte zu beachten. Auch die einfachsten musikalischen Phrasen wirken auf Zuhörer wesentlich komplexer, wenn Sie all diese Verzierungen hinzufügen. Damit Sie diese Riffs/Phrasen in den Griff bekommen, spielen Sie die linke und rechte Hand zunächst ein paar Mal getrennt, bevor Sie mit beiden Händen zusammenspielen.

»Bernstein wäre stolz gewesen«

Nach einem schönen klassischen Klavierstück spielen Sie eine Phrase wie »Bernstein wäre stolz gewesen«, Musikbeispiel 63 damit sich die Zuhörer bis zum nächsten Stück wieder beruhigen. Wenn das Publikum allerdings für Ihr erstes Stück immer noch Beifall spendet, können Sie getrost dasitzen und stolz lächeln.

▶ MUSIKBEISPIEL 63

»Liebe mich so wie früher«

 Sie sind allein mit Ihrer Freundin und sehen ein Klavier. Jetzt kommt Ihre Chance, Ihre große Liebe durch Ihr professionelles Klavierspiel zu beeindrucken. Spielen Sie die Phrase »Liebe mich so wie früher«, Musikbeispiel 64, und wenn Ihr Mädchen Sie fragt, welches Lied Sie da spielen, sagen Sie: »Ach, das ist mir gerade so eingefallen.«

▶ Musikbeispiel 64

Lieben Sie Boogie?

Wenn Sie die Patterns (Muster) aus Abbildung 14.3 spielen, wird niemand glauben, dass Sie gerade erst angefangen haben, Klavier zu spielen. Sie werden mit der linken Hand gespielt, doch die Triolenakkorde sind für den gesamten Klang ebenso wichtig. Sie können diese Patterns mitten in einen Song einfügen, zwischen zwei Textstrophen – probieren Sie es aus.

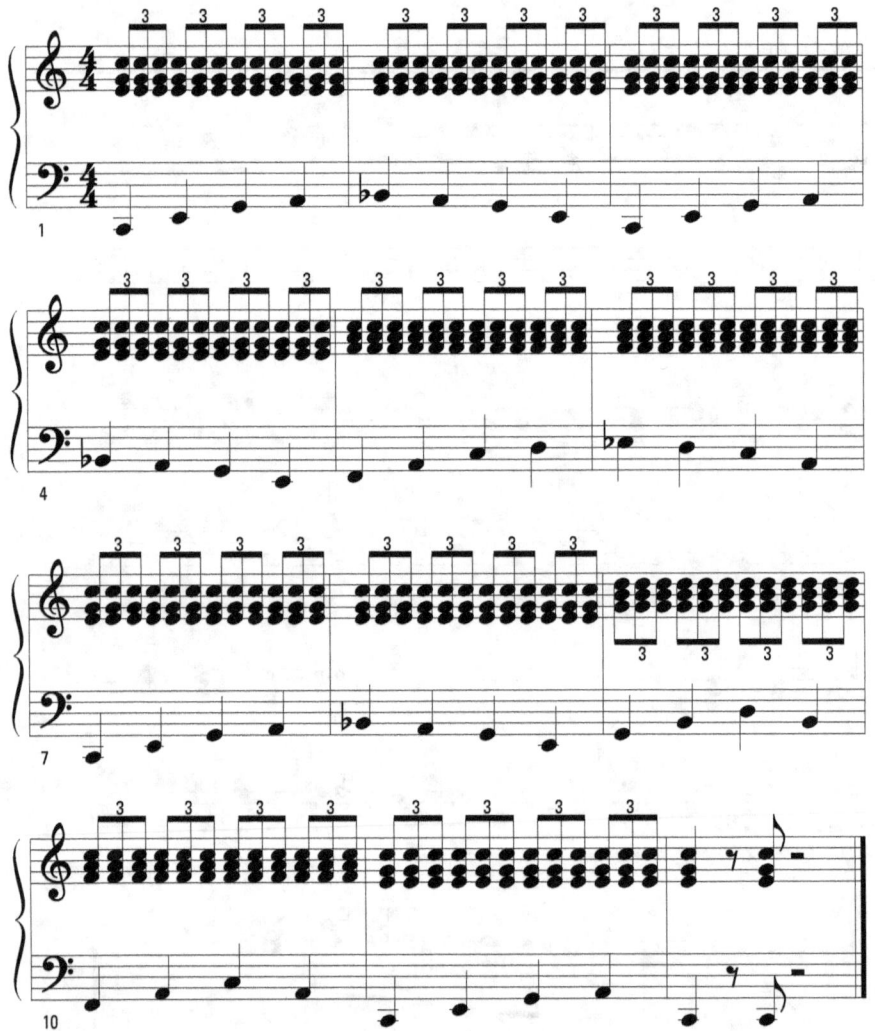

Abbildung 14.3: Der klassische Boogie-Riff

»Hank the Honky-Tonk«

»Hank the Honky-Tonk«, Abbildung 14.4, ist einfach zu spielen und geht noch leichter ins Ohr. Es lässt sich hervorragend als (Bestandteil eines) Solo verwenden. Wenn Sie allein spielen, dann streuen Sie es in einer Pause ein, und tun Sie so, als ob Sie nach den richtigen Tasten suchen würden. Doch egal wie Sie es anstellen: Das Publikum wird begeistert sein.

Abbildung 14.4: »Hank the Honky-Tonk«

»Chopsticks«

»Chopsticks« (zu Deutsch »Essstäbchen«) (Abbildung 14.5) ist nicht besonders eindrucksvoll, aber jeder Pianist sollte wissen, wie man es spielt. Es ist so einfach und wurde unter Pianisten so zum Hit, dass irgendjemand es irgendwann garantiert von Ihnen hören möchte. Tun Sie ihm aber nur den Gefallen, wenn Sie dafür ein fettes Trinkgeld bekommen.

Abbildung 14.5: Essstäbchen als Riff

> **IN DIESEM KAPITEL**
>
> Entwickeln Sie einen eigenen Stil
>
> Finden Sie sich zwischen Rock und Jazz wieder
>
> Kombinieren Sie verschiedene Techniken
>
> Spielen Sie wie Mozart, Jerry Lee Lewis und andere Berühmtheiten

Kapitel 15
Finden Sie zu Ihrem eigenen Stil

Als ich einmal auf Schallplattenjagd war, stieß ich in einem Laden auf fünf verschiedene CDs, die den Klassiker »Stardust« enthielten, jede von einem anderen Interpreten – Willie Nelson, Hoagy Carmichael, Louis Armstrong, Bing Crosby und John Coltrane. Jeder Künstler interpretierte den Song auf seine ganz spezielle Weise, und jede Aufnahme klang völlig anders. Ein Beweis dafür, dass es Hunderte von Möglichkeiten gibt, ein Musikstück zu interpretieren. Jede Interpretation hat ihren eigenen Sound und vermittelt ein ureigenes Gefühl – das nennt man *Stil*.

In diesem Kapitel führe ich Sie in viele verschiedene Stile ein und erkläre, was jeder zu bieten hat. Dann zeige ich Ihnen zu jedem dieser Stile einen bekannten Song zum Nachspielen. Die Stilrichtungen, die Ihnen unter die Haut gegangen sind, sollten Sie auf Ihre Lieblingslieder anwenden. Vielleicht sind Sie ja der erste Interpret, der »Stardust« als Cha-cha-cha aufnimmt.

Edel und wohlklingend: Der klassische Stil

Viele Menschen halten *klassische Musik* für überholt, intellektuell oder langweilig und denken, sie wurde von Menschen mit weißen Perücken geschrieben, die schon lange in ihren Gräbern weilen. Dabei sind der Klang und das Feeling klassischer Musik zeitlos und einzigartig. Auch Sie können darauf zurückgreifen.

Hier eine Liste der musikalischen Werkzeuge, die Sie brauchen, um klassischen Sound in Ihre Musik zu bringen:

✔ **Triller:** siehe Kapitel 13

✔ **Dreiklangsbrechungen:** siehe Kapitel 9 und 14

✔ **Tonleitern:** siehe Kapitel 8

✔ **Oktaven:** siehe Kapitel 10

Eine süße Suite

Abbildung 15.1 ist ein Ausschnitt aus einem klassischen Klavierstück von Mozart, der »Sonate in C-Dur«. Achten Sie auf den Einsatz der Dreiklangsbrechungen mit der linken Hand, und auf die Triller, die ständig von der rechten Hand eingestreut werden. Und wenn Sie die hübsche kleine Melodie beherrschen, was haben Sie dann? Tonleitern.

Abbildung 15.1: Ein Ausschnitt aus Mozarts »Sonate in C-Dur«

Gleichermaßen können Sie »This Old Man« (Abbildung 15.2) wie ein Stück von Mozart klingen lassen. Spielen Sie diesen Song (unter einem etwas »würdigeren« Titel) langsam, leise und so sanft wie möglich. (Vielleicht werden Sie dann sogar zum Hofkomponisten bestellt.)

Abbildung 15.2: Eine kleine Schmachtmusik

Eine schwärmerische Aktion

Nicht immer ist klassische Musik leise und süß. Komponisten wie Franz Liszt und Edvard Grieg schrieben einige sehr dramatische und laute Klavierstücke. Die ersten Takte von Griegs monumentalem *Klavierkonzert* beginnen mit lauten, fallenden Oktaven, wie Sie sie in Abbildung 15.3 sehen. Dieses Stück enthält auch Hinweise zur Dynamik (mehr zu diesem Thema in Kapitel 13).

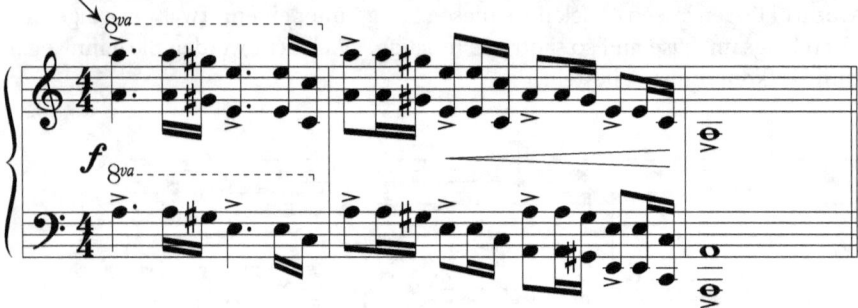

8va bedeutet, dass Sie die Noten in der Klammer um eine Oktave höher spielen sollen.

Abbildung 15.3: Ein Ausschnitt aus Griegs Klavierkonzert

Einen ähnlichen Sound erzielen Sie in dem bekannten Lied »Dixie« (Abbildung 15.4). Bringen Sie beide Hände in die Oktavenposition, und legen Sie los.

Abbildung 15.4: Dixie à la Grieg

Rock around ... auf den Tasten Ihres Klaviers

Springen Sie in Ihre Zeitmaschine und reisen Sie in eine Zeit, als Elvis noch der King war, die Beatles noch keine Solokarrieren anstrebten und Buddy Holly die Mädels zum Kreischen brachte. Der *Rock'n'Roll* brach in den 50er und 60er Jahren in die Musikszene ein und brachte schwingende Hüften und Massen kreischender Groupies mit sich.

Rockige Zutaten

Holen Sie Ihre Trickkiste hervor und suchen Sie nach folgenden musikalischen Zutaten. Mit ihnen bringen sie jeden Song zum Rocken.

- ✔ **Hüpfende Intervalle:** siehe Kapitel 14
- ✔ **Glissandos:** siehe Kapitel 13
- ✔ **Akkorde:** siehe Kapitel 12

Hauen Sie in die Tasten und improvisieren Sie

Jerry Lee Lewis ist gewissermaßen der Erfinder des klassischen Rock-Klaviersounds. Für diesen Stil brauchen Sie nur ein Glissando als Einstieg, schnelle Akkorde und jede Menge Energie. Vielleicht sollten Sie den Abschnitt »Hüpfende Intervalle« in Kapitel 14 noch einmal lesen. Abbildung 15.5 bietet ein gutes Beispiel für diesen flotten Stil mit den hämmernden Akkorden.

Abbildung 15.5: Shake, Rattle und Rock

Verleihen Sie dem bekannten Lied »Jerry Had a Little Lamb« ein rockiges Flair (Abbildung 15.6). Wenn Sie es mit Hingabe und laut genug spielen, wäre sogar Jerry Lee Lewis stolz auf Sie. Beachten Sie das Glissando, mit dem dieses Stück endet – ein solches Finale wird allen den Atem stocken lassen.

Abbildung 15.6: Jerry Had a Little Lamb

Blues – nicht nur für die tristen Stunden

Der *Blues* ist ein ganz eigener Musikstil. Er hat sogar seine eigene Tonleiter (das können Sie in Kapitel 8 nachlesen). In diesem Abschnitt werden wir keinen anderen Song gewaltsam zum Blues umgestalten. Stattdessen führe ich Sie einen Schritt weiter – ich zeige Ihnen von Anfang an, wie Sie Ihren *eigenen* Blues spielen können. Und der ist immer noch der ehrlichste.

Sie können schnellen Blues, langsamen Blues, fröhlichen Blues und traurigen Blues spielen. Ganz gleich, ob Ihnen Ihr Hund weggelaufen ist oder Ihr Chef Sie ungerecht behandelt hat, den Blues zu spielen ist so einfach, wie von 1 bis 12 zu zählen.

Zwei Schlüssel zum Blues

Die beiden wichtigsten Elemente im Blues sind Form und Rhythmus. Wenn Sie die beherrschen, fügen Sie ein paar musikalische Elemente hinzu, beispielsweise Vorschlagsnoten und Moll-Akkorde, und schon können Sie den Blues singen:

- ✔ **Zwölftaktige Form:** siehe nächster Abschnitt, »12 Takte sind's«
- ✔ **Shuffle-Rhythmus:** siehe Kapitel 6
- ✔ **Dur- und Moll-Akkorde:** siehe Kapitel 12
- ✔ **Vorschlagsnoten:** siehe Kapitel 13
- ✔ **Eine traurige Geschichte:** Wer erlebt die nicht ab und zu?

12 Takte sind's

Der Blues verwendet meist eine weitverbreitete Form, die man bezeichnenderweise *Zwölf-Takt-Schema* (auch »Blues-Schema«) nennt, weil jeder Durchgang zwölf Takte lang ist. Die gleiche Sequenz aus zwölf Takten wird immer wieder gespielt, normalerweise mit unterschiedlichem Text und vielleicht auch mit leicht unterschiedlicher Melodie, und wenn man es gut macht, geht sie den Zuhörern so richtig unter die Haut.

Was von einem Zwölf-Takt-Durchgang zum nächsten meist unverändert bleibt, sind die Akkorde. Normalerweise handelt es sich dabei um folgende:

- ✔ Akkorde mit der ersten Note der Tonleiter als Grundton, genannt I-Akkord.
- ✔ Akkorde mit der vierten Note der Tonleiter als Grundton, IV-Akkord.
- ✔ Akkorde mit der fünften Note der Tonleiter als Grundton, V-Akkord.

Diese Akkorde tauchen in der gleichen Reihenfolge und in der gleichen Anzahl von Takten immer wieder auf, wenn die Zwölf-Takt-Form wiederholt wird.

Folgen Sie diesen einfachen Anweisungen; spielen sie mit einer oder mit beiden Händen Ihren ganz persönlichen Blues. Wenn Sie die Reihenfolge der Akkorde im Gedächtnis haben, können Sie versuchen, diese Akkorde mit der linken Hand zu spielen, während Ihre rechte Hand eine einfache Melodie, einen Riff oder eine Bluestonleiter spielt:

1. Spielen Sie 4 Takte lang einen I-Akkord.
2. Spielen Sie 2 Takte lang einen IV-Akkord.
3. Spielen Sie 2 Takte lang einen I-Akkord.
4. Spielen Sie 1 Takt lang einen V-Akkord.
5. Spielen Sie 1 Takt lang einen VI-Akkord.
6. Spielen Sie 2 Takte lang einen I-Akkord.

7. Wiederholen Sie die Schritte 1 bis 6 so lange Sie wollen.

Abbildung 15.7 zeigt Ihnen ein Beispiel für einen Zwölf-Takt-Blues, in dem ausschließlich Akkorde gespielt werden. Aber auch wenn es »nur« Akkorde sind, sollten Sie trotzdem versuchen, sie mit Überzeugung zu spielen und dabei in Gedanken immer bei Ihrer traurigen Geschichte bleiben – die untreue Geliebte, die bevorstehende Trennung, die verschüttete Milch.

Abbildung 15.7: Der Zwölf-Takt-Blues

Ein wenig Abwechslung

Alle Bluespianisten wissen, dass es ziemlich eintönig wirkt, wenn man immer die gleichen Akkorde spielt; deshalb variieren sie die Akkorde innerhalb der Zwölf-Takt-Form. Tun Sie das auch. Versuchen Sie zum Beispiel im zweiten Takt einen IV-Akkord zu spielen, und zum Schluss einen V-Septimenakkord statt eines V-Akkords (siehe Abbildung 15.8).

Abbildung 15.8: Wir überarbeiten den Zwölf-Takt-Blues.

Moll-Akkorde vermitteln einen traurigen Klang und verstärken das Gefühl von Trostlosigkeit. Versuchen Sie sich an der Bluesakkordsequenz in Abbildung 15.9, doch spielen Sie diesmal alle Akkorde in Moll, um das richtige Feeling zu transportieren. Denken Sie daran: Der Dur- und der Moll-Akkord unterscheiden sich nur in der Terz. (Lesen Sie noch einmal in Kapitel 12 nach – dort erfahren Sie alles über Dur- und Moll-Akkorde, was Sie wissen müssen.)

Abbildung 15.9: Von Dur nach Moll im Blues

Ein paar Akkorde Country Music

Bevor es den Rock'n'Roll gab, gab es *Country Music*. Dieser Musikstil hört sich oft ganz relaxt, lyrisch, einfach und urwüchsig an. Allerdings kann diese Musik auch rocken und rollen. Interpreten wie Garth Brooks, Shania Twain und andere mischen alle Arten musikalischer Einflüsse in ihre Country Music, auch Elemente des Rock, des Blues und sogar des Jazz. Doch lassen wir einmal diese Einflüsse beiseite, denn die Leute in Nashville nennen es immer noch Country Music.

Ein Kochrezept nach Country-Art

Um Ihr musikalisches Menü mit etwas Country-Flair anzureichern, fügen Sie die folgenden (stilistischen) Gewürze hinzu:

✔ **Intervalle:** siehe Kapitel 10

✔ **Vorschläge:** siehe Kapitel 13

✔ **Tremolos:** siehe Kapitel 13

✔ **Gezupfte Akkorde:** siehe Kapitel 14

Country-Intervalle

Abbildung 15.10 zeigt Ihnen ein nettes, entspannt klingendes Stück Musik im Country-Stil. Die Intervalle der rechten Hand sind einzigartig, weil die Melodienoten immer unten sind, während die oberen Noten gleich bleiben. Dazu werden Vorschlagsnoten und Tremolos eingestreut und verleihen diesen Tönen ein Feeling wie in einem richtigen Saloon.

Die Begleitung für die linke Hand ist eine echte Herausforderung, deshalb üben Sie besser jede Hand getrennt, bis Sie sicher sind, dass Sie beide Hände zusammen spielen können.

Abbildung 15.10: Die gute alte Country Music

Verleihen Sie dem bekannten Klassiker »Michael Row the Boat Ashore« (Abbildung 15.11) einen unverwechselbaren Country-Sound, wie im vorangehenden Beispiel. Jede Menge Vorschlagsnoten und Tremolos, begleitet durch die Akkorde für die linke Hand, und es hört sich an, als ob Michael nicht mehr rudert, sondern galoppiert.

Wenn Sie ein elektronisches Keyboard haben, versuchen Sie, einen Sound zu finden, der einem leicht verstimmten Klavier ähnelt. Spielen Sie »Michael« dann noch einmal, und Sie hören, wie Honky-Tonk-artig das klingt. Wenn Sie auf einem Klavier spielen, das zufällig nicht richtig gestimmt ist, dann lassen Sie es in diesem Fall ausnahmsweise mal so.

Abbildung 15.11: Michael, Ride Your Horse Ashore

Pop auf dem Piano

Zweifellos ist jedes Lied im Radio auch ein populäres Lied, weil nur wenige Radiostationen Lieder spielen, die der Durchschnittshörer nicht mag. Country, Rock, Rap, Latin, Punk, Techno und so weiter – alle haben sie ihr Publikum. Doch die meisten Leute identifizieren den Begriff *Pop* (Kurzfassung von »popular music«, also bekannte, gern gehörte Musik) mit der Kategorie der Top-40-Songs und Superballaden von Interpreten wie Mariah Carey, Céline Dion, Elton John, Sting und vielen anderen.

Popmusik kann rhythmisch, romantisch, nostalgisch, funky oder traurig sein. In diesem Abschnitt konzentrieren wir uns jedoch nur auf eine Stilrichtung des Pop: auf die sanfte, langsame, sentimentale Popballade. Damit Sie genau wissen, wovon ich rede, denken Sie an Elton Johns »Can You Feel the Love Tonight?« oder Josh Grobans »You Raise Me Up«.

Beliebte Griffe

Um diese Art von Popmusik spielen zu können, benötigen Sie nur einen kleinen Vorrat an musikalischen Verzierungen, zu denen auch die folgenden gehören:

- **Intervalle für die rechte Hand:** siehe Kapitel 10
- **Punktierte Viertelnoten:** siehe Kapitel 6
- **Einen Lichtschalter mit Dimmer:** Das ist wichtig, um die richtige Stimmung zu erzeugen.

An der Spitze der Charts

Um einem Lied ein wenig Popromantik zu verleihen, nehmen Sie eine einfache Melodie und spielen zu jeder Melodienote der rechten Hand die so süß klingende Sexte. (Kapitel 10 klärt Sie über Intervalle auf.) Wichtig dabei: Sie müssen die Sexten *unterhalb* der Melodienoten spielen, sonst klingt das Ganze nach einem völlig anderen Song. Sie wissen ja, wenn Sie mehrere Töne zusammen spielen, ist stets der höchste Ton die Melodienote. Die neue Melodiezeile sollte in etwa aussehen wie die in Abbildung 15.12. Aus irgendeinem Grund bringt die Sexte eine gewisse Romantik in eine Melodie ... doch das wissen die Verliebten wohl besser als die Musikwissenschaftler.

Abbildung 15.12: Romantik nach Noten

 Der folgende Trick mag zwar schwierig aussehen, ist es aber keinesfalls. Sie müssen nur die Sexte unterhalb der ersten Melodienote finden und Ihre Hand in dieser Position lassen. Ihr kleiner Finger spielt immer die obere Note und der Daumen die untere Note des Intervalls. Wenn Sie die Melodie spielen, werden Ihre Finger auf diese Weise immer das richtige Intervall treffen.

 Testen Sie diesen neuen harmonischen Trick mit dem Lied »Go Tell Aunty Rhody You Love Her« (Abbildung 15.13) und machen Sie daraus eine Ballade im Popstil. Übrigens: Jetzt ist es an der Zeit, den Dimmer zu benutzen, den ich anfangs empfohlen habe.

Abbildung 15.13: Go Tell Aunty Rhody You Love Her

Auf der Suche nach der Seele

Soul kann alles sein, angefangen bei *R&B* (eine fesche Abkürzung für Rhythm and Blues) bis hin zu *Gospel* und *Rap*. Der Soul wurde durch Interpreten wie Stevie Wonder, Aretha Franklin und Otis Redding bekannt. Diese Musik eignet sich hervorragend zum Tanzen – und für tolle Songs am Klavier.

Tanzmusik verlangt nach Rhythmus, deshalb sollten Sie die folgenden rhythmischen Techniken gut drauf haben, bevor Sie in die Tasten greifen:

✔ **Punktierte Achtel-Sechzehntel-Muster:** siehe Kapitel 6

✔ **Intervalle für die rechte Hand:** siehe Kapitel 10

✔ **Synkopen:** Schauen Sie noch einmal in Kapitel 6 nach.

Der Motown-Sound

In den 60er-Jahren hatte die Plattenfirma Motown Records eine Reihe von Künstlern unter Vertrag, die auf den R&B-Sound spezialisiert waren. Diese Interpreten waren so beliebt, dass ihr Stil als *Motown-Sound* bekannt wurde. Aber glauben Sie nicht, dass die Motown-Ära jetzt für immer vorbei ist. Diesen unverkennbaren Sound können Sie jedem Ihrer Lieblingssongs verleihen.

Folgen Sie Abbildung 15.14 und spielen Sie Synkopen mit der linken Hand. Schon bald werden Sie glauben, Sie hörten The Temptations und ihr »Doo-Wop, Doo-Wop«.

Abbildung 15.14: Der Motown-Sound

240 TEIL V Technik ist alles

 Sie können »Home on the Range« (Musikbeispiel 65) wie einen Motown-Hit klingen lassen, wenn Sie ein ähnliches Begleitmuster der Linken zur Melodie spielen. Allerdings möchte ich Ihnen raten, sich diesen Song langsam zu erarbeiten und jede Hand getrennt zu üben.

▶ MUSIKBEISPIEL 65

Make it funky

 Soul und R&B enthalten oft Elemente des *Funk* – Sie wissen schon, James Brown, George Clinton und so weiter. Deutliche Synkopen in Verbindung mit punktierten Achtel-Sechzehntel-Rhythmusmustern sorgen für das funky Feeling in diesem Sound. Spielen Sie Abbildung 15.15 mit Hingabe.

Abbildung 15.15: Hier kommt der Funk.

Behalten Sie die Synkopen bei und fügen Sie sie einem beliebten Lied wie »For He's a Jolly Good Fellow« bei (Abbildung 15.16). Noch nie hörte sich ein Trinklied so funky an.

Abbildung 15.16: For He's a Funky Good Fellow

All that Jazz

Wenn es eine Musikrichtung gibt, die außergewöhnliche Akkorde enthält, dann auf jeden Fall der *Jazz*. Viele feiern den Jazz als Amerikas wichtigste Kunstform. Auf alle Fälle ist er der König der interessanten Akkordharmonien, der wechselnden Rhythmen und der Improvisation. Legendäre Jazzpianisten wie Bill Evans, Art Tatum, Bud Powell und viele andere nahmen diese Elemente und brachten sie in klassische Stücke ein, um diese ein wenig jazziger klingen zu lassen. Wenn Sie diesen Abschnitt gelesen haben, dann können Sie das auch.

Jetzt sind Sie an der Reihe

Es ist an der Zeit, kreativ zu werden. Improvisation ist vielleicht das wichtigste Element im Jazz. Das kann *echte Improvisation* sein, bei der Sie, der Interpret, Ihre eigenen Rhythmen und Phrasen gestalten, es kann aber auch eine *indirekte Improvisation* sein, bei der die Musik so geschrieben wurde, dass sie klingt, als würde sie improvisiert.

Die einfachste Möglichkeit zu improvisieren ist es, den Rhythmus zu verändern. Nehmen wir eine Melodie, die ausschließlich aus Viertelnoten besteht, wie beispielsweise den »Yankee Doodle« (Musikbeispiel 66), und verändern wir den Rhythmus in jedem zweiten Takt. Sie können hören, dass die Melodie tatsächlich gleich bleibt, durch die kleinen Verschiebungen im Beat jedoch ihre ganz persönliche Note entwickelt.

► MUSIKBEISPIEL 66

Yankee Doodle Went to a Jazz Club

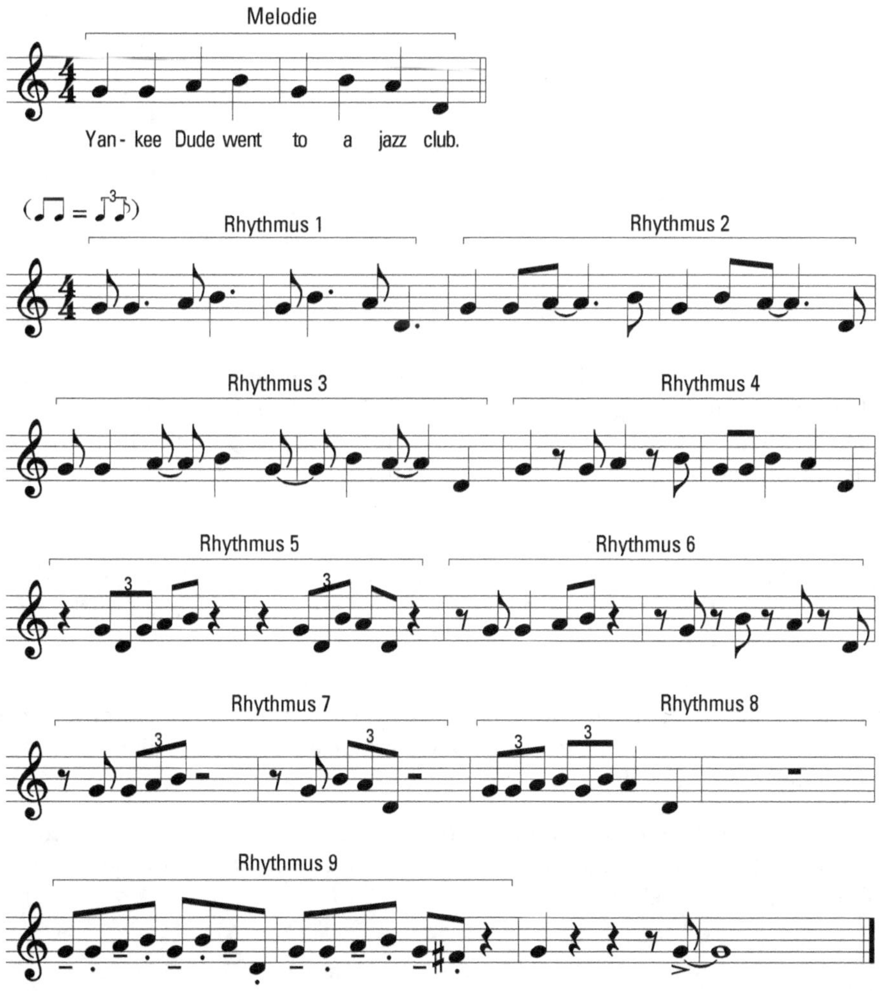

Wo bitte geht's zum Jazz?

Alle legendären Jazzpianisten griffen ab und zu auf erprobte musikalische Tricks zurück, um ihre Musik ein wenig zu entstauben. Diese Tricks sollten Sie sich abgucken:

- ✔ **Ersetzungen für Akkorde:** siehe »Akkorde ersetzen« am Ende dieses Kapitels
- ✔ **Swing-Rhythmus:** siehe Kapitel 6
- ✔ **Synkopen:** siehe Kapitel 6
- ✔ **Kenntnis der Tonleitern:** siehe Kapitel 8
- ✔ **Kenntnis der Akkorde:** siehe Kapitel 12

Akkorde ersetzen

Abbildung 15.17 zeigt das bekannte Seemannslied »Merrily We Roll Along«. Wenn Sie es spielen, fällt Ihnen die einfache Akkordfolge auf.

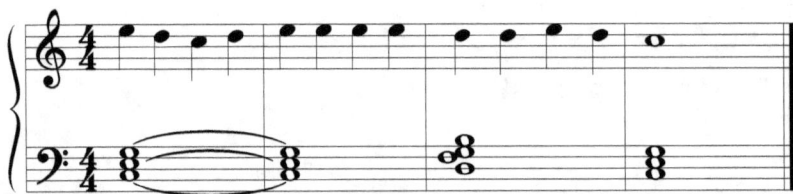

Abbildung 15.17: »Merrily We Roll Along«

Nur wenige Jazzkompositionen benutzen die Standard-Dur- und Moll-Akkorde ständig. Tatsächlich spielen nur wenige Jazzpianisten die Originalakkorde, die für einen Song geschrieben wurden. Stattdessen brechen sie die Regeln und ersetzen die alten durch neue Akkorde, um eine ansonsten einfache Melodie lebhafter zu machen.

 Sogar »Merrily We Roll Along« klingt nicht mehr so schlicht, wenn man Akkord-Ersetzungen vornimmt. Der Gedanke, der dahintersteht, ist, interessantere Akkordreihen zu finden als von der Terz zur Quinte und wieder zurück. Hier ein paar Möglichkeiten, die Sie ausprobieren sollten:

- ✔ **Benutzen Sie die Töne der Dur-Tonleitern als Grundtöne Ihrer Akkorde:** Gehen Sie die Tonleiter von C aus hoch, und bilden Sie auf jeder Note Dreiklänge, wie es in Abbildung 15.18 zu sehen ist.
- ✔ **Benutzen Sie schwarze und weiße Tasten als neue Grundtöne:** Gehen Sie in Halbtonschritten nach oben, bilden Sie zu jedem neuen Grundton Dreiklänge, wie es in Abbildung 15.19 zu sehen ist.

Abbildung 15.18: »Merrily We Roll Along« 1

Abbildung 15.19: »Merrily We Roll Along« 2

Abbildung 15.20: »Merrily We Roll Along« 3

✔ **Gehen Sie in Quartschritten nach oben**, wie Sie es in Abbildung 15.20 sehen.

✔ **Engagieren Sie einen Saxophonisten, der mit Ihnen spielt:** Das hört sich immer ziemlich jazzig an.

 Oder machen Sie es wie die meisten Profis: Hören Sie sich die Melodie an und denken Sie sich dazu eigene Akkorde aus.

Teil VI
So viel Spielzeug und so wenig Zeit

> **IN DIESEM TEIL ...**
>
> ... erfahren Sie alles über diese coolen musikalischen Spielzeuge mit Tasten – was sie können, wo man sie findet und wie man sie pflegt und möglichst lange am Leben erhält.
>
> Sie erhalten Tipps, wie man ein Keyboard kauft, wie man im Geschäft die richtigen Fragen stellt und wie man es vermeidet, einen Fehlkauf zu tätigen. Sie erhalten die Adressen vieler Hersteller, die Sie miteinander vergleichen können. Was Sie brauchen, ist nur noch eine offene Geisteshaltung und eine Brieftasche mit etwas Spielraum. Den Rest erledigt der freundliche Verkäufer für Sie.

IN DIESEM KAPITEL

Wählen Sie zwischen einem akustischen und einem elektronischen Tasteninstrument

Schauen Sie sich ein wenig auf dem Markt um

Stellen Sie vor dem Kauf die richtigen Fragen

Rüsten Sie Ihr Keyboard auf

Kapitel 16
So finden Sie das perfekte Tasteninstrument

In diesem Kapitel erhalten Sie wichtige Tipps, wie Sie ein Keyboard kaufen oder mieten können, das zu Ihnen passt. Das Keyboard, das Sie auswählen, sollte genau Ihrer Wunschvorstellung entsprechen. (Sie erinnern sich? Wenn ich »Keyboard« sage, meine ich jedes Tasteninstrument, ob akustisch oder elektronisch – das englische Wort *keyboard* setzt sich schließlich zusammen aus *key* = Taste und *board* = Brett.)

Mit oder ohne Summen: Elektronisch oder akustisch?

Zunächst einmal müssen Sie sich entscheiden, ob Sie ein akustisches oder ein elektronisches Instrument wollen. (In Kapitel 1 habe ich diese beiden Arten von Keyboards schon vorgestellt.)

Aber werfen Sie keine Münze, sondern suchen Sie sich die Art Ihres Keyboards sehr bewusst aus – mindestens so bewusst, als wählten Sie für Ihre Klimaanlage im Auto Zitronen- oder Piña-Colada-Geruch. (Schließlich fahren Sie ja damit eine ganze Zeit lang, da sollte es auch gut riechen.) Erstellen Sie sich eine Liste der Vorteile und Nachteile, die Ihnen bei der Entscheidung helfen kann, welche Art von Keyboard für Sie die geeignetste ist.

In den folgenden beiden Abschnitten will ich Ihnen mit einer kleinen Liste von Vor- und Nachteilen sowohl akustischer als auch elektronischer Keyboards behilflich sein. Aber bitte personalisieren Sie die Listen und fügen Sie Ihre eigenen Wahrnehmungen, Überlegungen und Bedenken hinzu. Es ist schließlich *Ihr* Keyboard. Ob Sie kaufen oder mieten, hängt von den Vor- und Nachteilen ab, die dabei entstehen.

Wenn Sie ein akustisches Keyboard kaufen wollen

Pianos, Cembalos und Kirchenorgeln sind *akustische* Keyboards. (In Kapitel 1 erhalten Sie weitere Informationen über die Unterschiede zwischen akustischen und elektronischen Keyboards.)

Auch das Spinett, das Clavichord und das Harmonium zählen zu den akustischen Keyboards. Für diese seltenen Instrumente brauchen Sie sich allerdings keine Liste von Vor- und Nachteilen zu erstellen. Wenn Sie eines finden (und das dürfte schwer genug sein) – toll! Kaufen Sie es einfach.

Vorteile

Die folgenden Punkte halte ich für entscheidend beim Kauf eines akustischen Keyboards:

- ✔ **Klangqualität:** Ganz gleich, wie gut ein Synthesizer ist, im Klang wird er nie an einen Flügel heranreichen (nicht einmal an ein normales Klavier).
- ✔ **Wert:** Ob Sie es glauben oder nicht, es gibt akustische Keyboards, die im Laufe der Jahre an Wert gewinnen, sofern sie gut gepflegt werden. Vielleicht sollten Sie Ihr akustisches Keyboard als Geldanlage betrachten.
- ✔ **Aussehen:** Es gibt nichts Schöneres als an einem akustischen Keyboard zu sitzen und zu spielen. Es fühlt sich großartig an, es sieht großartig aus und man kann sich vorstellen, auf einer Konzertbühne vor Tausenden von Zuhörern zu spielen.

Nachteile

Auch die Nachteile eines akustischen Pianos will ich Ihnen nicht verschweigen:

- ✔ **Kosten:** Neue akustische Keyboards sind wesentlich teurer als neue elektronische Keyboards.
- ✔ **Größe:** Überlegen Sie einmal, wie eine Kirchenorgel im Wohnzimmer neben dem Kamin aussehen würde. Und für den Fall, dass Sie umziehen, was dann? Sie müssen eine Spedition beauftragen (und bezahlen), wenn Sie mit einem Klavier, einem Cembalo oder sogar einer Kirchenorgel umziehen möchten.
- ✔ **Laufende Kosten:** Das jährliche Stimmen des Instruments kostet etwa 120 bis 180 Euro. Das ist nicht billig, jedoch notwendig.

Der richtige Zeitpunkt für den Kauf

 Bevor Sie in ein Musikgeschäft gehen, beantworten Sie die folgenden Fragen so ehrlich wie nur möglich:

1. Wie viel können Sie ausgeben?

    a. Nichts

    b. Weniger als 1.000 Euro

    c. 1.000 bis 5.000 Euro

    d. Mehr als 10.000 Euro

2. Wo wohnen Sie?

    a. Zu Hause bei den Eltern

    b. Im Studentenwohnheim oder einem kleinen Apartment

    c. In einem Haus

    d. In einem Schloss

3. Wie viel Platz haben Sie?

    a. Keinen

    b. Platz für einen kleinen Klapphocker

    c. Platz für eine zusätzliche Couch

    d. Genügend Platz, dass die Chicago Bulls hier übernachten könnten

4. Wie lange spielen Sie schon Klavier?

    a. Einen Tag

    b. Weniger als ein Jahr

    c. Ein bis fünf Jahre

    d. Mehr als fünf Jahre

Wenn Sie die meisten Fragen mit a) oder b) beantwortet haben, dann sollten Sie sich überlegen, Ihr Geld noch ein wenig aufzusparen und so lange auf Omas altem Klavier zu spielen. Oder Sie fragen in Ihrer Musikhandlung, ob es die Möglichkeit gibt, ein Keyboard zu mieten. Wenn allerdings die Antworten c) und d) bei Ihnen überwiegend zutreffen, dann ziehen Sie Ihr Scheckbuch oder Ihre Kreditkarte hervor und fangen am besten gleich an, sich nach einem Trauminstrument umzusehen.

Wenn Sie ein elektronisches Keyboard kaufen wollen

 Man kann elektronische Keyboards auch mieten, das gilt aber nicht für alle. Synthesizer und Sampler gibt es normalerweise nur zu kaufen, doch manchmal findet man gut erhaltene gebrauchte Instrumente. Andererseits gibt es viele Musikgeschäfte, bei denen man größere elektronische Klaviere oder Orgeln mieten kann.

Nun folgt eine ziemlich unparteiische Liste von Gründen, die für beziehungsweise gegen den Kauf eines Synthesizers, eines Samplers, eines elektronischen Klaviers (E-Pianos) oder einer elektronischen Orgel sprechen.

Vorteile

- ✔ **Kosten:** Wenn Sie nicht gerade ein absolutes High-Tech-Gerät von Synthesizer oder E-Piano im Sinn haben, sind die meisten elektronischen Instrumente erschwinglich und deutlich günstiger als akustische.

- ✔ **Größe:** Ich möchte wetten, Sie finden einen kleinen Ort für Ihr elektronisches Keyboard. Außerdem können Sie es selbst transportieren, sollte sich die Notwendigkeit ergeben – zum Beispiel, wenn Sie mit Ihrer Band *The Dummies* auf Tournee gehen.

- ✔ **Vielseitigkeit:** Die meisten elektronischen Keyboards haben viele verschiedene Klänge, sodass Sie als Alleinunterhalter (*The One and Only Dummy*) oder an der Kirchenorgel spielen können, ohne die monströse akustische Version kaufen zu müssen.

- ✔ **Pflege:** Elektronische Keyboards müssen nicht gestimmt werden – man muss nur den Stecker in die Steckdose stecken und kann spielen. Allerdings sollten Sie Ihr elektronisches Keyboard mindestens einmal im Monat abstauben, aber das kostet ja nichts.

- ✔ **Kopfhörer:** Wenn Sie streitsüchtige Nachbarn oder schlafende kleine Geschwister haben, dann ist es für Sie wichtig, dass Sie ein elektronisches Keyboard jederzeit mit Kopfhörer spielen können. Sie stellen einfach den Ton ab, hören sich nur noch selbst und können bis spät in die Nacht hinein üben.

Nachteile

Ja, sogar elektronische Keyboards haben ein paar negative Seiten wie die folgenden, über die Sie nachdenken sollten, bevor Sie eines kaufen:

- ✔ **Kleine und größere Pannen:** Knöpfe und Regler können brechen, elektrische Leitungen können einen Kurzschluss haben und viele andere Dinge können irgendwann schieflaufen. Wegen der komplizierten Technik der meisten elektronischen Keyboards läuft mit ihnen wesentlich häufiger etwas schief als mit einem durchschnittlichen akustischen Keyboard.

- ✔ **Stromquelle:** Wenn Sie auf Ihrem elektronischen Keyboard spielen wollen, dann brauchen Sie Strom aus der Steckdose.

✔ **Tonqualität:** Manche Sounds sind fast überirdisch schön. Manche jedoch klingen so, als ob ein elektronisches Keyboard versucht, ein akustisches Instrument nachzuahmen (was ja schließlich auch der Fall ist).

✔ **Lautstärkemodulation:** Es gibt Tasteninstrumente, die keine *Anschlagsdynamik* haben, das ist allerdings selten geworden. Das heißt: Ganz gleich, ob Sie eine Taste hart oder sanft anschlagen, Sie hören immer die gleiche Lautstärke. Nur der Lautstärkeregler kann bei einigen Modellen die Lautstärke modifizieren. Ein Instrument mit Anschlagsdynamik und / oder (halb) gewichteter Tastatur ist umso empfehlenswerter, je mehr es Ihnen darum geht, sich über Ihr Piano gefühlsmäßig auszudrücken.

✔ **Veralten:** Wie die meisten elektronischen Geräte und Computer sind die Keyboards von heute wahrscheinlich nicht mehr auf dem Stand der Technik von morgen. Auch Sie werden immer wieder durch Neukauf oder Aufrüstung versuchen, up to date zu bleiben. Nur sehr wenige Synthesizer bleiben ewig modern.

✔ **Abhängigkeit:** Wenn Sie ein elektronisches Keyboard kaufen, dann werden Sie bald ein weiteres und noch ein weiteres und noch eins haben wollen. Unter den Fans elektronischer Keyboards gilt der Leitspruch: »Ich brauche mehr Stoff!«

So suchen Sie das perfekte Klavier aus

Wenn Sie sich für ein akustisches Klavier entschieden haben, dann soll Ihnen dieser Abschnitt behilflich sein, das richtige Modell auszuwählen. Ich verrate Ihnen sogar einige meiner persönlichen Favoriten, doch im Grunde eignet sich jedes der genannten Klaviere für den Anfänger.

Denken Sie an den Standort des Instruments

Die meisten älteren Klaviere wurden für ganz bestimmte klimatische Bedingungen gebaut. So pflegte man zum Beispiel das verwendete Holz mit Blick auf den späteren Standort des Klaviers unterschiedlich lange zu trocknen. In Japan ist das Klima weitaus feuchter als in den meisten Gegenden der USA. Daher wurde das Holz von Klavieren für den japanischen Markt länger getrocknet als das Holz von Instrumenten, die in Amerika oder Europa verkauft wurden. Wenn Sie in Amerika oder Europa wohnen und ein für den japanischen Markt produziertes Klavier erwerben, könnten Sie sich mit dem Problem konfrontiert sehen, dass das Holz des Klaviers austrocknet.

Warum ist der Trockenheitsgrad von so großer Bedeutung? Das vielleicht wichtigste Teil des Klaviers ist sein *Resonanzboden* – das ist die dicke und schwere Holzplatte hinter den Saiten. Wenn der Resonanzboden jemals einen Riss bekommt oder bricht ... nun, wollen Sie es vielleicht mal mit einer Gitarre probieren?

Nehmen wir mal an, Sie haben ein älteres Klavier gekauft, das ursprünglich für japanische Kunden gedacht war. Die Wahrscheinlichkeit ist sehr groß, dass das verarbeitete Holz zu trocken ist, um einen heißen Sommer an der Badischen Weinstraße schadlos zu überstehen.

Vielleicht nicht gleich im ersten oder zweiten Jahr, aber irgendwann kracht es. Und der schöne Resonanzboden ist dahin, ebenso wie das Geld, das Sie investiert haben.

Wenn Sie ein nagelneues Klavier kaufen, ist die Klimafrage nicht mehr von entscheidender Bedeutung. Heute wird auch beim Klavierbau global gedacht. Es schadet aber nicht, das Thema bei Ihrem Musikalienhändler anzusprechen. Sie zeigen damit immerhin, dass Sie sich intensiv mit der Materie beschäftigt haben.

So finden Sie die besten Stücke (und vermeiden Ramsch)

Wenn Sie sich umschauen und auf ein Klavier zu einem lächerlich geringen Preis stoßen – weit geringer als der Preis, den das Instrument sonst überall kostet –, dann ist es entweder gebraucht, kaputt oder das Schnäppchen Ihres Lebens.

Wenn es gut erhalten ist, dann ist gegen ein gebrauchtes Klavier nichts einzuwenden. Allerdings sollten Sie einen Fachmann zu Rate ziehen, der es prüft und nachsieht, ob der Klangkörper in gutem Zustand ist und ob es sich noch richtig stimmen lässt. Ein paar Kratzer an der Außenseite? Ein paar Stellen, an denen die Sonne den Lack gebleicht hat? Nun, was erwarten Sie schon, wenn Sie das Klavier zum halben Preis bekommen? Das Aussehen beeinflusst keinesfalls die Tonqualität, und so müssen Sie die äußere Schönheit Ihres Klaviers selbst bewerten. Kleine Narben – das gilt für Klaviere ebenso wie für menschliche Gesichter – sind ja auch ein Stück Geschichte.

Vorführinstrumente sind eine weitere gute Gelegenheit. Musikgeschäfte leihen Klaviere oder Flügel oft an Hochschulen oder Konzerthallen aus, wenn Studenten darauf spielen, Wettbewerbe veranstaltet werden oder Künstler ein Gastspiel geben. Auch wenn ein Piano nur ein einziges Mal benutzt wurde, kann es nicht mehr als neu verkauft werden. Natürlich hat das Instrument keinen Kilometerzähler, es lässt sich also schwer feststellen, ob es nicht doch schon einmal benutzt wurde – aber in diesem Punkt sind die meisten Händler sehr ehrlich.

Wenn Sie eins gehört haben, haben Sie noch lange nicht alle gehört

Sie möchten also ein Klavier eines bestimmten Herstellers kaufen. So einfach ist das, glauben Sie? Denken Sie noch einmal in Ruhe nach. Nicht nur die Instrumente verschiedener Hersteller unterscheiden sich im Klang, auch Klaviere *derselben Marke* können sehr unterschiedlich klingen. Deswegen sollten, ja müssen Sie *unbedingt* in den Laden gehen und auf jedem Klavier spielen, das für Sie infrage kommt. Schlagen Sie jede einzelne Taste an und spielen Sie in allen nur möglichen Lautstärken.

Sie glauben, ich übertreibe? Ich habe auf vielen Klavieren gespielt, die toll klangen – bis auf eine einzelne Taste. Wenn Sie »Camptown Races« in G spielen, werden Sie wahrscheinlich nicht bemerken, dass sich das tiefe Des nicht ordentlich anschlagen lässt. Ich wette aber, dass Ihnen der Fehler zu Hause innerhalb weniger Tage auffallen wird.

Gehen Sie und hören Sie sich die Klaviere immer wieder genau an. Vertrauen Sie Ihrem Gefühl. Nur Sie wissen, welchen Klang Sie als schön empfinden. Manche Menschen mögen den Klang von Yamaha-Klavieren nicht, andere kommen mit Steinway-Instrumenten nicht zurecht.

 So behalten Sie die Oberhand bei der Entscheidung für ein Klavier: Suchen Sie sich im Musikgeschäft zwei oder drei Klaviere, die Ihnen gefallen und spielen Sie auf jedem von ihnen »Oh Susannah«, und zwar nicht nur einmal, sondern immer wieder. Klar, Sie vergleichen nur den Klang, aber Sie machen auch das Verkaufspersonal wahnsinnig, das Ihnen dann hoffentlich einen 50-prozentigen Preisnachlass gewährt, damit Sie endlich das Geschäft verlassen.

Einige bekannte Marken

In alphabetischer Reihenfolge nenne ich Ihnen einige meiner Lieblingsmarken aus aller Welt. Nehmen Sie mit diesen Herstellern direkten Kontakt auf und fragen Sie, wo man ihre Instrumente in Ihrer Gegend erhalten kann:

- **Bechstein Pianofortefabrik**, Berlin; www.bechstein.com
- **Julius Blüthner Pianofortefabrik GmbH**, Störmthal; www.bluethner-dd.de
- **L. Bösendorfer Klavier-Fabrik GmbH**, Wien; www.boesendorfer.com
- **J. Feurich Pianofortefabrik GmbH**, Gunzenhausen; www.feurich.com
- **Grotrian-Steinweg**, Braunschweig; www.grotrian.de
- **Kawai Deutschland GmbH**, Krefeld; www.kawai.de
- **Carl A. Pfeiffer Flügel- und Klavierfabrik,** Leonberg; www.pfeiffer-pianos.com
- **Louis Renner GmbH,** Gärtningen, www.louis-renner.de
- **Carl Sauter Pianofortemanufaktur GmbH & Co. KG**, Spaichingen; www.sauter-pianos.de
- **Wilhelm Schimmel Pianofortefabrik GmbH**, Braunschweig; www.schimmel-pianos.de
- **Ed. Seiler, Pianofortefabrik GmbH & Co. KG**, Kitzingen; www.seiler-pianos.de
- **Wilh. Steinberg, Thüringer Pianoforte GmbH**, Eisenberg; www.wilhsteinberg.de
- **Steingräber & Söhne,** Bayreuth; www.steingraeber.de
- **Steinway & Sons**; www.steinway.com
- **Yamaha Deutschland,** https://de.yamaha.com/

Es macht Spaß, die Hersteller zu fragen, welche Künstler auf ihren Klavieren spielen. Jeder Hersteller wird sich freuen, Ihnen einige berühmte Interpreten nennen zu können, die seine Produkte benutzen. Vielleicht ist es auch für Sie ganz persönlich wichtig, auf dem gleichen Klavier zu spielen wie zum Beispiel Billy Joel.

Wählen Sie ein elektronisches Keyboard aus, das lange hält

Nach reiflicher Überlegung entscheiden Sie sich also dafür, ein elektronisches Keyboard zu kaufen. Und jetzt glauben Sie, haben Sie Ihre Hausaufgaben gemacht? Nicht so schnell. Jetzt müssen Sie entscheiden, welche Art von elektronischem Keyboard Sie haben wollen. Teilen wir die elektronischen Keyboards einmal in drei Kategorien ein (über die Charakteristika dieser Instrumente erfahren Sie etwas in Kapitel 1):

✔ E-Pianos und elektronische Orgeln

✔ Synthesizer und Sampler

✔ andere

Glauben Sie nicht, mit Ihrem elektronischen Keyboard zwangsläufig auch die preisgünstigere Variante gewählt zu haben. Auch elektronische Keyboards können sehr teuer sein, manchmal sogar teurer als ein akustisches Klavier. Aber diese Vielseitigkeit! Statt auf den Klang eines Klaviers begrenzt zu sein, haben Sie nun buchstäblich Hunderte oder sogar Tausende verschiedene Klänge per Knopfdruck parat.

Die Zahl der verfügbaren Instrumentenklänge, Sounds und Extras hängt vom Keyboardtyp und seiner Speicherkapazität ab. Denn ebenso wie Computer haben elektronische Keyboards Speicher, Prozessoren und Leistungsgrenzen. Bei manchen können Sie den Speicher erweitern und Klänge hinzufügen, aber andere sind wie sie sind, Ende der Fahnenstange.

Vermeiden Sie, dass Ihr Instrument schnell veraltet

Ähnlich wie Computer werden auch Keyboards ständig auf den neuesten Stand der Technik gebracht, sind aber oft schon veraltet, wenn sie beim Händler eintreffen. Im Gegensatz zu manchen unfreundlichen und geldgierigen Computer- und Softwareentwicklern versuchen die Hersteller von Keyboards jedoch immer, Produkte herzustellen, die nicht veralten, indem sie die Möglichkeit zum Nachrüsten bieten.

Stellen Sie dem Hersteller oder Verkäufer die folgenden Fragen. Nur so können Sie vermeiden, dass Sie Ihr Keyboard am liebsten aus dem Fenster werfen würden, sobald ein neues Modell auf den Markt kommt:

- ✔ **Kann man den Speicher vergrößern?** Heute ist es üblich, den Speicher von Keyboards zu erweitern. Mehr Speicher bedeutet die Möglichkeit, neue Sounds, Software und Hardware zu einem späteren Zeitpunkt hinzuzufügen. Fragen Sie auch, wie weit der Speicher aufgerüstet werden kann oder ob das Keyboard zum Beispiel einen USB-Anschluss hat. Wenn Sie das Fachchinesisch nicht verstehen, dann bitten Sie den Verkäufer, Ihnen all das in verständlichen Begriffen zu erklären.

- ✔ **Kann man die Einheit aufrüsten?** Wenn der Hersteller sein nächstes Modell auf den Markt bringt, möchten Sie sicherlich die Möglichkeit haben, Ihr Instrument auf den neuesten Stand bringen (also, es »upgraden«) zu können und nicht einfach wegwerfen zu müssen.

- ✔ **Gibt es zusätzliche Soundkarten?** Viele Synthesizer und Sampler haben enorm viele Möglichkeiten, Klänge zu produzieren. Ob diese Extras vom ursprünglichen Hersteller oder anderen Soundentwicklern hergestellt werden, spielt keine Rolle. Sie können in diesem Fall weitere Soundkarten hinzufügen, dann klingen auch alte Keyboards wie neu.

- ✔ **Stellt das Unternehmen dieses Modell oder diese Serie noch her?** Falls nicht, ist es wahrscheinlich schon veraltet. Wenn es allerdings allen anderen Kriterien auf unserer Liste entspricht und Sie es sehr günstig bekommen, dann fügen Sie einfach Speicher, Upgrades und Töne hinzu.

Entscheiden Sie, welche Ausstattung Sie wollen

Entscheiden Sie, welche Ausstattung und welche Leistungen für Sie wichtig sind und machen Sie davon eine Liste, bevor Sie sich aufmachen, ein Keyboard zu kaufen. Diese Liste kann bei jedem Musiker, bei jedem Interpreten anders aussehen. Ich gehe beispielsweise nicht mit einer Band auf Tournee, also brauche ich das Prädikat »stoßgeschützt« nicht. Wenn Sie jedoch häufiger auf Konzerten spielen, dann kann dieses Ausstattungsmerkmal für Sie von entscheidender Bedeutung sein.

Im Laufe der technischen Fortentwicklung werden immer mehr Keyboards mit allerlei Schnickschnack ausgestattet. Hier sind einige der Ausstattungsmerkmale, die Ihnen begegnen:

- ✔ **Mehrnoten-Polyphonie:** Je höher diese Zahl, umso mehr Noten können Sie gleichzeitig spielen. Versuchen Sie, zumindest eine 32-Noten-Polyphonie zu erhalten. Stimmt, Sie haben keine 32 Finger, aber wenn Sie MIDI anwenden, dann erscheint eine 32-Noten-Polyphonie angemessen. Viele der neueren Modelle bieten sogar 128-Noten-Polyphonie und mehr an. Das ist wirklich hervorragend.

- ✔ **Multi-Timbre:** Das bedeutet, dass man mehr als einen Instrumentensound gleichzeitig spielen kann. Beispielsweise können Sie in »Danny Boy« gleichzeitig Klänge des Klaviers, der Violine, des Banjos und des Dudelsacks einbringen. Das hört sich mit Sicherheit eindrucksvoll an.

- ✔ **MIDI-fähig:** MIDI ermöglicht Ihnen, mehrere Keyboards zusammenzuschließen und sie alle gleichzeitig zu spielen

- ✔ **Tonhöhenmanipulation und -modulation:** Lustige kleine Effekte, mit deren Hilfe sich Ihre Töne anhören wie »Wah-wah« und »Wuub-wuub«.

- ✔ **Sound Editing:** Wollen Sie die Klänge verändern? Wollen Sie das Piano heller klingen lassen, die Bläser metallischer, den Ruf der Gans gänsiger? Falls ja, sollte Ihr Keyboard das auch können.

- ✔ **Gewichtete Tasten (natürlicher Anschlag):** Damit haben Sie eher das Gefühl, Klavier zu spielen, wenn Sie spielen.

- ✔ **Hammertasten:** Ja, richtig! Aber worauf sollen die Tasten eigentlich hämmern? Auf die Schaltkreise im Inneren? Auf dieses Extra können Sie leicht verzichten, es macht nur die Hersteller reich.

- ✔ **Eingebauter Sequenzer:** Wollen Sie das, was Sie spielen, aufnehmen, ohne ein Aufnahmegerät oder einen Computer zu benutzen, dann brauchen Sie einen Sequenzer, über den Sie später in diesem Kapitel noch mehr lesen werden.

- ✔ **Eingebaute Effekte:** Das ermöglicht Ihnen, coole kleine Soundeffekte hinzuzufügen, ohne gesonderte Bauteile dazukaufen zu müssen.

- ✔ **Weiterer Krimskrams:** USB, DSP Plug-Ins, BIAS Peak, Suboszillatoren, Vocoder und, und, und. Hört sich alles sehr cool an, aber was hat es eigentlich mit Musik zu tun? Nicht viel. Es sagt eigentlich nur aus, dass Ihr Keyboard mit Technik vollgestopft ist.

Einige bekannte Marken

Hier ist meine Liste von Marken und Modellen, die ich bei elektronischen Klavieren und Orgeln empfehle. Wenn Sie Schwierigkeiten haben, eine Marke in Ihrer Stadt zu finden, können Sie auch mit dem Hersteller direkt Kontakt aufnehmen. Auch dort wird man sich freuen, Ihnen etwas verkaufen zu können, oder Sie an einen Händler in Ihrer Gegend verweisen:

- ✔ **Kawai Deutschland,** Krefeld; www.kawai.de; empfohlene Modelle: MP Serie, CA Serie.

✔ **Roland Elektronische Musikinstrumente GmbH**, Norderstedt; https://www.roland.com/de/; empfohlenes Modell: die FP-Serie.

✔ **Yamaha Corp.**; http://piano.yamaha.de; empfohlene Modelle: Clavinova, P-Serie.

Die folgende Liste zählt einige gute Hersteller von Synthesizern und Samplern auf. (Weitere Informationen über Sampler und andere Modelle erhalten Sie, wenn Sie den Kasten »Sampeln Sie« in diesem Kapitel lesen.) Bei den meisten Herstellern gebe ich empfehlenswerte Modelle an. Allerdings ist die Liste keineswegs vollständig. Jedes dieser Unternehmen und auch andere stellen viele Modelle mit unterschiedlichen Preisen und unterschiedlichen Ausstattungsmerkmalen her. Bitte beachten Sie, dass ich nicht »billig« gesagt habe.

✔ **Akai Electric Co. Ltd**, Yokohama, Japan; www.akaipro.com; empfohlenes Modell: Sampler der MPC-Serie.

✔ **Korg USA, Inc.**; deutsche Vertretung: Musik-Meyer GmbH, Marburg; www.korg.com; empfohlene Modelle: N-Serie, Workstation der Pa-Serie.

✔ **Kurzweil Music Systems**, www.kurzweil.com; empfohlene Modelle: K2-Serie und PC4-Serie.

✔ **Roland Elektronische Musikinstrumente GmbH**, Norderstedt; https://www.roland.com/de/; empfohlene Modelle: Fantom-Serie, Juno und FA Serie.

✔ **Yamaha Deutschland**, https://europe.yamaha.com/index.html; empfohlene Modelle: Synthesizer der EX-Serie, Montage-M.

✔ **Nord**; www.wordkeyboards.de; empfohlene Modelle: nord stage und nord wave.

Andere elektronische Keyboards

Auch mit einem einfachen Keyboard aus Ihrem Elektronikmarkt machen Sie nichts verkehrt. Viele dieser Instrumente bieten unterschiedliche Sounds und Rhythmen und sind wirklich erschwinglich. Sie werden auf ihnen nicht alle Effekte erzeugen und wahrscheinlich auch keine Hit-CD produzieren können, aber Sie werden genau das tun können, was Sie dazu geführt hat, dieses Buch zu kaufen: Klavier oder Keyboard spielen.

Erst testen, dann kaufen

Wenn Sie jemals ein Auto gekauft haben, dann wissen Sie, dass die Besichtigung und die Probefahrten mit verschiedenen Modellen fast so viel Spaß macht wie der Kauf selbst. Wenn Sie sich ein Keyboard anschaffen, sollte es ähnlich laufen. Daher verrate ich Ihnen alles, was Sie wissen müssen, um ein cleverer Keyboardkäufer zu werden.

Machen Sie eine »Probefahrt«

Ganz gleich, in welche Musikhandlung Sie gehen – die dort ausgestellten Klaviere und Keyboards können Sie ausprobieren. Fangen sie an – langen Sie hin, spielen Sie. Drücken Sie die Knöpfe, und stellen Sie die Lautstärke auf laut und leise. Wenn es sich um ein Klavier handelt, setzen Sie sich hin und spielen Sie ein wenig.

Falls der Verkäufer Sie bittet, die Ware nicht anzufassen, dann sollten Sie ihn bitten, Ihnen den Ausgang zu zeigen, und sich auf den Weg in ein kundenfreundlicheres Musikgeschäft machen. Entweder zeigt man Ihnen tatsächlich den Ausgang, oder Sie erhalten einen bequemeren Stuhl und man wird Sie bitten, weiterzuspielen. Doch ganz gleich, wie es ausgeht: Sie gewinnen.

Vergessen Sie nicht, dass viele zum Kauf ausgestellte elektronische Keyboards mit Prozessoren, Effekten und anderen digitalen Verbesserungen »aufgepeppt« sind, damit sie besser klingen. Lassen Sie sich durch diese Zusatzausstattungen nicht täuschen. Bitten Sie den Verkäufer höflich, alle Effekte abzuschalten, sodass Sie das Keyboard pur hören können. Andernfalls kann es passieren, dass Sie zu Hause enttäuscht sind, weil das Keyboard bei Weitem nicht so gut klingt wie im Geschäft – es sei denn, Sie haben sämtliche Effektprozessoren gleich mit eingekauft.

Achten Sie auf die folgenden Punkte, wenn Sie ein Klavier oder Keyboard zur Probe spielen:

- ✔ Ist der Sound voll oder mager, klar oder dumpf?
- ✔ Klingen lange Noten tatsächlich so lang, wie Sie sie spielen?
- ✔ Bei einem akustischen Piano sollten Sie darauf achten, dass auch die hohen Töne noch gut und nicht metallisch klingen. Und wie sieht es mit den ganz tiefen Tönen aus? Klingen sie gut oder irgendwie zu dumpf und brummig?
- ✔ Hören Sie den Ton sofort, wenn Sie eine Taste drücken? Ist diese zu empfindlich oder nicht empfindlich genug?
- ✔ Haben Ihre Finger ausreichend Platz auf den Tasten?

Wenn Ihnen Sound und Feeling bei einem bestimmten Piano oder Keyboard zusagen, sollten Sie es sich sehr sorgfältig ansehen. Gefallen Ihnen die Größe, die Farbe, das gesamte Aussehen? Können Sie sich mit dem Gedanken anfreunden, dass dieses Stück während der nächsten 25 Jahre die Hälfte Ihres Wohnzimmers einnehmen soll?

Bemerken Sie irgendwelche Schrammen oder Kratzer, die Ihnen sagen, dass es sich hier um ein gebrauchtes Instrument handelt? Gebrauchte Klaviere können sehr gute Gelegenheitskäufe sein, aber nicht, wenn sie zum Neupreis verkauft werden.

Fündig geworden? Dann gehen Sie erst mal wieder heim!

Sie haben Ihr Keyboard gefunden. Es ist das perfekte Instrument für Sie. Sie lieben es. Dieses oder keines. Jetzt sollten Sie das Geschäft schnell verlassen und dem Verkäufer freundlich sagen, Sie würden noch ein wenig darüber nachdenken.

 Sie haben richtig gehört – sie sollten keinesfalls schon beim ersten Mal, wenn Sie im Geschäft sind, in Kaufverhandlungen eintreten. Sie sind gefühlsmäßig zu stark engagiert, um klar denken zu können. Sie kennen doch das Gefühl: War es nur ein Flirt – oder echte Liebe?

Bevor Sie über den Preis verhandeln, sollten Sie das Geschäft wieder verlassen und in den nächsten Stunden nach dem gleichen Klavier zu einem günstigeren Preis suchen. Wenn Sie hundertprozentig sicher sind, dass Sie a) es nicht billiger finden und b) ohne dieses Instrument nicht mehr leben können, dann gehen Sie zurück und reden über den Kaufpreis.

Setzen Sie sich ein Limit

Setzen Sie sich beim Kaufpreis ein *absolutes Limit*. Wenn Sie sicher sind, dass Sie ein ganz bestimmtes Modell kaufen wollen, dann fragen Sie den Verkäufer nach dem Preis. Wenn die Antwort Ihr Limit nicht übersteigt, können Sie kaufen.

Falls dies nicht der Fall ist und der Preis weit über Ihren Vorstellungen liegt, dann hinterlassen Sie dem Verkäufer Ihre Telefonnummer und bitten Sie ihn, bei Ihnen anzurufen, falls er Ihnen noch ein Stück entgegenkommen möchte. Ansonsten gibt es noch viele Musikgeschäfte, wo Sie hervorragende Instrumente erwerben können, die Ihrem Kaufpreislimit entsprechen.

Wie Sie das Beste aus Ihrem Keyboard herausholen

Ihr neues Keyboard ist wunderbar, genau das, was Sie sich schon immer wünschten. Aber jetzt möchten Sie etwas über diese ganzen coolen Spielzeuge wissen, von denen Sie schon gehört haben. In diesem Abschnitt stelle ich Ihnen verschiedene Zusatzgeräte vor, die Sie an Ihr neues Keyboard anschließen können und die Ihnen sicher helfen, Ihre musikalische Karriere zu beschleunigen.

Die Wunderwelt von MIDI

Den Begriff MIDI haben Sie vermutlich schon einmal gehört. Aber wofür stehen diese vier Buchstaben? MIDI ist die Abkürzung für *Musical Instrument Digital Interface*. Und es ist eine Errungenschaft, die tatsächlich Ihr musikalisches Leben verändern kann.

Kurz gesagt: MIDI ermöglicht Ihnen, mehrere Keyboards zusammenzuschließen und sie alle gleichzeitig zu spielen. Sagen wir, Sie haben drei Keyboards. Sie ernennen das erste zum *Controller*, und stellen es so ein, dass es wie ein Klavier klingt. Die anderen beiden Keyboards schließen Sie an den Controller an und geben jedem davon verschiedene Klänge, vielleicht Flöte und Tuba. Wenn Sie dann den Controller spielen, dann erhalten die anderen beiden Keyboards *MIDI-Signale* (binäre Codes), die ihnen sagen, welche Noten zu spielen sind, wie lang, wie hart und so weiter. Und das klingt, als ob drei Musiker auf drei verschiedenen Instrumenten spielen würden, nicht nur Sie allein auf einem Piano.

Aber das ist noch nicht alles, was MIDI kann. Sie können MIDI-CDs kaufen und die Songs mit den Klängen Ihres eigenen Keyboards hören. Vielleicht erinnern Sie sich an die alten mechanischen Klaviere mit den vielen Papierrollen, in die Löcher eingestanzt waren. MIDI ist deren elektronische Version. Diese relativ neuen Arten von MIDI-Software und MIDI-Aufnahmen wurden zu sehr beliebten Lernhilfen, weil man Note für Note nachverfolgen kann, während das Keyboard die Stücke spielt.

 Haben Sie nun das Gefühl, dass Sie aus der MIDI-Welt ausgeschlossen sind, weil Sie ein akustisches Klavier gekauft haben? Kein Problem. Sie können Ihr akustisches Klavier auch nachträglich mit einer MIDI-Box und verschiedenen anderen Geräten ausstatten. Sie benutzen Ihren Flügel als MIDI-Controller, oder Sie lassen Ihr Klavier für Sie und Ihre Gäste Lieder spielen. Das ist zwar ziemlich teuer, aber im günstigsten Fall rechtfertigt das Ergebnis den Preis.

> **IN DIESEM KAPITEL**
>
> Finden Sie den richtigen Platz für Ihr Keyboard
>
> Wie Sie Ihr Keyboard reinigen
>
> Lassen Sie Ihr Instrument von einem Profi reparieren
>
> Umzug ohne Bauchschmerzen

Kapitel 17
Sorgen Sie für Ihr Keyboard

Kennen Sie die Freaks unter den Gitarristen, die jeden Tag ihre Saiten mit einem speziellen Tuch und einer speziellen Lösung wienern? Oder die Saxophonisten, die ihr Instrument nach jedem Spiel sorgfältig von Staub und Spucke reinigen? Ebenso braucht auch Ihr Tasteninstrument die notwendige Pflege – es wird Ihnen dafür mit einem gleichbleibend tollen Klang und einem langen Leben danken. Doch nicht nur um die Pflege des Instruments und um Reparaturarbeiten geht es in diesem Kapitel, sondern auch um einen klavier- oder keyboardgerechten Transport und den besten Standort.

So fühlt sich Ihr Instrument wohl

Ganz gleich, ob Sie ein akustisches oder ein elektronisches Instrument erworben haben: Sobald das Teil bei Ihnen zu Hause angekommen ist, müssen Sie einen guten Platz dafür finden. An dieser Stelle muss es nicht für immer und ewig stehen – Keyboards sind flexibel, was räumliche Veränderungen anbelangt. Einige Orte in der Wohnung eignen sich allerdings besser als andere. Über die folgenden Eigenschaften sollte der Standort Ihres Klaviers/Keyboards verfügen:

- ✔ **Keine direkte Sonneneinstrahlung**: Ist Ihr Klavier starkem Sonnenlicht, auch durch eine Fensterscheibe hindurch, ausgesetzt, wird es mit der Zeit Schaden nehmen. Das Holz verzieht sich und trocknet aus, was sowohl den Klang als auch das optische Erscheinungsbild beeinflusst. Ein ausgeblichenes Klavier können Sie auch schlecht weiterverkaufen.

✔ **Gemäßigte Temperaturen**: Setzen Sie Ihr Klavier keinen starken Temperaturschwankungen aus. Stellen Sie es beispielsweise nicht auf eine Veranda, wo es im Sommer unerträglich heiß und im Winter eiskalt wird. Um das Instrument vor Wetterumschwüngen zu schützen, empfiehlt es sich, es an eine Innenwand und nicht an eine Außenwand zu stellen.

✔ **Gute Belüftung**: Durch gute Belüftung verhindern Sie, dass Ihr Klavier zu feucht wird. Bei elektronischen Keyboards wird der Motor durch die Luftzufuhr gekühlt. Sie müssen das Instrument nicht direkt unter die Klimaanlage oder auf einen Heizkanal stellen. Achten Sie einfach darauf, dass der Raum gut belüftet ist.

✔ **Sicherheit**: Stellen Sie Ihr teures Keyboard nicht unter ein wackliges Bücherregal oder neben einen instabilen Schrank, der vielleicht bald umfallen wird.

Natürlich möchten Sie, dass Ihr Keyboard an einem Ort steht, der zum Spielen einlädt. Daher sollte der Standort auch folgende Eigenschaften haben:

✔ **Bewegungsfreiheit**: Wenn Sie beengt und unbequem sitzen, wird Sie das nicht zum Üben animieren. Mangelnde Übung wiederum führt dazu, dass Sie nicht gut spielen. Sorgen Sie also für genügend Platz, um sich beim Spielen auch mal richtig strecken zu können.

✔ **Bequemlichkeit**: Verbannen Sie Ihr Keyboard nicht an einen Ort, zu dem Sie sich jedes Mal erst aufraffen müssen (also zum Beispiel nicht in die oberste Etage, wenn Ihr Wohnzimmer im Erdgeschoss liegt). Wenn Sie einen Kreativitätsschub haben, möchten Sie sofort loslegen können. Zur Bequemlichkeit gehören auch genug Steckdosen in der Nähe, denn Sie wollen ja nicht meterweise Verlängerungskabel legen müssen, bevor Sie die erste Taste drücken.

✔ **Licht**: Wenn Sie nicht gerade in einer dunklen, verrauchten Bar vor Hunderten von Fans spielen, sollten Sie immer auf gute Lichtverhältnisse achten. Sie sehen dann nicht nur die Tasten besser, sondern auch Ihr Notenblatt. Sie können eine Lampe auf oder neben das Keyboard stellen. Von einer Klemmlampe rate ich Ihnen ab, sie könnte den Lack des Keyboards beschädigen.

✔ **Nachbarn**: Überlegen Sie, ob der Standort Ihres Keyboards das Verhältnis zu Ihren Nachbarn belasten könnte. Idealerweise stellen Sie das Instrument nicht in das Zimmer, das direkt über dem Schlafzimmer dieser Nachbarn liegt. All das schöne Üben mitten in der Nacht hätte damit sofort ein Ende.

Lassen Sie es glänzen

Halten Sie Ihr Instrument sauber und versuchen Sie, es weitgehend frei von Staub und Schmutz zu halten.

Scheuen Sie sich nicht, bei diesem Thema extrem pingelig zu sein – bestehen Sie darauf, dass niemand (auch nicht Sie selbst) in der Nähe des Keyboards isst oder trinkt. Ein verschüttetes Getränk auf dem Rücksitz Ihres Autos ist eine Sache, ein über Ihr Keyboard gekipptes Getränk kann tödlich sein (für das Keyboard, versteht sich). Und möchten Sie wirklich einmal im Monat Chipskrümel zwischen den Tasten hervorpulen?

 Ebenso wie Speisen und Getränke nicht in die Nähe des Keyboards gehören, sollte sich auch keine dicke Staubschicht auf dem Instrument bilden. Extremer Staub auf elektronischen Keyboards kann die Ursache dafür sein, dass Tasten oder Knöpfe klemmen, und sogar einen Kurzschluss verursachen. Beides gilt es zu verhindern. Bei Klavieren ist Staub nicht ganz so kritisch, wenn Sie beim Spielen aber ständig niesen müssen, macht das auch keinen Spaß.

Die beiden wichtigsten Reinigungsutensilien, die Sie in der Nähe des Keyboards haben sollten, sind ein Staubwedel oder ein Staubtuch und ein kleiner mitteldicker Pinsel. Ja, Sie haben richtig gelesen. Mit dem Staubwedel beziehungsweise dem Tuch stauben Sie das ganze Keyboard ab, mit dem Pinsel reinigen Sie mindestens einmal im Monat die Zwischenräume zwischen den Tasten und alle kleinen Ritzen. Drücken Sie einfach jede Taste herunter und reinigen Sie die Seiten der angrenzenden Tasten. Wenn Sie es eilig haben, können Sie mit dem Pinsel einfach zwischen die Tasten gehen und eine gründliche Reinigung später nachholen.

 Wählen Sie das Reinigungsmittel für die Keyboard-Oberfläche sorgfältig aus. Für die meisten Keyboards (akustisch oder elektrisch) empfehle ich einen in Seifenlauge getunkten und fest ausgewrungenen Lappen. Fragen Sie ruhig Ihren Musikalienhändler, welches Reinigungsmittel er empfiehlt und wie Sie es anwenden sollen. Die Oberfläche von Klavieren und Flügeln kann durch normale Möbelpolitur beschädigt werden.

Wenn Sie die Oberfläche feucht reinigen, egal ob mit Wasser und Seife oder mit einem Fensterreiniger (wird manchmal empfohlen, erkundigen Sie sich aber vorher), verwenden Sie als Lappen ein altes T-Shirt oder eine Zeitung. Papiertücher fusseln zu sehr, da können Sie sich das Staubwischen gleich sparen.

Sprühen Sie den Reiniger nicht direkt auf das Instrument, sondern erst auf den Lappen. Wischen Sie dann das Instrument ab, bis es sauber ist.

Vorhang auf: Ein Spezialreiniger für Ihr Keyboard

 Ihr Musikalienhändler empfiehlt Ihnen vielleicht, einen »Spezialreiniger« in einer sehr praktischen und schönen Flasche zu kaufen. Jetzt, wo Sie gerade eine dicke Rechnung bezahlt haben, werden Sie sich die Gelegenheit nicht entgehen lassen, auch noch das richtige Reinigungsmittel für Ihren neuerworbenen Schatz hinzuzukaufen.

Sie kommen nach Hause und lesen bei der Angabe der Inhaltsstoffe, dass Sie gerade für viel Geld Wasser und Seife gekauft haben. Sparen Sie Ihr Geld und stellen Sie sich mit den folgenden Zutaten selbst ein Reinigungsmittel zusammen:

✔ Eine leere Sprühflasche

✔ Flüssigseife

✔ Wasser

Säubern Sie die Sprühflasche, bis alle Rückstände des ursprünglichen Inhalts entfernt sind. Geben Sie vier bis fünf Spritzer Seife in die Flasche und füllen Sie sauberes Wasser dazu. Vor Gebrauch gut schütteln.

Ein Check-up beim Onkel Doktor

Keyboard zu spielen ist eine Sache. Zu wissen, wie man es wartet und repariert, eine andere. Sie sollten derartige Dinge dem Profi überlassen, einer Person, die wie ein freundlicher Onkel Doktor zu Ihrem Instrument ist. Sie selbst sind genug mit Üben, Notenlesen und Komponieren beschäftigt.

In diesem Abschnitt gebe ich Ihnen Tipps, wie Sie einen Klavierstimmer finden, einen Klavierbauer und anderes technisches Personal, das dafür sorgt, dass Ihr Instrument gesund bleibt und lange lebt.

Akustische Klaviere müssen regelmäßig gestimmt werden

Okay, Ihr Freund kann seine Gitarre selbst stimmen, genauso wie Ihre anderen Bekannten, die Geige, Klarinette und Kazoo spielen. Bedenken Sie aber, wie viel größer Ihr Klavier ist und aus wie viel mehr Einzelteilen es besteht. Vergessen Sie Ihren Stolz und rufen Sie einen Klavierbauer an, wenn es an der Zeit ist, das Klavier zu stimmen.

Klavierbauer beziehungsweise *Klavierstimmer* sind ausgebildete Fachleute mit jahrelanger Erfahrung. Und diese Art von Doktor macht sogar noch Hausbesuche. Vielleicht kommt es Ihnen so vor, als ob diese Fachleute einfach irgendwelche Tasten drücken und Wirbel festdrehen, Sie allein wüssten jedoch gar nicht, wo Sie beginnen sollten.

Es ist nicht so, dass Ihnen ganz plötzlich auffällt, dass Ihr Klavier verstimmt ist. Der Verlust der Intonation ist ein schleichender Prozess, der sich über einen längeren Zeitraum hinzieht. Wenn Sie eines Tages sagen: »Mensch, das Klavier klingt aber verstimmt«, ist der Anruf bei einem Klavierstimmer längst überfällig.

Lassen Sie Ihr Klavier jedes Jahr einmal, noch besser zweimal stimmen. In der Regel dauert der Besuch des Klavierstimmers zwei bis drei Stunden und kostet zwischen 120 und 180 Euro, was die Sache auf jeden Fall wert ist. Oft meldet sich der Klavierstimmer nach dem ersten Besuch auch regelmäßig bei Ihnen, sodass Sie selbst gar nicht mehr daran denken müssen.

 Wenn Sie Ihr Klavier jahrelang nicht stimmen lassen, führt das dazu, dass es sich irgendwann nicht mehr stimmen lässt. Haben Sie schon mal ein altes Honky-Tonk-Klavier gehört? Klar, der Sound ist ganz lustig, aber nicht, wenn es der Sound eines 20.000-Euro-Flügels ist.

Lassen Sie sich einen guten Klavierbauer empfehlen, von Freunden, Klavierlehrern oder im Musikgeschäft. Blättern Sie nicht einfach im Telefonbuch, ein schlechter Klavierbauer kann das Klavier ruinieren.

Bitten Sie den Klavierbauer, wenn er schon mal zum Stimmen da ist, auch einmal »unter die Motorhaube« des Klaviers zu schauen. Folgende Dinge sollte er kontrollieren:

✔ Funktionieren die Pedale?

✔ Sind die Füße stabil?

✔ Hat der Resonanzboden Risse?

So machen Sie Ihr elektronisches Keyboard glücklich

Ein elektronisches Keyboard oder E-Piano muss nicht gestimmt, wohl aber gewartet werden, wenn auch nicht unbedingt jedes Jahr. Falls Sie Ihr Keyboard sauber und staubfrei halten, stehen die Chancen gut, dass Sie den lieben Onkel Doktor lange Zeit nicht anrufen müssen.

 Elektronische Keyboards haben eine Menge Knöpfe, Schalter, digitale Displays und anderen technischen Schnickschnack. Durch die konstante Beanspruchung zeigen diese Dinge mit der Zeit ganz normale Verschleißerscheinungen. Wenn die Knöpfe klemmen, versuchen Sie nicht - ich wiederhole - *nicht*, sie selbst zu reparieren.

Rufen Sie einen Profi an – vielleicht den Händler, der Ihnen das Instrument verkauft hat. Er wird den Schaden beurteilen können (wenn es überhaupt einer ist) und für Sie reparieren. Das kostet normalerweise nicht viel. Wenn der Schaden noch in die Garantiezeit fällt – in der Regel ein Jahr – kostet die Reparatur überhaupt nichts.

 Niemals, unter gar keinen Umständen, auch nicht in einem Anfall geistiger Umnachtung oder in totaler Verzweiflung, dürfen Sie den Deckel Ihres Keyboards abschrauben. Natürlich sieht es da drinnen abenteuerlich aus mit all den Chips und Elektronikkarten. Und natürlich denken Sie, dass Sie alles im Griff haben und lieber die paar Euro sparen. Aber Sie werden a) automatisch Ihren Garantieanspruch verlieren und b) Ihrem Keyboard höchstwahrscheinlich irreparable Schäden zufügen.

Hotlines

Immer wenn Sie ein neues Keyboard kaufen, sollten Sie die beiliegende Registrierungskarte ausfüllen und an den Hersteller schicken. Haben Sie keine Angst, dass Sie auf irgendeiner lästigen Mailingliste landen und unter einer Werbeflut begraben werden. Sie sagen dem Hersteller einfach: »Ich wollte Sie nur wissen lassen, dass ich Ihr wirklich tolles Produkt gekauft habe. Hier ist mein Name und meine Adresse.« Das ist alles.

Dann können Sie Tag und Nacht, wann immer Sie ein Problem haben, die *Hotline* des Herstellers anrufen und mit jemandem sprechen, der sich auskennt und Ihnen bei Ihrem speziellen Problem helfen kann.

Normalerweise sind Anrufe bei der Hotline kostenfrei. Sie müssen nur diese kleine Registrierungskarte ausfüllen und abschicken. Ach ja, wenn Sie dazu zu faul sind – die meisten Hersteller bieten auch die Möglichkeit, sich online zu registrieren.

Die Nummer der Hotline erhalten Sie beim Hersteller, oder Sie finden sie in den Kaufunterlagen. Sie können auch in Kapitel 16 in den Listen der Hersteller von Keyboards und Klavieren nachsehen.

In die Notaufnahme

Leider können auch ernsthafte Probleme mit Ihrem Klavier oder elektronischen Keyboard auftreten, die einen größeren Reparaturaufwand erfordern und so mit höheren Kosten verbunden sind. Falls Sie sich mit einem der folgenden Probleme konfrontiert sehen, sollten Sie auf jeden Fall zwei Meinungen darüber einholen, ob das Instrument noch zu retten ist oder nicht:

- ✔ **Der Resonanzboden Ihres Klaviers hat Risse oder bricht.** Der Resonanzboden ist die dicke Holzplatte hinter den Saiten. Er kann bei einem Umzug kaputtgehen, wenn der Klaviertransport nicht von Fachleuten durchgeführt wird. Schäden entstehen auch durch ständige Veränderung der Luftfeuchtigkeit, wenn das Holz aufquillt und sich wieder zusammenzieht. Sie selbst werden es wahrscheinlich gar nicht bemerken, wenn der Resonanzboden gebrochen ist. Lassen Sie seinen Zustand von einem Klavierbauer begutachten.

- ✔ **Sie hören nur ein dumpfes Geräusch, wenn Sie eine Taste auf Ihrem Klavier anschlagen.** Entweder der Hammer, der Dämpfer oder beides funktioniert nicht richtig und muss vielleicht ausgetauscht werden. Der Grund kann allerdings auch eine gerissene Saite sein, die Sie preiswert reparieren lassen können.

- ✔ **Ihr elektronisches Keyboard lässt sich nicht anschalten.** Kontrollieren Sie zunächst, ob Sie die Stromrechnung vom letzten Monat bezahlt haben. Wenn Sie nicht auf einem batteriebetriebenen Keyboard mit alten Batterien spielen, sollte Ihr Keyboard eigentlich funktionieren, sobald Sie den Stecker in die Steckdose gesteckt haben und die Steckdose Strom hat. (Ansonsten sieht es nicht gut aus.)

✔ **Auf dem LCD-Display erscheinen nur unzusammenhängende Zeichen.** Wenn die Buchstaben im Display auch mit viel Fantasie keinen Sinn ergeben, sind vielleicht Teile der Hauptplatine in Ihrem Keyboard durchgeschmort.

✔ **Sie schütten ein Getränk über das ganze Keyboard.** In diesem Fall verursachen Sie wahrscheinlich einen Kurzschluss. Nur noch wenige Tasten und Knöpfe funktionieren, wenn überhaupt. Aus genau diesem Grund ist es verboten, Getränke mit in Aufnahmestudios zu nehmen. Wenn Sie etwas über einem akustischen Keyboard verschütten, nehmen Sie ein Handtuch und wischen Sie schnell alles auf. Sie haben vielleicht das Holz, die Saiten oder die Hämmer beschädigt, aber zumindest gibt es hier keine Elektronik, die ruiniert werden kann.

Einige Missgeschicke, die zunächst fatal erscheinen, sind am Ende gar nicht so schlimm. Dazu gehört es, wenn sich Pedale lösen, eine Saite reißt, Kopfhörerbuchsen sich lösen und in das Gerät fallen oder wenn Tasten klemmen. Solche Dinge nerven zugegebenermaßen, stellen aber keine ernsthaften Probleme dar. Rufen Sie in diesem Fall einfach einen Fachmann zu Hilfe.

Ein sorgenfreier Umzug

Wenn Sie Besitzer oder Mieter eines Klaviers oder Flügels sind, wird ein Umzug für Sie immer etwas teurer, denn Sie müssen einen professionellen Klaviertransporter beauftragen, der dafür sorgt, dass ihr Klimperkasten heil in der neuen Wohnung ankommt.

Sparen Sie nicht am Klaviertransport. Im Transport von Klavieren unerfahrene Möbelpacker können Ihr Instrument ruinieren – ich wiederhole *ruinieren*.

Wenn es um einen Umzug geht, habe ich drei Ratschläge für Sie:

✔ Versuchen Sie nie, das Klavier mithilfe von Freunden selbst zu schleppen.

✔ Fragen Sie immer beim Umzugsunternehmen nach, ob es auch auf Klaviertransporte spezialisiert ist.

✔ Schauen Sie nicht zu, wenn Ihr Klavier bewegt wird.

Lassen Sie mich den letzten Ratschlag näher erklären. Sie sollten natürlich vor Ort sein und darauf achten, dass die Möbelpacker achtsam mit Ihrem Instrument umgehen. Aber ich warne Sie. Ihnen wird der Schreck in die Glieder fahren, wenn die Männer das Klavier eventuell auf die Seite legen. Sie hören es im Geiste schon zu Boden krachen.

Zum Umzug eines Klaviers gehören besondere Hilfsmittel: Klavierrollwagen, Tragegurte und, falls Sie stolzer Besitzer eines Flügels sind, Flügelschlitten. Auf einem speziellen Rollwagen steht Ihr Klavier sicher, ist gut gegen Erschütterungen geschützt und lässt sich besser transportieren. Für den Transport durch enge Treppenhäuser sind Gurte nötig, mit deren Hilfe die erfahrenen (!) Möbelpacker das Instrument hinunter- oder hinauftragen. Wenn die Mitarbeiter des Umzugsunternehmens keine derartigen Umzugshilfen im Gepäck haben, rate ich Ihnen, sich direkt von ihnen zu verabschieden und eine andere Firma anzurufen.

 Ihr örtliches Klavierhaus kann Ihnen sicher Umzugsfirmen nennen, die auf Klaviertransporte spezialisiert sind. Auch die Hersteller von Instrumenten sprechen Empfehlungen aus.

Teil VII
Der Top-Ten-Teil

 Besuchen Sie uns auf www.facebook.com/fuer-dummies!

IN DIESEM TEIL …

In diesem Teil erwartet Sie nichts besonders Schwieriges. Teil VII ist der Teil dieses Buchs, in dem ich Ihnen leichten Lesestoff liefere. Hier lernen Sie legendäre Pianisten kennen, Sie erfahren, was Sie tun können, wenn Sie dieses Buch zu Ende gelesen haben (vielleicht sollten Sie es noch einmal lesen!) und erhalten Tipps (schließlich haben Sie für das Buch Geld bezahlt), um den richtigen Klavierlehrer zu finden.

Suchen Sie sich ein gemütliches Eckchen, entspannen Sie sich und lesen Sie diesen Teil des Buchs. Reißen Sie sich für kurze Zeit los von Ihren Notenblättern und Tasten. Sie haben es sich verdient, denn Sie haben sich in den letzten Kapiteln wirklich ins Zeug gelegt.

> **IN DIESEM KAPITEL**
>
> Lernen Sie Pianisten kennen, die Musikstile geprägt haben
>
> Lernen Sie große Interpreten in berühmten Aufnahmen kennen

Kapitel 18

Zehn Pianistentypen und ihre Aufnahmen

Mir persönlich widerstrebt es, Musik zu kategorisieren. Entweder mag man den Interpreten eines Stücks oder man mag ihn eben nicht – die Stilrichtung ist da erst mal zweitrangig. Sie müssen also kein Wildwest-Fan sein, damit Ihnen eine CD von Garth Brooks gefällt. Aber gerade in Plattenläden und unter eingefleischten Freaks ist Schubladendenken ein verbreiteter, wenn auch sehr lästiger Charakterzug. Damit also jedem gedient ist, werde ich Ihnen in diesem Kapitel einige legendäre Pianisten und ihre Aufnahmen vorstellen – nach Kategorien geordnet.

Die alten Meister

Viele Komponisten der klassischen Musik waren auch Pianisten – manche von ihnen waren berühmter wegen ihrer Virtuosität auf dem Instrument als wegen der Musik, die sie schrieben. Ganz gleich, ob sie sich an ein Klavier, ein Cembalo oder eine Kirchenorgel setzten, diese alten Meister schafften es immer, ein paar schwarze und weiße Tasten zu finden, die zu ihrem jeweiligen Stil passten.

Johann Sebastian Bach

Bach (1685–1750) wird von vielen als der Urvater der westlichen Musik betrachtet – er war auch leiblicher Vater vieler Musiker – und lernte ursprünglich bei seinem Vater Geige. Nach dem Tod seiner Eltern zog Bach mit seinem großen Bruder zusammen, der ihm das Orgelspielen beibrachte. Im Alter von 18 Jahren bekam Bach eine Anstellung als Kirchenorganist. Doch diese Stelle behielt er nicht lange – man war der Meinung, er improvisiere zu viel. Danach erhielt er eine Anstellung in einer anderen Kirche, wo er jeden Monat ein neues Musikstück für den Chor und die Orgel komponieren musste. Erfreulicherweise störte man sich hier nicht an seinen Improvisationen und schenkte damit der Welt die Meisterstücke, die wir heute von Bach kennen und lieben.

Ludwig van Beethoven

Beethoven (1770–1827) war einer der größten Komponisten und auch ein großer Pianist. Sein Klavierspiel und seine Klavierkonzerte waren während seiner ganzen Karriere sehr gefragt. Anders als viele Komponisten wurde er schon zu Lebzeiten berühmt. Er brach mit allen Regeln und schockierte die Öffentlichkeit, doch die Leute kauften dennoch die Noten seiner Klaviersonaten. Obwohl Beethoven seinen Sonaten nur ungern Namen gab, bestand sein Verleger darauf. Die Noten mit den Beinamen »Mondschein« und »Appassionata« verkauften sich stapelweise.

Tragischerweise verlor Beethoven mit zunehmendem Alter sein Gehör. Wenn er spielte, legte er sein Ohr auf den Deckel des Klaviers, um die Vibrationen der Saiten zu fühlen. An seinem Lebensende war er vollkommen taub und konnte den Applaus seiner Zuhörer nicht mehr hören. Aber sie applaudierten – lauter als je zuvor.

Franz Liszt

Der Vater dieses ungarischen Pianisten brachte seinem Sohn das Klavierspiel bei und nutzte dessen Talent schon, als der kleine Franz erst neun Jahre alt war. Der junge Liszt (1811–1886) war ständig auf Tournee und nahm sich keine Zeit für eine Schulbildung.

Seine theatralischen und ehrfurchtgebietenden Konzerte sorgten für eine große Nachfrage nach seiner Musik und einen riesigen Fanclub (ganz abgesehen von einem nicht gerade kleinen Ego). Er soll einmal so furios gespielt haben, dass er eine Saite seines Klaviers zerriss. »Lisztomanie« wurde zu einem kulturellen Phänomen, und obwohl es von Liszt keine Bilder am Klavier gibt, hinterließ er der Welt ein seltsames Relikt: einen Gipsabdruck seiner Hände, der nach seinem Tod angefertigt wurde.

Sergej Rachmaninow

Dieser russische Musiker hatte als Komponist, Dirigent und Solopianist enormen Erfolg. Er hatte außerdem sehr große Hände. Rachmaninow (1873–1943) schrieb sich sein eigenes Solorepertoire: sehr verzwickte, schwierige Kompositionen.

Zu diesen schwierigen Stücken gehört auch das *Prélude in cis-Moll*, das zu einem Riesenerfolg wurde. Wenn er dieses Prélude spielte, bettelte das Publikum regelmäßig um eine Zugabe. Auch heute noch wird sein *Klavierkonzert Nr. 3* als das vielleicht schwierigste Klavierkonzert angesehen, das jemals geschrieben wurde.

Glanz und Elend eines Pianisten

Zahllose Klavierstücke hielt man lange Zeit für zu schwierig, um sie spielen zu können. Das vielleicht berüchtigtste dieser Werke ist Rachmaninows *Klavierkonzert Nr. 3*. Wie in dem Oscar-prämierten Film *Shine* dargestellt, war dieses Stück (und ein arroganter Vater) angeblich der Katalysator für den vollkommenen Zusammenbruch und die darauf folgende geistige Verwirrung des australischen Pianisten David Helfgott.

Es heißt, dass Helfgott dieses Stück ständig übte, auch wenn keine Tastatur in der Nähe war (zum Beispiel unter der Dusche). Er meisterte nicht nur Rachmaninows schwierige Passagen, sondern er spielte sie sogar auswendig! Auch wenn das alte Sprichwort sagt »Übung macht den Meister«, zeigt diese Geschichte, dass zu viel Üben zu Problemen führen kann – Helfgott war von diesem Musikstück so besessen, dass er einen völligen Nervenzusammenbruch erlitt.

Später, nach dem Erfolg des biografischen Films, ging Helfgott auf Welttournee, doch sein ehemals außergewöhnliches Talent hatte schwer gelitten.

Hören Sie die alten Meister

Obwohl die alten Meister keine goldenen Schallplatten hinterlassen konnten, wurde ihre Musik von den berühmtesten Pianisten dieses Jahrhunderts in großer Zahl aufgenommen:

- ✓ **Johann Sebastian Bach:** *Cembalokonzerte*, Igor Kipnis (CBS); *Toccata und Fuge* und andere Orgelwerke, E. Power Biggs (CBS).

- ✓ **Ludwig van Beethoven:** *Klaviersonate Nr. 14* (*Mondscheinsonate*), Emil Gilels (DG); *Klavierkonzert Nr. 5*, Wilhelm Kempff mit Ferdinand Leitner und den Berliner Philharmonikern (DG); *Sonaten*, Artur Schnabel (Pearl).

- ✓ **Franz Liszt:** *19 ungarische Rhapsodien*, Mischa Dichter (Philips); *Klavierkonzert Nr. 1*, Claudio Arrau mit Eugene Ormandy und dem Philadelphia Orchestra (CBS).

- ✓ **Sergej Rachmaninow:** *Prélude in cis-Moll*, Vladimir Ashkenazy (London); *Klavierkonzert Nr. 3*, Rachmaninow (ja, er selbst!) mit Eugene Ormandy und dem Philadelphia Orchestra (RCA).

Die Virtuosen

Ohne das Geschick eines talentierten Virtuosen wäre viel von der schwierigen Musik, die für das Piano geschrieben wurde, nur eine Ansammlung von Noten auf einem Stück Papier. Jahre der Disziplin, der Ausbildung, des Übens und vielleicht ein guter Masseur halfen diesen Interpreten, dass ihre Finger auf der Klaviatur Kunststücke vollbrachten, von denen andere Pianisten nur träumten.

Martha Argerich

Schon am Anfang ihrer Karriere gewann Martha Argerich (geboren 1941 in Argentinien) viele bedeutende Wettbewerbe, unter anderem den Chopin-Wettbewerb 1965 in Warschau. Ihre unglaubliche und unvergleichliche Technik macht sie zu einem der brillantesten Klavierkünstler des 20. Jahrhunderts. Allerdings ist sie auch sehr temperamentvoll und sagt Konzerte ohne Vorwarnung ab. Obwohl es viele Solostücke, Kammermusik und Orchestermusik mit ihr auf Platten gibt, konzentriert sie sich bei öffentlichen Auftritten in erster Linie auf Klavierkonzerte.

Vladimir Horowitz

Der in Russland geborene Horowitz (1903–1989), ein Genie auf dem Klavier, durchlebte eine Karriere, in der es wie in einer Achterbahn auf und ab ging. Seine jährlichen Tourneen fanden großen Anklang, doch zwischen 1936 und 1939 stellte er seine öffentlichen Konzerte allmählich ein. Später trat er nach einem erfolgreichen Konzert in der Carnegie Hall (1953) nie mehr öffentlich auf, machte aber weiterhin Plattenaufnahmen. 1965 gelang ihm in der New Yorker Carnegie Hall ein »spektakuläres Comeback«, wie ein Kritiker schrieb, und er setzte seine öffentlichen Auftritte danach fort. Trotz vieler persönlicher und gesundheitlicher Probleme startete Horowitz seine Karriere immer wieder neu.

Jewgenij Kissin

Jewgenij Kissin (1971 in der UdSSR geboren) ist zweifellos der aufregendste Pianist der heutigen klassischen Musikszene. Er begann im Alter von sechs Jahren mit dem Klavierspiel, nahm als Zwölfjähriger zwei Konzerte von Chopin auf und spielte bereits als Achtzehnjähriger Tschaikowsky unter der Leitung von Herbert von Karajan. Der inzwischen über Vierzigjährige gewann 2006 den Grammy für das beste Klassik-Soloalbum (mit Werken von Skrjabin, Medtner und Strawinsky).

> ### Jongleure und Akrobaten
>
>
>
> Sie halten es also schon für schwierig, mit beiden Händen Klavier zu spielen, dabei die Noten zu lesen und mit Ihren Füßen das Haltepedal und die Lautstärke zu kontrollieren, während Sie vor einem Publikum von 500 Zuhörern oder mehr sitzen? Versuchen Sie das alles, während Sie zusätzlich ein ganzes Orchester dirigieren. Dirigenten/Pianisten wie Leonard Bernstein (1980–1990), Daniel Barenboim, Christoph Eschenbach und Vladimir Ashkenazy ist das jedenfalls gelungen ... ohne nur einen Taktschlag zu verpassen oder von ihrer Klavierbank aufzustehen.
>
> Wenn Sie also das nächste Mal beim Üben frustriert sind, dann seien Sie dankbar, dass Sie sich nur um sich selbst zu kümmern brauchen und nicht auch noch um 90 weitere Musiker.

Wanda Landowska

Wanda Landowska (1897–1957) wurde in Polen geboren und begann im Alter von vier Jahren, Klavier zu spielen. Nach ihrem Studium in Berlin und Paris interessierte sie sich für das Cembalo und gab auf der ganzen Welt Konzerte unter dem Motto »Musique Ancienne« (Alte Musik). 1913 begann sie, Cembalo zu unterrichten. Sie spielte die ersten modernen Aufführungen vieler Meisterstücke von Bach auf dem Cembalo. Ihre Aufnahme von Bachs »Das Wohltemperierte Klavier« wurde von Landowska als ihr »letzter Wille und Testament« bezeichnet.

Arthur Rubinstein

Viele Klavierkenner halten den in Polen geborenen Rubinstein (1887–1992) für den größten Pianisten des 20. Jahrhunderts. Nach seinem Studium in Berlin ging er nach Frankreich, um dort seine Karriere als Solokonzertpianist fortzusetzen. Seine große Bandbreite von Stilrichtungen war erstaunlich: Er spielte alles von Mozart bis Strawinsky. Besonders bekannt ist er für seine brillanten Chopin-Interpretationen. In seinen Memoiren berichtet er von seinen Abenteuern mit Wein, Weib und Gesang, und verdeutlicht der Welt damit, was für ein Kosmopolit er war.

Hören Sie die Virtuosen

Auf den folgenden Aufnahmen können Sie hören, wie die Finger dieser Virtuosen über die Tasten flitzen:

- ✔ **Martha Argerich:** *Martha Argerich Collection* (DG).
- ✔ **Vladimir Horowitz:** Skrjabin, *Préludes* (BMG); *Private Collection Vol. 3* (BMG).
- ✔ **Jewgenij Kissin:** Chopin, *Klavierkonzerte*, mit Dimitri Kitajenko und den Moskauer Philharmonikern (RCA).
- ✔ **Wanda Landowska:** Bach, *Das Wohltemperierte Klavier* (BMG).
- ✔ **Arthur Rubinstein:** Chopin, *7 Polonaisen* (BMG); Chopin, *Nocturnes* (BMG).

Wunderkinder

Stellen Sie sich vor, Sie hören eines Tages beim Hausputz wunderschöne Musik aus Ihrem Wohnzimmer. Sie denken sich: »Oh, ich habe wohl vergessen, das Radio abzustellen.« Als Sie aber ins Wohnzimmer kommen, erschrecken Sie, als Sie Ihr fünfjähriges Kind am Klavier vorfinden. Die folgenden Wunderkinder hätten es durchaus schaffen können, dass ihren Eltern plötzlich vor Schreck der Besen aus der Hand gefallen wäre.

Józef Hofmann

Józef Hofmann (1876–1957) wurde in Polen geboren, trat im Alter von sechs Jahren zum ersten Mal auf und begann im Alter von neun Jahren Tourneen durch Europa zu machen. Nach seinem Debüt in den Vereinigten Staaten im Jahr 1887 unternahm er so viele Konzertreisen, dass er einmal innerhalb von zehn Wochen ganze 52 Konzerte spielte. Darüber war ein Freund der Familie sehr besorgt und spendete 50.000 Dollar, sodass der Knabe sich Zeit nehmen, einen geregelten Klavierunterricht besuchen konnte und erst mit 18 Jahren wieder öffentlich auftrat. Diese Zeit tat ihm sehr gut: Sogar der große Rachmaninow nannte Hofmann einmal den »größten lebenden Pianisten«.

Wolfgang Amadeus Mozart

Das vielleicht berühmteste Wunderkind, der junge Österreicher Wolfgang Amadeus Mozart (1756–1791) wandte sich mit der Bitte um Unterricht an seinen Vater. Im Alter von fünf Jahren begann Mozart zu komponieren, und zwar nicht nur Klavierstücke, sondern komplette symphonische Werke. Er hatte ein erstaunliches Gedächtnis und ein unfehlbares Gehör für Musik, sodass er ganze Sonaten nachspielen konnte, wenn er sie nur einmal gehört hatte. Sein Vater führte die Talente seines Sohns voller Stolz dem Adel in ganz Europa vor. Diese »Tournee« dauerte 14 Jahre. Mozarts Klavierkonzerte zählen heute zu den wichtigsten Stücken im Klavierrepertoire.

Stevie Wonder

Steveland Judkins Moore, der 1950 im US-Bundesstaat Michigan blind zur Welt kam, fühlte sich sofort zum Klavier, zur Mundharmonika, der Orgel und dem Schlagzeug hingezogen. Was er mit den Augen nicht sehen konnte, machten seine Ohren mehr als wett. Mit zehn Jahren nahm ihn Berry Gordy bei seinem aufstrebenden Plattenlabel Motown Records unter Vertrag. Mit 21 Jahren begann Stevie Wonder, sein eigenes Material zu produzieren, zu arrangieren und zu interpretieren, und wurde der erste (und jüngste) Künstler bei Motown, der selbst bestimmen konnte, was er spielte. Sein Stil reicht von R&B und Gospel bis hin zu Pop und Rock. Im Jahr 1989 wurde er in die Rock'n'Roll Hall of Fame aufgenommen.

Kinder, kommt und hört zu

Inspirieren Sie Ihre Kinder und andere mit den Platten dieser jungen Wunderkinder:

- ✔ **Józef Hofmann:** *Complete Józef Hofmann*, Vol. 3 (VAI).
- ✔ **Wolfgang Amadeus Mozart:** *Klavierkonzerte Nr. 20 und 21*, Mitsuko Uchida mit Jeffrey Tate und dem English Chamber Orchestra (Philips); *4 Klaviersonaten*, Alicia de Larrocha (London).
- ✔ **Stevie Wonder:** *Looking Back* (Motown); *Songs in the Key of Life* (Motown).

Tolle Hechte

Jazz gibt es in den verschiedensten Ausprägungen: Bebop, New Orleans, Big Band, Ragtime, Free Jazz, Acid Jazz, Cool Jazz und, und, und. Der Jazz brachte Interpreten hervor, die die Klaviermusik – was Fingerfertigkeit, Harmonie und Rhythmus angeht – in nie zuvor erreichte musikalische Höhen katapultierten. Die große Liste dieser tollen Hechte enthält unter anderem folgende Namen:

Dave Brubeck

Wenn er nicht mit seiner Mutter klassische Musik übte, gründete der junge Dave Brubeck (geboren 1920 in Kalifornien) Jazzbands. 1949 gründete er ein Trio, das zum Quartett wurde, als der Saxophonist Paul Desmond hinzustieß. Das Quartett nahm viele Alben auf und blieb bis 1967 zusammen. Ihr historisches Album *Time Out* war das erste Jazzalbum, das mit gebrochenen Takten experimentierte (siehe Kasten »Wie viel hat's geschlagen?«), und enthielt mit »Take Five« die erste Jazzsingle, von der mehr als eine Million Exemplare verkauft wurden.

Wie viel hat's geschlagen?

 Ein Takt bietet die Möglichkeit, in der Musik Zeit zu messen. (Siehe Kapitel 5, dort finden Sie alles über Takte.) Der am häufigsten verwendete Takt besteht aus vier Taktschlägen pro Takt. In der Musiksprache nennt man das 4/4-Takt.

Der Jazz war schon immer reich an harmonischer Komplexität, melodischer Improvisation, virtuosem Vortrag und frei swingenden Rhythmen. Aber erst mit Dave Brubecks experimentellem Album *Time Out* begann der Jazz, Takte jenseits des Viervierteltakts zu ergründen.

Nach einer Auslandstournee war Brubeck von einem türkischen Rhythmus im ungewöhnlichen Neunachteltakt begeistert. Davon inspiriert, machten er und seine Band sich daran, ein Album aufzunehmen, das speziell mit Takten experimentierte. Das Ergebnis war ein Überraschungserfolg, und auch eine Hitsingle ging daraus hervor – selbst das gibt es im Jazz. Die Single »Take Five« war in einem bisher untanzbaren Fünfvierteltakt geschrieben.

Seither gab es nur noch einen großen Hit im Fünfvierteltakt: Lalo Shifrins Titelmusik zu der Fernsehserie *Mission Impossible* (deutsch: »Kobra, übernehmen Sie«). Auch heute noch hört man in der Popmusik kaum andere Takte als den Vierviertel-, Dreiviertel- und Sechsachteltakt.

Bill Evans

Der in New York geborene Evans (1929–1980) spielte am College und in der Army Klavier. Er ließ sich von Uncle Sam nicht davon abhalten, 1956 sein erstes Album aufzunehmen, wobei er von dem legendären Trompeter Miles Davis 1958 begleitet wurde und mit diesem

1960 ein Trio gründete. Evans umstrittenste Aufnahme war das Album *Conversations with Myself*, auf dem er zwei oder drei Aufnahmen seines eigenen Klavierspiels zu einem einzigen Sound zusammenmischte. Die Jazzpuristen waren entsetzt. Doch die Zeit bestätigte, dass Evans' unkonventioneller Geist schon bald einen völlig neuen Weg für Jazzkompositionen und -aufnahmen bereitete.

Herbie Hancock

Hancock (geboren 1940 im US-Bundesstaat Illinois) erlernte schon im Alter von sieben Jahren das Klavierspiel. Vier Jahre später spielte er mit dem Chicago Symphony Orchestra ein Stück von Mozart. Nachdem er für das Jazzlabel Blue Note Plattenaufnahmen gemacht und mit Miles Davis zusammengespielt hatte, gründete er ein neues Jazzquartett, das mehrere Keyboards und Synthesizer verwendete. Hancock war kommerzieller ausgerichtet als manche seiner Zeitgenossen: Er produzierte den Song »Rockit«, der wie eine Rakete in die Popcharts schoss, und gewann einen Oscar für die Filmmusik zu *Round Midnight*. Nach einiger Zeit jedoch kehrte er zu weniger kommerziellen und eher jazzorientierten Projekten zurück.

Thelonious Monk

Dieser Mann aus dem US-Bundesstaat North Carolina hinterließ einen unauslöschlichen Eindruck in der Geschichte der amerikanischen Musik. Monk (1917–1982) arbeitete in Minton's Playhouse, einem sehr beliebten Club, als Hauspianist und führte eine neue Stilrichtung in den Jazz ein: den Bop, der komplexer war und weniger traditionell klang, sich jedoch umwerfend anhörte. Seine erste Plattenaufnahme machte er 1944 und nahm später eine Reihe von eigenen Kompositionen für Blue Note Records auf. Anfangs brachten seine Platten keinen großen Umsatz, doch aufgrund seines umstrittenen und unorthodoxen Stils als Musiker und Komponist wurde er schließlich als Genie akzeptiert. Der Film *Straight, No Chaser* erzählt die Geschichte von Monks Leben.

Art Tatum

Der im US-Bundesstaat Ohio geborene Tatum (1909–1965) brachte sich das Klavierspielen selbst bei und war ein erstklassiger Musiker. Schon in jungen Jahren erblindete er auf einem Auge vollkommen, auf dem anderen teilweise. Sein fehlendes Augenlicht behinderte seine Karriere jedoch nicht. Er nahm Schallplatten auf, ging auf Tournee und war oft im Radio zu hören. Er gab dem Ausdruck »zweihändiges Klavier« eine neue Bedeutung, denn sein einzigartiger und erstaunlicher Stil ließ die Zuhörer vermuten, es spielten zwei Pianisten, doch Art Tatum saß allein an den Tasten. 1943 gründete er ein Trio, aber einige Jahre später machte er wieder Schallplattenaufnahmen als Solist. Sein Stil wurde wegen seiner Stride- und Swingrhythmen bekannt, die er mit ausgefeilten Harmonien verband. Zu seinen vielen Fans zählte auch der russische Pianist Vladimir Horowitz.

Ein bisschen Jazz für Ihre Plattensammlung

 Ganz gleich, ob in einer rauchgeschwängerten Bar oder in einem nicht minder rauchgeschwängerten Aufnahmestudio: Diese Giganten spielten gern. Hören Sie ihre Musik auf diesen richtungsweisenden Aufnahmen:

- ✔ **Dave Brubeck:** *Time Out* (CBS); *Time Further Out* (CBS).
- ✔ **Bill Evans:** *Conversation with Myself* (Verve); *Re: Person I Knew* (OJC).
- ✔ **Herbie Hancock:** *Headhunters* (CBS); *Best of Herbie Hancock* (Blue Note); *Round Midnight Soundtrack* (CBS).
- ✔ **Thelonious Monk:** *Thelonious Monk Trio* (OJC); *Big Band and Quartet in Concert* (Columbia); *Straight, No Chaser* (Columbia).
- ✔ **Art Tatum:** *20th Century Piano Genius* (Verve).

Die Geheimnisvollen

»Der Ruhm brachte mich soweit!« Vielleicht erklärt dieser Satz, weshalb drei der weltbesten Pianisten sich aus dem Licht der Öffentlichkeit zurückzogen und ein Schild an ihre Türen hängten, auf dem stand: »Bitte nicht stören!«

Van Cliburn

Van Cliburn (1934–2013) hatte das Glück, in seiner eigenen Mutter die erste Klavierlehrerin zu finden. Nachdem er die Julliard School of Music besucht und einige Wettbewerbe gewonnen hatte, folgte das erste Highlight seiner Karriere im Alter von 24 Jahren, als er den ersten Tschaikowsky-Wettbewerb in der ehemaligen Sowjetunion gewann. Dieser Wettbewerb, der eigentlich die Überlegenheit der sowjetischen Pianisten gegenüber dem Rest der Welt unter Beweis stellen sollte, wurde geradezu ad absurdum geführt, als plötzlich dieser lange, schlaksige Texaner gewann.

Seine Aufnahme von Tschaikowskys *Klavierkonzert Nr. 1* wurde zum absoluten Bestseller und Cliburn zum internationalen Star, der oft in ausverkauften Hallen spielte. 1979 jedoch zog er sich plötzlich zehn Jahre lang von öffentlichen Auftritten zurück. Nach seiner Rückkehr spielte er seinen alten Stil weiter, doch Konzertauftritte fanden nur noch sporadisch statt.

Glenn Gould

Der in Kanada geborene Glenn Gould (1932–1982) begann im Alter von drei Jahren, Klavier zu spielen. Sieben Jahre später wurde er ins Royal Conservatory in Toronto aufgenommen. Im Alter von 14 Jahren war er der jüngste Student, der jemals das Studium am Konservatorium erfolgreich abgeschlossen hatte. Er unterzeichnete kurz nach seinem Debüt in den

Vereinigten Staaten einen Plattenvertrag mit Columbia Records, und seine erste Platte, mit Bachs *Goldberg-Variationen*, wurde zum Meilenstein. 1964 beendete er seine Liveauftritte, weil er sich wie ein Interpret bei Tanzveranstaltungen fühlte, und widmete seine Karriere ausschließlich Plattenaufnahmen und Auftritten in Radio und Fernsehen. Doch kann man eine Reputation nicht verstecken; obwohl seine Plattenaufnahmen und Rundfunksendungen sowohl in qualitativer als auch quantitativer Hinsicht sensationell waren, wird er wohl am ehesten als einsiedlerischer Exzentriker in Erinnerung bleiben.

Swjatoslaw Richter

Swjatoslaw Richter (1915–1997) begann als Teenager mit Plattenaufnahmen und öffentlichen Auftritten, doch im Westen wurden die Platten dieses russischen Pianisten erst ab Mitte der fünfziger Jahre gehört. Sofort wurden sie zu Sammlerstücken. Sehr schnell erwarb sich Richter den Ruf eines mysteriösen Pianisten, der seine Konzerte nach Gutdünken absagte, doch brillante, aber ungewöhnliche Interpretationen bekannter Stücke spielte. Er war ein echter Zauberer auf den Tasten, und sein Management ging so weit, ihn den »Pianisten des Jahrhunderts« zu nennen.

Fünf Tipps für eine vielversprechende musikalische Karriere

Wollen Sie ein Rezept für Erfolg? Einige der größten Pianisten der Welt haben verblüffende, manchmal neurotische Gewohnheiten an den Tag gelegt:

✔ Tragen Sie immer, wenn Sie nicht gerade Klavier spielen, Handschuhe.

✔ Öffnen Sie niemals Türen oder Schubladen mit Ihren Händen.

✔ Tragen Sie immer einen Mantel, auch wenn die Hitze im Sommer nur so knallt.

✔ Bestehen Sie darauf, bei jedem Konzert auf Ihrem eigenen Klavier zu spielen.

✔ Wenn Sie es dann geschafft haben, sagen Sie Engagements ab, rufen Sie niemals zurück und verstecken Sie sich vor der Öffentlichkeit, bis Ihre Fans um Ihre Rückkehr bitten ... bis sie wirklich *betteln*!

Wenn Sie eine Schrulle finden, die Ihrer Fantasie entspricht, dann wird Ihnen das Schicksal möglicherweise auch eine Superkarriere bescheren.

Weniger geheimnisvolle Plattenaufnahmen

Glücklicherweise versteckten sich diese Interpreten oft hinter den Türen von Tonstudios, wo dann diese Juwelen entstanden:

✔ **Van Cliburn:** Tschaikowsky, *Klavierkonzert Nr. 1*, mit Karil Kondrashin und dem RCA Symphony Orchestra (RCA); Prokofjew, *Klavierkonzert Nr. 3*, mit Walter Hendl und dem Chicago Symphony Orchestra (RCA).

- ✔ **Glenn Gould:** Bach, *Goldberg-Variationen* (CBS); Hindemith, *3 Sonaten* (CBS).
- ✔ **Swjatoslaw Richter:** Mozart, *3 Sonaten* (Philips); Prokofjew, *Klavierkonzert Nr. 5*, mit Witold Rowicki und den Warschauer Philharmonikern (DG).

Die Wilden

Sie wurden durch ihre Bühnenauftritte, ihre extrovertierten Persönlichkeiten, ihre wilden Kostüme und manchmal sogar durch Feuerwerk bekannt. Die folgenden Interpreten verhalfen dem Begriff »Alle Register ziehen« zu völlig neuer Bedeutung, und ich rede hier nicht von Orgel-Registern.

Jerry Lee Lewis

Jerry Lee Lewis, geboren 1935 im US-Bundesstaat Louisiana, widmete sich im Alter von acht Jahren dem Klavier. Seinen ersten öffentlichen Auftritt hatte er als Vierzehnjähriger zusammen mit einer Country-und-Western-Band. Als er 1956 nach Memphis kam, spielte er bei Sam Phillips, dem Inhaber von Sun Records vor. (Sam wird auch das Verdienst zugeschrieben, Elvis Presley entdeckt zu haben.) Sam brachte Jerry Lee dazu, zum Rock'n'Roll zu wechseln, was zu Klassikern wie »Great Balls of Fire« und »Whole Lotta Shakin' Goin' On« führte. Lewis, der vor keinem Streit zurückschreckte, entwickelte einen Stil, bei dem er schnelle Akkorde hämmerte und Glissandos über die ganze Breite der Klaviatur spielte. Und auch sonst sparte er nicht an eigenartigen Marotten: Er steckte bei Konzerten öfters sein Klavier in Brand und heiratete sogar seine dreizehnjährige Kusine.

Liberace

Wladziu Valentino Liberace (1919–1987) zog mit 20 Jahren aus dem US-Bundesstaat Wisconsin nach New York, wo er häufig in Clubs und Theatern auftrat. Später ging er nach Los Angeles und trat 1951 im Fernsehen auf: Eine Legende war geboren. Seine teure Kleidung, reich geschmückte Kandelaber, sein Zahnpasta-Lächeln und sein blumiger Klavierstil waren etwas, das man unbedingt ins Fernsehen bringen musste; daraus entstand eine höchst erfolgreiche Sendung. Er nahm es immer mit Humor, wenn er nachgeahmt wurde, und einmal sagte er über eine satirische Parodie: »Ich habe auf dem ganzen Weg zur Bank geweint.« Sein Haus in Las Vegas wurde zu einem vielbesuchten Museum. Sie können es persönlich oder auch im World Wide Web unter www.liberace.org besuchen. Sie werden es nicht bereuen.

Little Richard

Viele halten Richard Wayne Penniman (1932 im US-Bundesstaat Georgia geboren) für den Erfinder des Rock'n'Roll. Er lernte das Klavierspielen in der Kirche, sang und spielte Gospelmusik, doch als er 13 Jahre alt war, wurde er des Hauses verwiesen, weil er angeblich »Teufelsmusik« spielte. Kurz danach unterzeichnete er einen Vertrag mit RCA Records und nahm mehrere innovative, doch weitgehend erfolglose Platten auf. 1955 unterschrieb er bei Specialty Records und nahm dort seinen ersten großen Hit auf: »Tutti Frutti«. Ganz überraschend schied er 1957 aus dem Musikgeschäft aus und wurde Prediger, seit 1964 kehrt er aber immer wieder sporadisch zum Rock'n'Roll zurück. Little Richard war einer der ersten zehn Künstler, die in die Rock'n'Roll (»Teufelsmusik«) Hall of Fame aufgenommen wurden.

Ganz wild nach ihren Platten

 Auch ohne Publikum konnten sich diese glänzenden Interpreten kaum beherrschen, wenn sie an einem Klavier saßen. Ein Aufnahmestudio diente Ihnen nur als weiterer Schauplatz, um ihre Talente zu beweisen:

- ✔ **Jerry Lee Lewis:** *All Killer, No Filler* (Rhino).
- ✔ **Liberace:** *16 Most Requested Songs* (CBS).
- ✔ **Little Richard:** *The Specialty Sessions* (Ace).

Die Gipfelstürmer der Hitparaden

Stellen Sie Ihr Radio an, und innerhalb einer knappen Stunde werden Sie wahrscheinlich einen Song hören, der von diesen Hitpianisten gespielt wird. Jeder hat seinen ganz eigenen Stil, und diese Künstler haben dazu beigetragen, dass die Grenzen zwischen Pop und Rock verwischten.

Tori Amos

Myra Ellen Amos (geboren 1963 im US-Bundesstaat North Carolina) studierte als Kind klassisches Klavier und war schon im Alter von fünf Jahren Schülerin am erlesenen Peabody Conservatory. Als sie darauf bestand, bei ihren Prüfungen ihre eigenen Kompositionen zu spielen – ein absolutes Tabu –, wurde ihr Stipendium nicht verlängert. Im reifen Alter von 13 Jahren begann sie, in den Clubs von Washington D.C. zu spielen, und ging 1984 nach Los Angeles. Drei Jahre später unterschrieb sie einen Vertrag bei Atlantic Records, doch ihr erstes Album war ein Flop. Schließlich erlangte sie mit dem Soloalbum *Little Earthquakes* den Ruhm, den sie verdiente.

Billy Joel

Billy Joel (geboren 1949 in New York) war kein Durchschnittskind, sondern ein Klassikpianist, Mitglied einer Streetgang und Boxer. Einmal brach er sich im Ring die Nase, was vermutlich in seinem markanten Profil resultierte. Sein erstes Album, *Cold Spring Harbor*, erschien 1971. Danach zog er an die Westküste und spielte in Pianobars. Bezeichnenderweise hieß sein erster großer Hit »Piano Man« und wurde gefolgt von »The Entertainer«.

Bis heute gibt er auf der ganzen Welt ausverkaufte Konzerte und konzentriert seine Aufmerksamkeit in letzter Zeit darauf, konzertante Musik für Klavier zu komponieren, was aber sicher nicht bedeutet, dass er – für einen Pianisten eher ungewöhnlich – im Ernstfall kräftig zuschlagen kann.

Elton John

Im Alter von elf Jahren studierte Reginald Kenneth Dwight (geboren 1947 in England) an der Royal Academy of Music Klavier. Er spielt bei Liberty Records vor, wo man ihm empfahl, er solle sich mit einem anderen Kandidaten, dem Texter Bernie Taupin zusammentun. Der Musikverleger Dick James beschäftigte dieses Team dann als Songwriter für seine Plattenfirma DJM. Seit seinem Debüt 1970 in Amerika stellte Elton John mehrere Rekorde auf: Er war der erste, der mit einem Album direkt auf Platz 1 in die US-Charts einstieg, er war der erste Interpret seit den Beatles, der vier Alben gleichzeitig in den Top Ten hatte, und 1997 war seine Single »Candle in the Wind« die meistverkaufte Single der Schallplattengeschichte. Seine Filmmusik zu Disneys *König der Löwen* gewann einen Oscar.

Spitzenreiter der Charts

Man kann keinen Nummer-1-Hit haben, wenn man ihn nicht zuvor aufgenommen hat. Die folgende Liste enthält einige der Alben, die diesen Künstlern zur Unsterblichkeit verhalfen:

- **Tori Amos:** *Little Earthquakes* (Atlantic); *From The Choirgirl Hotel* (Atlantic).

- **Billy Joel:** *The Stranger* (Columbia).

- **Elton John:** *Don't Shoot Me (I'm Only the Piano Player)* (MCA Records); *Goodbye Yellow Brick Road* (MCA Records).

Die Sterne des Südens

New Orleans wurde wegen seines Mardi Gras, seiner Langusten und seines Jazz berühmt. Was aber ist mit dem Rest des Südens? Steigen Sie ein und reisen Sie in die Südstaaten, die der Welt einige unvergessliche Pianisten und neue musikalische Stilrichtungen geschenkt haben.

Ray Charles

Der seit seiner Kindheit blinde Ray Charles Robinson (1933–2004), begann im Alter von fünf Jahren, Klavier zu spielen. Er besuchte die St. Augustine School for the Blind und lernte, Noten in Blindenschrift zu lesen. 1945 verließ er die Schule und ging mit einer Band auf Tournee durch Florida. Als er bekannter wurde, entschied er sich, seinen Namen auf Ray Charles zu verkürzen, um jeglicher Verwechslung mit dem Boxer Sugar Ray Robinson aus dem Wege zu gehen. 1955 hatte er mit »I've got a Woman« seinen ersten großen Hit. Ihm wird der Verdienst zugeschrieben, den größten Einfluss auf den Übergang des R&B in die Soul Music gehabt zu haben. Seine Musik machte Ray Charles zur Legende, sein unverwechselbares Lächeln zur Ikone.

Floyd Cramer

Nach seinem Abschluss an der High School im US-Bundesstaat Arkansas ging der junge Cramer (1933–1997) nach Shreveport, Louisiana, und schloss sich für die Radiosendung *The Louisiana Hayride* einer Band an. Wenig später war er schon ein begehrter Studiomusiker und spielte mit den legendärsten Künstlern wie beispielsweise Elvis Presley, Patsy Cline, Roy Orbison oder den Everly Brothers. Auf den Rat von Chet Atkins zog er Mitte der fünfziger Jahre nach Nashville und etablierte sich dort ganz schnell als Legende – man wird sich an ihn immer als denjenigen erinnern, der die Country-Gitarre aufs Klavier brachte ... und das, ohne den Klavierdeckel zu öffnen und die Saiten zu zupfen.

Dr. John

Malcolm (Mac) Rebennack (geboren 1942 im US-Bundesstaat Louisiana) spielte schon von Kindheit an Klavier und Gitarre. Er war ein sehr begehrter Studiomusiker und begann schon mit 20 Jahren zu produzieren und zu arrangieren. Nach einem Umzug nach Los Angeles arbeitete er mit dem legendären Produzenten Phil Spector zusammen. Es ist ohne Weiteres nachzuvollziehen, dass eine Jugend in New Orleans zu einem Interesse an Voodoo führen kann. Aus diesem Interesse resultierte sein selbst gewähltes Alter Ego Dr. John Creaux the Night Tripper. Kein Wunder, dass ein so exotischer Name einen exotischen Kult bewirkte. Im Laufe der Jahre nahm er mit Eric Clapton, Jeff Beck und Mike Bloomfield Platten auf. Sein einzigartiger Stil ist eine lässig-elegante Mischung aus Blues, Rock, Boogie und Jazz.

Scott Joplin

Scott Joplin (1868–1917) wuchs im US-Bundesstaat Texas auf und war in ganz Texas und Arkansas für seine Klavierimprovisationen bekannt. Seine Spezialität war eine neue Form der Klaviermusik, der Ragtime, der seinen Namen wegen des »zerfetzten« (*rags* = englisch: Fetzen), synkopierten Rhythmus hat. Er spielte im Maple Leaf Club, und das inspirierte ihn zu seiner ersten wichtigen Komposition, »The Maple Leaf Rag«, der auf der ganzen Welt zum Hit wurde. Ein paar Jahre später entstand sein zweiter Hit: »The Entertainer«. Wahrscheinlich erinnern Sie sich an diesen Titel als Soundtrack zu dem Film *Der Clou* (*The Sting*). Nach seinem Tod im Jahr 1917 gerieten Joplin und seine Musik in Vergessenheit, bis 1950 ein Buch mit dem Titel *They All Played Ragtime* erschien, das seinem Genie die wohlverdiente Aufmerksamkeit verschaffte.

Südsterne für Ihre Sammlung

 Rühren Sie die Bohnen um, backen Sie das Maisbrot auf und legen Sie die folgenden Platten auf. Sie spüren den Geschmack einiger Meisterstücke von unseren Südstaaten-Sternen auf der Zunge:

✔ **Ray Charles:** *Genius and Soul – 50th Anniversary* (Rhino).

✔ **Floyd Cramer:** *Best* (BMG).

✔ **Dr. John:** *Anthology* (Rhino).

✔ **Scott Joplin:** *Complete Rags*, William Albright (Music Masters).

Stimmungsmacher

Die Leute, die New Age Music hören, kann man in zwei Lager aufspalten: Menschen, die sie lieben, und Menschen, die sie verachten. Diese relativ neue Musikrichtung, eine entspannende Stimmungsmusik, wurde auf der ganzen Welt zum Kassenknüller, weil die Platten und Konzerte heißbegehrt sind. Und welches Instrument ist für Entspannung besser geeignet als das Klavier oder das elektronische Keyboard?

George Winston

George Winston (1949 im US-Bundesstaat Montana geboren) begann erst nach der High School Keyboard zu spielen. Er wurde von Blues, Rock und R&B beeinflusst und interessierte sich für Orgel und elektronisches Klavier. Als er jedoch Fats Waller spielen hörte, wechselte er zum akustischen Piano, auf dem er seinen eigenen ursprünglichen, folkloristischen Stil entwickelte. Sein erstes Soloalbum, *Ballads and Blues*, erschien 1972. Dann, nachdem es viele Jahre still um ihn blieb, erhielt er einen Plattenvertrag bei Windham Hill und produzierte viele erfolgreiche Alben. Am deutlichsten beeinflusst wurde er von Floyd Cramer, Ray Charles und Vince Guaraldi (von dem die Musik zu den Peanuts stammt). Und wirklich widmet Winston bei seinen Liveauftritten immer einen Teil der Musik Guaraldis.

Yanni

Yanni Chryssomallis (1954 in Griechenland geboren) war Mitglied des griechischen Schwimmnationalteams und hatte nur wenig Zeit zum Klavierspielen. Im Alter von 14 Jahren kam er in die USA. Nach seinem Abschluss an der University of Minnesota, wo er in Psychologie promovierte, fand er Arbeit als Studiomusiker und komponierte kommerzielle Jingles. Sein erstes Soloalbum, *Optimystique*, erschien 1980. Heute sind seine Alben und Konzertauftritte weltweit Kassenknüller. Er ist der erste Künstler, der jemals im Taj Mahal in Indien ein Livekonzert gab; auch bei Olympischen Spielen hörte man seine Kompositionen. Und sein Doktortitel in Psychologie? Vielleicht weiß er deswegen, was die Welt gern hört.

Bringen Sie sich in Stimmung

Legen Sie eine dieser Platten in Ihren CD-Player, entspannen Sie sich, und vielleicht können Sie dabei sogar einschlafen:

✔ **George Winston:** *Winter Into Spring* (Windham Hill); *Linus and Lucy – The Music of Vince Guaraldi* (Windham Hill).

✔ **Yanni:** *Live at the Acropolis* (Private Music); *Tribute* (Virgin).

Lieder-Macher

Sicher, Klavierspielen macht Spaß, aber kann man es als Beruf bezeichnen, wenn man nur zu Hause herumsitzt und auf den Tasten herumklimpert? Vielleicht – aber nur, wenn man die klassischen Songs und Shows produziert, wie die drei folgenden Musiker sie schrieben. Ihr Klavier war ihr Schreibtisch, sie gingen an die Arbeit, und seither singt Amerika.

Duke Ellington

Manche halten Edward Kennedy Ellingtons Ankunft in New York, als er aus seinem Geburtsort Washington D.C. dorthin zog, für das wichtigste Ereignis in der Jazzszene der späten zwanziger Jahre. Anfangs spielte er im Stil von James P. Johnson und Jelly Roll Morton. Doch Ellington (1899–1974) konnte jeden Stil spielen und begleitete auch so eigenwillige Musiker wie Coleman Hawkins und John Coltrane.

Er war ein echter musikalischer Pionier und entwickelte sein eigenes Jazz-Markenzeichen, als er diesen Musikstil orchestrierte und eines der wichtigsten Orchester der Swing-Ära leitete. Ellington schrieb jede Menge klassischer Songs, darunter »Don't Get Around Much Anymore«, »Sophisticated Lady« und »In a Sentimental Mood«. Im Laufe seiner Karriere, die immerhin fast fünf Jahrzehnte umfasste, blieb Duke immer zeitgemäß und in seinem Stil und seinen Techniken erstaunlich modern.

George Gershwin

George Gershwin (1898–1937) fing erst sehr spät, im Alter von zwölf Jahren, mit dem Klavierspiel an. Die Musik hatte ihn so sehr in ihren Bann geschlagen, dass der junge Gershwin, der in New York geboren wurde, die Schule verließ, um für den Musikverlag Remick Music Publishers als »song-plugger« zu arbeiten, also buchstäblich als »Verkäufer« von Songs an Radiosender und Plattenfirmen. Bald jedoch wurde er diesen Job leid und versuchte sich als Probenpianist am Broadway. Mit seinem Bruder Ira als Texter schrieb er die Klassiker »I Got Rhythm« und »Let's Call the Whole Thing Off«. Er ist der namhafte Komponist erfolgreicher Broadway-Shows, von symphonischer Musik und der amerikanischen Oper *Porgy and Bess*. Mehr als jeder andere Komponist vor ihm erweiterte Gershwin die Grenzen und brachte kommerziell klingende Musik in die arroganten Konzertsäle. Und er war vor allem ein verdammt guter Pianist.

Fats Waller

Thomas Wright Waller (1904–1943) spielte in der Baptistenkirche seines Vaters in New York die Kirchenorgel. Als er die Tasten der Orgel beherrschte, lernte er sehr schnell das Klavier zu lieben. Er wurde vom Lincoln Theater in Harlem engagiert, um Stummfilme zu begleiten. Im Alter von 17 Jahren begann er, Pianorollen für mechanische Klaviere zu bespielen. Ein paar Jahre später nahm er seine ersten eigenen Kompositionen auf, die auch im Radio gespielt wurden. Er tat sich mit dem Texter Andy Razaf zusammen, und zusammen produzierten sie Hits wie »Ain't Misbehavin'«, »Black and Blue« oder »Honeysuckle Rose«. Nach etlichen erfolgreichen Schallplatten und Tourneen um die ganze Welt schrieb er *Early to Bed*, eine Broadway-Show.

Piano auf Lochstreifen

In den ersten Jahren des 20. Jahrhunderts wurde eine Erfindung, die sich Pianola oder mechanisches Klavier nannte, der Vorläufer des MIDI-Sequencing. Vielleicht ist dieser Vergleich ein wenig weit hergeholt, aber beide haben das gleiche Grundprinzip: Es geht darum, dass ein Keyboard oder Klavier von allein spielt.

Im Pianola befindet sich ein »Lochstreifen«, eine Rolle perforiertes Papier, wobei die Löcher an ganz bestimmten Stellen eingestanzt sind. Wenn dieser Lochstreifen abgerollt wird (mit Federkraft oder elektrisch), wird Luft durch die kleinen Löcher gepresst, die auf die Hämmer des Klaviers trifft. Bei der Produktion einer solchen Rolle spielt der Pianist auf einem speziellen Klavier zum »Aufnehmen« und stanzt dabei Löcher in eine unversehrte Papierrolle.

In den letzten Jahren haben einige Schallplattenfirmen die Pianolaaufnahmen einiger großer Komponisten und Pianisten veröffentlicht. Durch die Wunder der modernen Technik und der alten Pianolarollen kann man Rachmaninow, Prokofjew, Ravel und James P. Johnson ihre Meisterstücke so spielen hören, wie es ursprünglich gedacht war. Zwar kann ein Pianola nicht mit einer Zeitmaschine konkurrieren, aber ich glaube, für die damalige Zeit war es nicht schlecht.

Das sind die Lieder-Macher

Hören Sie sich diese Platten an, dann wissen Sie, weshalb diese Lieder-Macher im Showgeschäft so erfolgreich waren:

- **Duke Ellington:** *The Essence of Duke Ellington* (CBS); *Piano Reflections* (Blue Note).

- **George Gershwin:** *George Gershwin Plays George Gershwin* (Pearl); *Rhapsody in Blue*, Earl Wild mit Arthur Fiedler und den Boston Pops (RCA).

- **Fats Waller:** *Turn On the Heat – The Fats Waller Piano Solos* (RCA).

> **IN DIESEM KAPITEL**
>
> Haben Sie noch mehr Spaß, wenn Sie mit Freunden zusammenspielen
>
> Filmtipps zum Thema Klavier
>
> Lernen Sie Piano-Promis kennen

Kapitel 19
Wie es jetzt für Sie weitergeht

Dieses Buch hat Ihnen sicher einige grundlegende Einsichten darüber vermittelt, wie ein Klavier funktioniert und wie man anfängt, Klavier zu spielen. Auch die großen Komponisten und Pianisten haben Sie kennengelernt. Weil Sie aber ständig nach Vollkommenheit streben, werden Sie sich vielleicht fragen: »Wie geht es jetzt weiter?« In diesem Kapitel möchte ich Ihnen eine spezielle Anregung geben, was Sie als nächstes tun können – und danach habe ich noch eine kleine Überraschung für Sie. Übrigens: Den richtigen Klavierlehrer zu finden ist ein so wichtiges Thema, dass ich darüber ein ganzes Kapitel geschrieben habe – das Kapitel 20.

Gemeinsam macht's noch mehr Spaß

Am meisten lernt man über Musik, wenn man Musik spielt. Nach einer gewissen Zeit werden Sie vielleicht genug haben vom einsamen Üben und Spielen zu Hause und Lust bekommen, mit anderen zusammen als Duo oder in einer Gruppe zu spielen. Sie haben Glück, denn es gibt Klavierduos, Ensembles und Bands.

In jeder Stadt, an jeder Schule, an jeder Musikschule und an jeder Universität werden Sie leicht andere Musiker finden, die gern mit anderen zusammenspielen und es gern einmal mit Ihnen probieren werden.

Klavierduos

Suchen Sie sich einen Freund, vielleicht auch Ihren Bruder oder Ihre Schwester, Ihren Vater oder Ihre Mutter oder Ihren Klavierlehrer, der die Klavierbank mit Ihnen teilt und entweder den tieferen oder den höheren Teil eines Duetts mit Ihnen spielt. Es gibt sehr viele Songs, die »für vier Hände« geschrieben sind und bei denen jeder Spieler sein eigenes Notenblatt erhält, auf dem steht, welchen Part und auf welchem Teil der Tastatur er zu spielen hat. Doch ein Duett zu spielen, ist kein Wettrennen. Man spielt die Lieder immer miteinander.

 Wenn Sie zu zweit sind, kann aber auch jeder auf einem eigenen Piano spielen: Dann kann jeder sowohl die hohen als auch die tiefen Töne spielen. Und es geht noch weiter: Warum nicht zu dritt auf drei Klavieren? Das fabelhafteste Beispiel für so ein Klaviertrio ist das berühmte Boogie-Woogie-Trio, das in den USA Ende der dreißiger Jahre bei Konzerten und mit seinen Schallplatten Furore machte. Die drei Boogie-Woogie-Pianisten Albert Ammons, Pete Johnson und Meade Lux Lewis waren jeder für sich schon Spitze. Doch zu dritt an drei Klavieren potenzierten sich ihre individuellen Talente zu einem fantastischen Feuerwerk von improvisatorischer Kreativität und pianistischer Brillanz. Und schön laut war es sicher auch.

Ensembles

Viele Ensembles brauchen einen Pianisten. In der Welt der klassischen Musik besteht ein Klaviertrio aus einem Klavier und zwei weiteren Instrumenten – typischerweise einer Geige und einem Cello. Im Jazz könnte ein Quartett aus Klavier, Schlagzeug, Bass und Saxophon bestehen. Suchen Sie sich Freunde, die ein drittes oder viertes Rad benötigen, und steigen Sie ein.

 Fast jeder wichtige Komponist hat speziell für Trios, Quartette und Ensembles anderer Größenordnungen geschrieben, und so ist das Repertoire der Stücke, die Sie und Ihre Freunde spielen können, nahezu unerschöpflich.

Bands

Wenn Sie Keyboard spielen, brauchen Sie nur noch einen Schlagzeuger, einen Bassisten, einen Gitarristen und möglicherweise einen Sänger, schon haben Sie sich eine eigene Band zusammengestellt. Egal, ob Sie einfach für sich in der Garage spielen oder tatsächlich für Auftritte üben – in einer Band zu spielen macht Spaß und kann sich auch auszahlen.

 Jedes Bandmitglied sollte etwa gleich gut sein. Das heißt: Jeder sollte sein Musikinstrument in etwa gleich gut beherrschen. Wenn Sie Bandmitglieder finden, die in Ihrer »Gewichtsklasse« spielen – also nicht viel besser, aber auch nicht wesentlich schlechter –, dann bleiben Rivalitäten innerhalb der Band weitgehend aus.

 Haben Sie Schwierigkeiten, jemanden zu finden, mit dem Sie spielen können? Rufen Sie Ihre Freundin an, gehen Sie mit ihr zum Mittagessen und dann anschließend in die nächste Buchhandlung. Und wenn Sie dann zu dem Regal mit den schwarz-gelben Büchern kommen, dann sprechen Sie voller Begeisterung über die Verlockungen des Ruhms, den Glamour von Tourneen und den Spaß, den es macht, in einer Band zu spielen. Und wenn Sie dann die Aufmerksamkeit Ihrer Freundin haben, dann greifen Sie sich ganz rasch *Gitarre für Dummies* (bei Wiley-VCH erschienen), und machen, dass Sie schnell an die Kasse kommen.

Wenn Sie mit Ihrer Band Fortschritte machen, sollten Sie ruhig ein paar Freunde einladen, die Ihnen bei den Proben zuhören. Spielen Sie die Songs, die Ihr Publikum hören möchte, oder denken Sie sich selbst welche aus. Wenn Sie das Gefühl haben, echt gut zu sein, sollten Sie versuchen, die Aufmerksamkeit in Ihrer Stadt oder Gegend auf sich zu ziehen – in Clubs, Kneipen, Restaurants, Jugendzentren, Bridge-Clubs –, um dann für ein größeres Publikum zu spielen. Aus einem Hobby kann leicht eine Karriere werden, wenn man nur hart genug daran arbeitet.

Zehn Filme, die Ihrem Lieblingsinstrument huldigen

In vielen Filmen spielen Klaviere beziehungsweise Klavierspielerinnen und -spieler eine wichtige Rolle. Denken Sie nur an den Film mit der stummen Frau in Neuseeland, die sich nur durch ihr Klavierspiel auszudrücken vermag, oder an die Verfilmung der Lebensgeschichte des Pianisten Helfgott, der Rachmaninow übte und übte und übte... Regisseure lassen sich ganz häufig von den 88 Tasten zu irren Storys inspirieren.

- ✔ *Amadeus*: Ein Film über einen Mann namens Mozart...
- ✔ *Casablanca*. Bogart sagte »Spiel's noch einmal, Sam« nicht zu einem Posaunisten.
- ✔ *Die fabelhaften Baker Boys*: Jeff und Beau Bridges als Klavierduo auf der Suche nach einer neuen Sängerin. Zum Glück finden sie Michelle Pfeiffer, die sich auf dem Flügel aalt wie kaum jemand zuvor in einem Film.
- ✔ *Impromptu – Verliebt in Chopin*: Die unkonventionelle Autorin George Sand verdreht dem jungen Chopin den Kopf.
- ✔ *Der Pianist*: Die dramatische Lebensgeschichte des polnischen Pianisten Władysław Szpilman, der im Warschauer Ghetto ums Überleben kämpft.
- ✔ *Das Piano*: Holly Hunter spielt eine stumme Frau, die sich nur mithilfe Ihrer Klarinette auszudrücken vermag – nein, halt... es war ein Klavier.
- ✔ *Der Ozeanpianist*: Kleiner Junge wächst im Bauch eines Ozeandampfers auf und betört durch sein unglaubliches Talent als Klavierspieler.
- ✔ *Shine – Der Weg ins Licht*: David Helfgott übt Rachmaninows Klavierkonzert so lange, bis er davon irre wird.
- ✔ *Thelonious Monk – Straight, No Chaser*: Dokumentarfilm über die großartige Jazzlegende, mit Ausschnitten aus Konzerten und Sessions von 1968.
- ✔ *Vier Minuten*: Das Ringen einer Klavierlehrerin mit einer unberechenbaren Strafgefangenen.

Sie sind nicht allein

Millionen Menschen in aller Welt spielen Klavier oder Keyboard. Darunter sind auch berühmte Leute, die Klavier spielen (oder spielten). Wenn Sie heute schon in irgendeinem Bereich ein Prominenter (oder auf dem Weg dorthin) sind, werden Sie nach Lektüre dieses Buchs vielleicht auch noch zum Piano-Promi. Immerhin wissen Sie jetzt: Sie sind auf dem Weg zur Perfektion nicht allein. Hier ein paar Piano-Promis:

- Clint Eastwood, Regisseur und Schauspieler
- Jeff Goldblum, Schauspieler
- Jack Lemmon, Schauspieler
- Dudley Moore, Schauspieler
- Richard M. Nixon, ehemaliger Präsident der USA
- Helmut Schmidt, ehemaliger Kanzler der Bundesrepublik Deutschland
- Harry S. Truman, ehemaliger Präsident der USA

> **IN DIESEM KAPITEL**
>
> Erfahren Sie, was einen guten Klavierlehrer auszeichnet
>
> Finden Sie die richtigen Fragen, die Sie Ihrem potenziellen Klavierlehrer stellen sollten

Kapitel 20
Blakes zehn Tipps, wie man den richtigen Klavierlehrer findet

Sie haben sich entschieden, privaten Klavierunterricht zu nehmen? Dann ist der nächste Schritt, einen Lehrer/eine Lehrerin zu finden. Sie denken vielleicht, das wäre einfach, aber einen wirklich *guten* Lehrer zu finden, erfordert Zeit, Mühe und Geduld. Viele Pianisten wechseln drei- oder viermal während ihrer Karriere den Klavierlehrer. Ich persönlich hatte fünf verschiedene.

Bevor Sie die erste Klavierstunde nehmen, ist es durchaus üblich und höchst empfehlenswert, jeden möglichen Kandidaten zu befragen und seine Stärken und Schwächen herauszufinden. Fürchten Sie sich nicht, Fragen zu stellen. Vergessen Sie nicht: Sie sind der Boss – Sie engagieren den Lehrer und nicht umgekehrt.

Damit Sie die richtigen Fragen an einen möglichen Klavierlehrer stellen, können Sie dieses Kapitel als Checkliste benutzen.

Frage 1: Wer war bei Ihnen schon Schüler?

Mögliche Antworten:

- ✔ Über die Jahre hinweg hatte ich schon viele Schüler. Ich gebe Ihnen gern ein paar Namen und Telefonnummern, damit Sie Kontakt aufnehmen können.
- ✔ Ach, nur ein paar: Leonard Bernstein, Rudolf Serkin und André Watts.
- ✔ Bisher noch niemanden. Sie sind mein erster Schüler.

Lassen Sie sich von dem »Lehramtskandidaten« eine Liste mit Referenzen geben und nehmen Sie möglichst mit jeder dieser Personen Kontakt auf. Auch wenn Ihnen der potenzielle Klavierlehrer von einem Freund oder Verwandten empfohlen wurde, sollten Sie trotzdem nach weiteren Referenzen fragen.

Befragen Sie die gegenwärtigen und früheren Schüler des Klavierlehrers, was sie an ihm mögen und was nicht.

Frage 2: Wie lange spielen und lehren Sie schon?

Mögliche Antworten:

✔ Über 25 Jahre, und es macht mir immer noch Spaß.

✔ Vor drei Jahren habe ich aufgehört, öffentlich aufzutreten, und mich entschlossen, nur noch Klavierstunden zu geben.

✔ Seit heute Mittag.

Ganz egal, ob jemand schon jahrelang gespielt, jahrelang studiert oder jahrelang Unterricht gegeben hat: Erfahrung ist für jeden guten Klavierlehrer ein Muss. Ohne Erfahrung werden Sie zwar beide lernen, aber das Honorar für die Lektionen streicht nur einer von Ihnen ein.

Außerdem könnte es Sie interessieren, wo und bei wem der Klavierlehrer gelernt hat, ob er schon einmal Preise gewonnen oder vorher schon eine Karriere als Interpret hatte.

Frage 3: Was halten Sie von Mozart?

Mögliche Antworten:

✔ Ein wunderbarer Komponist aus dem 18. Jahrhundert, der symphonische Werke, Kammermusik und Klaviermusik schuf.

✔ Ein überbewertetes, fragwürdiges Wunderkind, das ein paar Stücke geschrieben hat, die man heute klassisch nennt.

✔ Sie meinen Johann Sebastian Mozart? Hab ich mir bisher noch nie angehört.

Ein Klavierlehrer, der sich in der Musik auskennt, ist ein Lehrer, der alle nur denkbaren Fragen beantworten kann, die Ihnen einfallen. Das Wissen über große Komponisten oder Musikgeschichte ist zwar nicht das entscheidende Charakteristikum eines guten Klavierlehrers, sagt aber viel über seine Ausbildung und sein Repertoire aus.

Hier noch ein paar Fragen, mit denen Sie das Musikwissen Ihres Bewerbers testen können:

- ✔ Was ist der Unterschied zwischen einem Klavier und einem Cembalo? (Siehe Kapitel 1.)
- ✔ Welchen Musikstil spielte Bill Evans? (Siehe Kapitel 18.)
- ✔ Wie sehen die Vorzeichen für ein Stück in Cis-Dur aus? (Siehe Kapitel 11.)

Frage 4: Dürfte ich Sie bitten, mir etwas vorzuspielen?

Mögliche Antworten:

- ✔ Aber gern, in welcher Tonart soll's denn sein?
- ✔ Oh, ich spiele gern etwas für Sie. Wie wäre es mit ein bisschen Fats Waller?
- ✔ Eigentlich spiele ich selbst gar nicht. Ich bin nur ein guter Lehrer.

Wie gut spielt Ihr Kandidat selbst? Bitten Sie ihn, Ihnen etwas vorzuspielen. Nichts besonders Schwieriges, aber auch nichts zu Einfaches – vielleicht Bach, Chopin oder sogar Scott Joplin. Ihre Ohren werden Ihnen die richtige Antwort geben. Sind Sie beeindruckt von den Fertigkeiten des Kandidaten, oder können Ihre Freunde genauso gut spielen?

Rennen Sie nicht gleich zur Tür, wenn Sie die dritte Antwort erhalten. Erstaunlicherweise kann jemand, der selbst nicht besonders gut spielt, dennoch ein guter Lehrer sein. Es kann sein, dass er oder sie sehr gut zuhören und Ihre Technik korrigieren kann, ohne selbst die Musik spielen zu können. Wenn Ihnen die Antworten des Kandidaten auf die anderen Fragen in diesem Kapitel gefallen, sollten Sie in diesem Punkt keine allzu strengen Maßstäbe anlegen.

Frage 5: Welches Repertoire lehren Sie?

Mögliche Antworten:

- ✔ Ich mag jede Art von Musik. Wir fangen mit den Klassikern an und arbeiten uns zu den Top Ten von heute vor.
- ✔ Die drei Bs: Bach, Beethoven und Beatles.
- ✔ Wie sagten Sie … Reservoir?

Wahrscheinlich wissen Sie schon, welche Stücke Sie gern spielen wollen. Es ist wichtig, dass jeder Pianist die Klassiker spielen kann – Bach, Mozart, Chopin –, aber natürlich sind das nicht die einzigen Komponisten. Und Klassik ist auch nicht der einzige Musikstil.

Wenn Sie Rockabilly oder Jazz oder R&B spielen wollen, dann müssen Sie herausfinden, ob Ihr Lehrer bereit ist, diese Stilrichtungen zu lehren. Zugegeben, Sie müssen sich hocharbeiten, um diese anderen Stilrichtungen spielen zu können, und mit der Klassik anfangen. Je besser Sie werden, umso mehr sollten Sie darauf bestehen, dass Ihr Klavierlehrer Sie Ihr eigenes Repertoire aufbauen lässt, wenigstens in einem gewissen Umfang.

Frage 6: Wie denken Sie über falsche Noten, Fehler und zu wenig Üben?

Mögliche Antworten:

- ✔ Irren ist menschlich.
- ✔ Fehler sind der Weg zum Lernen.
- ✔ (*schlägt mit der Faust auf den Tisch*) Ich hasse Fehler!!

Geduld ist eine Tugend, und Geduld ist ein absolutes Muss, wenn jemand irgendetwas lehrt. Das gilt auch fürs Klavierspiel. Ihr Klavierlehrer sollte Sie entsprechend Ihren Fortschritten lehren, ganz gleich wie viele Fehler Sie machen.

Frage 7: Welche Methoden wenden Sie an?

Mögliche Antworten:

- ✔ Ich benutze die international anerkannte XY-Methode.
- ✔ Meine Methode variiert, abhängig von den Bedürfnissen eines jeden Schülers. Wir können anfangen mit ...
- ✔ Ach, schauen wir einfach mal, wie's läuft.

Jeder Klavierlehrer hat seine eigene Lehrmethode. Es kann sein, dass er vieles versucht und das Bewährte über die Jahre hinweg optimiert hat. Es kann aber auch eine neue Methode sein, über die er gerade gelesen hat. Doch ganz gleich, welche Methode er anwendet, Ihr Klavierlehrer sollte auf eine Art und Weise Klavier lehren, bei der Sie sich wohlfühlen.

Eine wahre Geschichte: Ich hatte einmal einen Klavierlehrer, der glaubte, »Schockbehandlung« wäre eine probate Lehrmethode. Jedes Mal wenn ich eine falsche Note spielte, schlug er mir mit einem Stock auf die Fingerknöchel und glaubte, das Ergebnis würde Perfektion sein. Das Ergebnis war aber, dass ich ständig Angst hatte, was zu noch mehr falschen Noten führte, zu roten Knöcheln und zu einem neuen Klavierlehrer. Es zahlt sich wirklich aus, etwas über die Methoden eines Lehrkandidaten zu erfahren – und sei es nur, um wunde Knöchel zu vermeiden.

Frage 8: Wo wird der Unterricht stattfinden?

Mögliche Antworten:

✔ Hier in meinem Wohnzimmer an meinem Steinway.

✔ Ich komme gern zu Ihnen nach Hause, wenn Sie ein Klavier haben und sich in vertrauter Umgebung wohler fühlen.

✔ In der Gasse hinter dem Stadion, kurz nach Mitternacht.

Egal wo der Unterricht stattfindet – es sollte möglich sein, zu jeder Tages- und Jahreszeit leicht und problemlos dort hinzugelangen. Liegt der Ort am äußersten Stadtrand oder im nächstgelegenen Dorf, kann schon ein kaputtes Auto (oder Fahrrad) ein Argument sein, ausnahmsweise einmal zu schwänzen. Wenn Sie die Stunden bei sich zu Hause nehmen, wissen Sie auf jeden Fall immer sicher, dass Sie da sind.

Frage 9: Wie viel verlangen Sie?

Mögliche Antworten:

✔ Mein Honorar beträgt 40 Euro pro Stunde. Wir treffen uns einmal in der Woche. Falls Sie einmal absagen müssen, dann tun Sie das bitte rechtzeitig.

✔ Ich denke, wir setzen vier Stunden pro Monat an, und Sie bezahlen mir dafür 140 Euro.

✔ Wie können Sie Kunst in Euro und Cent ausdrücken?

Normalerweise kostet eine Klavierstunde etwa 30 bis 60 Euro. Abhängig von verschiedenen wirtschaftlichen Faktoren, zu denen auch Bekanntheitsgrad und Nachfrage gehören, kann ein Klavierlehrer allerdings auch mehr als 90 Euro pro Stunde verlangen. Vergleichen Sie gründlich.

Frage 10: Veranstalten Sie mit Ihren Klavierschülern Konzerte?

Mögliche Antworten:

✔ Ja. Einmal im Jahr miete ich die Aula im Gymnasium, und die fortgeschrittenen meiner Klavierschüler spielen vor. Sie können so viele Gäste dazu einladen, wie sie wollen, und in der Pause gibt es Kaffee und Kuchen.

✔ Nein, aber das ist eine ausgezeichnete Idee. Vielleicht probiere ich das dieses Jahr gleich einmal aus.

✔ Sicher, wenn mein Opa mir die Scheune überlässt.

Für ein Publikum zu spielen, macht sehr viel Spaß und ist für viele der Hauptgrund, überhaupt Klavier zu spielen. Ein Klavierlehrer kann Ihnen Publikum verschaffen (und Ihnen das Lampenfieber nehmen), indem er jährlich oder halbjährlich öffentliche Auftritte veranstaltet. Der Lehrer plant diese Konzerte, sucht einen Konzertsaal, macht Werbung und bereitet Sie auf den Auftritt vor.

Häufig tun sich auch mehrere Klavierlehrer aus einer Stadt zusammen und veranstalten Konzerte mit ihren Schülern, beispielsweise zum jährlichen Tag der Hausmusik. Ohne Klavierlehrer müssten Sie Ihren ersten öffentlichen Auftritt selbst planen und organisieren.

Anhang A
Glossar musikalischer Fachbegriffe

a tempo: »zum Tempo (zurück)«; Anweisung, nach einem Tempowechsel, in der Regel nach einem *accelerando* oder einem *ritardando*, zum Originaltempo zurückzukehren

absolutes Gehör: Fähigkeit, Töne ohne Zuhilfenahme von Instrumenten korrekt zu bestimmen

accelerando: allmählich schneller werdend, wird manchmal accel. abgekürzt

akustisch: nicht elektrisch

adagio: langsam und ruhig

Akkord: drei oder mehr gleichzeitig gespielte Töne

Akkordprogression: Folge von Akkorden

Akzidens: siehe *Vorzeichen*

alla breve: 2/2-Takt, statt der Viertelnote wird die halbe Note zur Zählzeit

allegro: schnell und lebhaft

andante: mittleres Tempo, zwischen *adagio* und *allegro*

Arpeggio: »wie eine Harfe«, die Töne eines Akkordes werden nacheinander gespielt und nicht zusammen angeschlagen

Arrangement: Umsetzung eines Musikstücks

Artikulation: Art und Weise, wie eine Note gespielt wird, beispielsweise kurz, lang, akzentuiert, breit und so weiter.

Auftakt: unvollständiger Takt am Anfang eines Stücks, dadurch kann das Stück auf einem anderen Schlag als dem ersten beginnen (der Auftakt muss zusammen mit dem Schlusstakt wieder einen vollständigen Takt ergeben)

♭: Vorzeichen, das die Erniedrigung um einen Halbton anzeigt

Backbeat: Betonung auf den Schlägen 2 und 4, üblich im Reggae und in der Rockmusik

Balken: Verbindet eine Gruppe von Achtelnoten miteinander, ersetzt das Fähnchen. Eine Gruppe von Sechzehntelnoten wird durch einen doppelten Balken verbunden.

Bass: tiefe Stimme eines Musikstücks

Bassschlüssel: auch F-Schlüssel; Notenschlüssel, der auf der vierten Linie des Notensystems beginnt und ihr den Ton F zuweist. F ist also der Referenzton, der durch seine Lage die Position der anderen Töne anzeigt.

Beat: (Takt-)Schlag

Blues: meist 12-taktige Musikform mit bestimmter Akkordfolge

Cembalo: Tasteninstrument, bei dem die Saiten gezupft und nicht mit Hämmern angeschlagen werden; Vorgänger des *Pianoforte*

Coda: »Schwanz«, der Schlussteil eines Musikstücks, angezeigt durch ein zielscheibenähnliches Symbol

crescendo: allmählich lauter werdend

da capo: »von Anfang an«, oft abgekürzt D.C. al Fine oder D.C. al Coda. Das Musikstück wird noch einmal von vorne bis zum Ende gespielt, oder man beginnt von vorn und geht ab dem Codazeichen (siehe oben) dann in die *Coda*

dal segno: »vom Zeichen an«, oft abgekürzt D.S. al Fine oder D.S. al Coda, man spielt also von dem dollarähnlichen Zeichen bis zum Ende oder geht ab dem Codazeichen (siehe oben) in die *Coda*

Dämpfer: kleine Filzblöcke (auf Holz aufgeklebt), die verhindern, dass die Saiten des Klaviers schwingen

D.C.: siehe *da capo*

decrescendo: Schauen Sie unter *crescendo* nach und machen Sie genau das Gegenteil.

diminuendo: allmählich leiser werdend

dissonant: nicht wohlklingend, nach tonaler Auflösung verlangend

Doppelsystem: die Verbindung von zwei Notenzeilen (meist eine im Bass- eine im Violinschlüssel), die es möglich macht, die jeweiligen Noten für die linke und die rechte Hand übereinander anzuzeigen

doppelter Taktstrich: markiert das Ende des Abschnitts eines Musikstücks

Dynamik: Lautstärke der Musik, wie zum Beispiel *forte* (laut) oder *piano* (leise)

Enharmonik: zwei Töne derselben Tonhöhe haben unterschiedliche Namen, beispielsweise Cis und Des

F-Schlüssel: siehe *Bassschlüssel*

Fermate: eine Note oder eine Pause wird eine unbestimmte Zeit lang gehalten

fine: Ende

forte: laut, kräftig

fortissimo: sehr laut

G-Schlüssel: siehe *Violinschlüssel*

Ganzton: zwei Halbtonschritte, auch große Sekunde genannt

gebrochener Akkord: Akkord, dessen Töne nicht gemeinsam, sondern nacheinander oder in einem bestimmten Muster gespielt werden

glissando: »gleitend«; musikalischer Effekt, bei dem die Tonhöhe gleitend verändert wird

Halbton: kleinstes Intervall auf dem Keyboard; von einer Taste direkt zur nächsten, auch kleine Sekunde genannt

Haltebogen: geschwungene Linie, die Töne gleicher Tonhöhe verbindet. (der zweite Ton wird nicht neu angeschlagen, und der erste wird für die Dauer beider Notenwerte gehalten)

Hammer: mit Filz überzogener Mechanismus im Inneren des Klaviers, mit dem die Saiten angeschlagen und zum Klingen gebracht werden

Harmonien: Klänge, die entstehen, wenn zwei oder mehr verschiedene Töne gespielt werden; Wohlklang; Folge von Akkorden

Heavy Metal: harter Rockmusikstil

Hilfslinien: Linien, die die Notenzeile oben und unten erweitern und es so ermöglichen, Töne zu notieren, die vom Notensystem nicht mehr erfasst werden können

Intervall: Abstand zwischen zwei Tönen

Jazz: ursprünglich amerikanische Musikform mit Schwerpunkt auf Harmonik, Rhythmus und Improvisation

Konzert: Komposition für einen Solisten plus Begleitorchester; oder eine musikalische (öffentliche) Aufführung

Kreuz (♯): Vorzeichen, das die Erhöhung um einen Halbton anzeigt

largo: sehr langsam und breit

legato: gebunden

lento: langsam

maestoso: »majestätisch«, feierlich

Manual: Tastenreihe bei der Orgel oder beim Cembalo

Melodie: durchdachte, organisierte Folge von Tönen und Rhythmen

Metrum: grundsätzliche rhythmische Organisation eines Taktes

mezzo: »mittel«; wird mit anderen Dynamikanweisungen wie *piano* und *forte* verwendet; mezzoforte beispielsweise bedeutet halblaut.

MIDI: Abkürzung für »Musical Instrument Digital Interface«. Mit diesem System kann ein elektronisches Keyboard mit anderen MIDI-Geräten wie Computer, Sequenzer oder weiteren elektronischen Keyboards verbunden werden.

moderato: gemäßigtes Tempo

Modulation: Wechsel einer Tonart zu einer anderen

multitimbral: bei elektronischen Keyboards die Fähigkeit, mehrere Sounds gleichzeitig zu erzeugen

Note: Zeichen für einen Ton und seinen rhythmischen Wert, beispielsweise eine Viertelnote G oder eine Achtelnote As

Notenhals: vertikaler Strich, der am Notenkopf ansetzt

Notenschlüssel: Zeichen, das im Notensystem vorgibt, welchen Tönen die Notenlinien und entsprechend die Zwischenräume entsprechen

Notensystem: fünf Linien und vier Zwischenräume, auf beziehungsweise in die die Noten geschrieben werden

Oktave: Intervall, von der ersten zur achten Stufe, wobei dann der unterste und der oberste Ton den gleichen Namen haben

Orgel: akustisches Tasteninstrument, bei dem der Ton nicht erzeugt wird, indem Saiten angeschlagen werden, sondern indem Luft durch Pfeifen geblasen wird (die elektronische Variante klingt ähnlich, funktioniert aber ohne Pfeifen)

parallele Moll-Tonleiter: Jede Dur-Tonleiter hat eine parallele Moll-Tonleiter, die aus denselben Tönen gebildet wird, beispielsweise C-Dur und a-Moll.

Pause: Schlag oder Zählzeit, in der kein Ton gespielt wird

Pedal: ein Mechanismus, der mit den Füßen gesteuert wird; Klaviere und Orgeln verfügen über Pedale

Pentatonik: »fünf Töne«, Verwendung einer speziellen Tonleiter, die nur fünf Töne umfasst, weit verbreitet im Jazz, in Country Music, Pop und Heavy Metal (die schwarzen Tasten beim Klavier sind pentatonisch angeordnet!)

pianissimo: sehr leise

piano: leise

Piano: Abkürzung für *Pianoforte (=Klavier/Flügel, gegebenenfalls grandpiano)*

Pianoforte: »leise-laut«; ursprüngliche Bezeichnung für das Klavier

Pianola: mechanisches Klavier. Im Pianola befindet sich eine Rolle mit perforiertem Papier. Beim Abrollen dieses Papiers wird Luft durch die Löcher gepresst, die dann die Hämmer des Klaviers trifft, die die Saiten anschlagen.

Plektrum: kleines Häkchen oder Federkiel im Cembalo, der die Saite anreißt (auch das Plättchen, mit dem Gitarristen die Saiten anschlagen, nennt man Plektrum)

polyphon: mehrstimmig

präpariertes Piano: Klavier, bei dem der Sound verändert wird, indem man verschiedene Gegenstände wie Schrauben oder Kissen auf und zwischen den Saiten platziert

presto: sehr schnell

rallentando: allmählich langsamer werdend, mehr jedoch als *ritardando*

Reggae: Musikstil aus Jamaika, typisch ist die Betonung auf den Schlägen 2 und 4

Rhythmus: zeitliche Struktur der Töne oder Klänge und speziell eine Folge von Dauern und Pausen

ritardando: allmählich langsamer werdend

rubato: frei, der Musiker gestaltet das Tempo nach Belieben

Sampler: elektronisches Keyboard, das Klänge aufnimmt, »sampelt«, und sie den Tasten der Klaviatur zuordnet

Sequenzer: Aufnahme- und Abspielgerät für *MIDI*-Signale

Shuffle: im Blues, Rock und Jazz üblicher Rhythmus mit Lang-kurz-, Lang-kurz-Feeling

Slash-Akkord: Der tiefste Ton des Akkords ist nicht dessen Grundton. Beispiel ein C/G-Akkord ist ein C-Akkord, dessen tiefster Ton das G ist.

sostenuto: »gehalten«, Töne sollen länger gehalten werden und ausklingen

staccato: »abgerissen«, kurz; durch einen Punkt über oder unter der Note angezeigt

stimmen: die Tonhöhen der Saiten eines Klaviers oder eines anderen Saiteninstruments korrekt einstellen

subito: »plötzlich«, wird in Zusammenhang mit einem Tempo- oder Lautstärkewechsel verwendet, beispielsweise subito piano oder subito allegro

Swing: ein dem *Shuffle* ähnlicher Rhythmus, bei dem die Achtelnoten triolisch lang-kurz gespielt werden

Synkopierung: Die Betonung im Takt liegt auf normalerweise unbetonten Schlägen.

Synthesizer: elektronisches Keyboard, das Sounds imitiert, indem es die Form der Schallwelle manipuliert

Takt: musikalisch-zeitliche Einheit, die der übersichtlichen, zeitlichen Strukturierung von Musik dient und von der Dauer her eine bestimmte Anzahl von Schlägen eines Notenwerts enthält (siehe Taktart)

Taktart: Zwei übereinanderstehende Zahlen zu Beginn der Notenzeile, geben den zeitlichen Inhalt eines Taktes durch Anzahl und Definition eines Schlages an.

Taktstrich: vertikale Linie, die die Notenzeile in Takte untergliedert

Tempo: Zeitmaß, in dem ein Musikstück gespielt werden soll

tenuto: »gehalten«, lang; durch einen kurzen Strich über oder unter der Note angezeigt

Ton: Klang, dem eine Tonhöhe zugeordnet werden kann (im Gegensatz zum Geräusch)

Tonhöhe: Höhe oder Tiefe eines Tones

Tonleiter: eine festgelegte Folge von Tönen, aufsteigend oder absteigend, mit definierten Tonschritten

Transposition: Ein Musikstück wird in eine andere Tonart übertragen/versetzt. Verbform: *transponieren*

Tremolo: musikalischer Effekt, bei dem schnell zwischen zwei Tönen gewechselt wird, die mindestens eine Terz auseinanderliegen

Triller: Verzierung, bei dem schnell zwischen zwei benachbarten Tönen (kleiner oder großer Sekundabstand) gewechselt wird

Triole: drei Noten pro Taktschlag

übermäßig: um einen Halbton erhöht (ein Dur-Akkord wird zu einem übermäßigen Akkord, wenn die Quinte um einen Halbton erhöht ist)

Umkehrung: Akkord, bei dem der Grundton nicht der tiefste Ton ist

vermindert: um einen Halbton erniedrigt (ein Moll-Akkord wird zu einem verminderten Akkord, wenn die Quinte um einen Halbton erniedrigt ist)

Versetzungszeichen: Zeichen, das die Veränderung einer Tonhöhe anzeigt: Kreuz (Ton wird erhöht), ♭ (Ton wird erniedrigt) und Auflösungszeichen (Veränderung wird rückgängig gemacht)

Violinschlüssel: auch G-Schlüssel; Notenschlüssel, der der zweiten Linie des Notensystems den Ton G zuweist. G ist also der Referenzton, der durch seine Lage die Position der anderen Töne anzeigt.

vivace: lebhaft, schnell

Voicing: Umsetzung eines Akkords, das Arrangieren von Tönen zu einem Akkord

Vorschlagsnote: Note ohne rhythmischen Wert, die zum Zweck der Verzierung kurz vor einer anderen Note gespielt wird

Vorzeichnung: Gesamtheit der erhöhten und erniedrigten Töne einer Tonart, nur zu Beginn der Notenzeile angegeben

Walzertakt: 3/4-Takt

Anhang B
Audiobeispiele zum Download

Unter www.downloads.fuer-dummies.de finden Sie all die tollen Stücke, die Sie in *Piano für Dummies* spielen können. Ich habe die meisten Stücke selber mithilfe eines Klaviers (wie passend) aufgenommen.

Viele der Musikbeispiele benutzen verschiedene Synthesizerklänge, um die Illusion einer Band oder eines Orchesters zu vermitteln, das mit Ihnen spielt. Dennoch können Sie den Keyboardpart laut und deutlich über dem Rest der Musik hören.

Jedem Track geht ein ganzer Takt mit »Klicks« voraus. Diese Klicks sagen Ihnen, wie schnell Sie spielen sollen, und helfen Ihnen, mit der Aufnahme in Gleichklang zu kommen. Stellen Sie sich vor, die Klicks seien Ihr persönlicher Schlagzeuger, der die Taktschläge des Songs für Sie vorzählt.

Und das hören Sie:

Musikbeispiel	Titel	Kapitel
1	Trois Gymnopédies und Maple Leaf Rag	1
2	Das Wohltemperierte Klavier	1
3	Toccata und Fuge in d-Moll	1
4	Synthesizersounds	1
5	Vermischte Noten	5
6	Schneller und schneller	5
7	Triolen	5
8	A Hot Time in the Old Town Tonight	5
9	An der schönen blauen Donau	5
10	Can Can	5
11	When the Saints Go Marching In	6
12	Oh, Susannah	6
13	Überbindungen	6

Musikbeispiel	Titel	Kapitel
14	Scheherazade	6
15	I've Been Working on the Railroad	6
16	Swanee River	6
17	Frère Jacques	7
18	Freude, schöner Götterfunken	7
19	Skip to My Lou	7
20	Chiapanecas	7
21	Danny Boy	8
22	House of the Rising Sun	8
23	The Farmer in the Dell	8
24	Greensleeves	8
25	Swing Low, Sweet Chariot	9
26	Little Brown Jug	9
27	On Top of Old Smokey	9
28	Shenandoah	10
29	Marianne	10
30	I'm Called Little Buttercup	10
31	Aura Lee	10
32	Auld Lang Syne	10
33	Good Night, Ladies (in C)	11
34	Good Night, Ladies (in F)	11
35	Worried Man Blues (in G)	11
36	Red River Valley	12
37	Down by the Station	12
38	Spannung und Auflösung	12
39	Guten Abend, gute Nacht (Brahms' »Schlaflied«)	12
40	Camptown Races	13
41	Pop! Goes the Weasel	13

Musikbeispiel	Titel	Kapitel
42	Trumpet Voluntary	13
43	Also sprach Zarathustra	13
44	Polowezer Tanz	13
45	Rhythmen mit Akkorden	14
46	Arpeggios	14
47	Picking and Grinning	14
48	Octaves in the Left	14
49	Jumping Octaves	14
50	Rockin' Intervals	14
51	Berry-Style Blues	14
52	Bum-Ba-Di-Da	14
53	Boogie-Woogie Bass Line	14
54	Einstieg »Auf die Plätze, fertig, los!«	14
55	Rockiger Einstieg	14
56	Einstieg »Vorspiel zu einer süßen Ballade«	14
57	Einstieg, um Zeit zu gewinnen	14
58	Einstieg für Stammgäste	14
59	Ausstieg »Ich liebte dich, doch du gingst fort«	14
60	Ausstieg »Alle Mann einsteigen«	14
61	Ausstieg »Auf ein letztes Bier«	14
62	Ausstieg »Rasieren und Haare schneiden«	14
63	Riff »Bernstein wäre stolz gewesen«	14
64	Riff »Liebe mich so wie früher«	14
65	Home on the Motown Range	15
66	Yankee Doddle Went to a Jazz Club	15

Abbildungsverzeichnis

Abbildung 1.1: So einen zu besitzen, ist riesig. 27

Abbildung 1.2: Aufrecht steht das Klavier 28

Abbildung 1.3: Damit können Sie Ihre Töne »hämmern«. 30

Abbildung 1.4: Ein prächtig verziertes Cembalo 31

Abbildung 2.1: Alle Mann in Stellung! 38

Abbildung 2.2: Eine typische Klavierbank 39

Abbildung 2.3: Stellen Sie sich auf. 40

Abbildung 2.4: So sollte Ihre Handhaltung aussehen. 42

Abbildung 2.5: Die Nummern Ihrer Finger 43

Abbildung 3.1: Ihre schwarzen und weißen Tasten 47

Abbildung 3.2: Chopsticks und Forks (Essstäbchen und Gabel) auf Ihrer Tastatur 49

Abbildung 3.3: Viel Spaß mit den Pedalen 52

Abbildung 4.1: Humoresque 58

Abbildung 4.2: Eine Notenzeile 59

Abbildung 4.3: Der Notenschlüssel 59

Abbildung 4.4: Das G zu finden, ist doch nicht schwierig. 60

Abbildung 4.5: Alle Linien und Zwischenräume im Violinschlüssel stehen für unterschiedliche Noten. 60

Abbildung 4.6: Erhöhte und erniedrigte Noten werden durch diese Symbole gekennzeichnet. 61

Abbildung 4.7: Der Bassschlüssel 61

Abbildung 4.8: Zwischen F und G kann mehr als eine Taste liegen. 62

Abbildung 4.9: Auch im Bassschlüssel kommen die sieben Stammtöne vor. Allerdings haben sie dort einen anderen Platz im Liniensystem. 62

Abbildung 4.10: Ganz oben und ganz unten steht der gleiche Notenname. 62

Abbildung 4.11: Das Doppelsystem 63

Abbildung 4.12: Wo sind die Linien und die Zwischenräume für die fehlenden Noten? 63

Abbildung 4.13: Wir schaffen Platz für weitere Noten. 64

Abbildung 4.14: Eine dünne kleine Linie kann weitere Noten tragen. 64

Abbildung 4.15: Nirgendwo so richtig zu Hause: Das mittlere C 64

Abbildung 4.16: Die gleichen Noten, jeweils mit verschiedenen Händen gespielt beziehungsweise in verschiedenen Notenschlüsseln notiert 65

Abbildung 4.17: Wir fahren die Hilfslinien aus. 65

Abbildung 4.18: Senkrechte Linien unterteilen die Notensysteme. 66

Abbildung 4.19: Lesen Sie weiter, spielen Sie weiter. 67

Abbildung 5.1: Taktstriche helfen, die Taktschläge zu gruppieren. 70

Abbildung 5.2: Betonen Sie die richtigen Beats. 71

Abbildung 5.3: Diesen Arten von Taktstrichen können Sie begegnen. 72

Abbildung 5.4: Die häufigste Note in der Musik – die Viertelnote. 72

Abbildung 5.5: Heben Sie die Hälfte für mich auf. 73

Abbildung 5.6: Wir essen die ganze Torte auf einmal. 74

Abbildung 5.7: Acht ist noch nicht genug. 76

Abbildung 5.8: Es sind immer 16. 76

Abbildung 5.9: Von der Viertel- zur Sechzehntelnote. 77

Abbildung 5.10: Eine Schachtel Pralinen. 77

Abbildung 5.11: Viertelnoten im Takt. 78

Abbildung 5.12: Eine sehr verbreitete Möglichkeit, den Viervierteltakt anzugeben: der Buchstabe C. 78

Abbildung 5.13: Changing It Up 82

Abbildung 5.14: Add-Ons 83

Abbildung 6.1: Ein guter Song braucht auch Pausen. 86

Abbildung 6.2: Hier können Sie Ihren Hut aufhängen. 86

Abbildung 6.3: Rocken und ausruhen 87

Abbildung 6.4: Viertelpause, Achtelpause und Sechzehntelpause 87

Abbildung 6.5: So zählt man kürzere Pausen. 88

Abbildung 6.6: Waiting For a Note. 88

Abbildung 6.7: Auftaktnoten mit Pause 89

Abbildung 6.8: Auftaktnoten ohne Pause 89

Abbildung 6.9: Wir punktieren Noten. 91

Abbildung 6.10: Wir swingen einen regelmäßigen Beat. 95

Abbildung 6.11: Das Symbol für einen Swingbeat 95

Abbildung 7.1: Wir schlagen eine Note an. 100

Abbildung 7.2: Die rechte Hand in der C-Position 101

Abbildung 7.3: Kum-bah-yah 104

Abbildung 7.4: G wie »Gehen Sie nach oben«. 105

Abbildung 7.5: This Old Man. 106

Abbildung 7.6: Wir wechseln von einer Position in eine andere. 107

Abbildung 7.7: Hier kreuzt der Zeigefinger den Daumen. 107

Abbildung 7.8: Menuett. 108

Abbildung 7.9: Von C nach C 108

Abbildung 7.10: Row, Row, Row Your Boat 109

Abbildung 8.1: Ganztonschritte und Halbtonschritte. 113

Abbildung 8.2: Wir steigen die C-Dur-Tonleiter nach oben. 114

Abbildung 8.3: In der G-Dur-Tonleiter finden wir eine erhöhte Note. 114

Abbildung 8.4: Die F-Dur-Tonleiter benutzt ein Vorzeichen: das ♭. 114

Abbildung 8.5: Jesu, meine Freude. 116

Abbildung 8.6: C-Tonleitern in Dur und Moll. 117

Abbildung 8.7: Freude oder Trauer für die Welt? 117

Abbildung 8.8: So viele Moll-Tonleitern – traurig, traurig. 118

Abbildung 8.9: Die natürliche (links) und die harmonische a-Moll-Tonleiter 121

Abbildung 8.10: Traurig oder fröhlich – das ist hier die Frage. 122

Abbildung 8.11: Got the Blues? 122

Abbildung 8.12: Aus der Blues-Tonleiter wird eine tolle Melodie. 123

Abbildung 9.1: Die C-Position mit der linken Hand. 126

Abbildung 9.2: Locker mit links 127

Abbildung 9.3: Taste drücken, singen, lauschen, lernen 127

Abbildung 9.4: Mit der linken Hand die Tonleitern auf und ab 128

Abbildung 9.5: Auch Teile einer guten Sache sind eine gute Sache. 129

Abbildung 9.6: Ganz gleich, ob Dur oder Moll, die Noten dieser Arpeggios weisen das gleiche Grundmuster auf. 131

Abbildung 9.7: So schaffen Sie die linkshändigen Arpeggios. 132

Abbildung 9.8: Spielen Sie schnellere Arpeggios. 133

Abbildung 9.9: Vier-Noten-Arpeggios, die auf dem C basieren (links in Dur, rechts in Moll) 133

Abbildung 9.10: Auf und ab mit Vier-Noten-Arpeggios 134

Abbildung 9.11: So können Sie mit den vier Arpeggionoten herumspielen. 134

Abbildung 9.12: Yankee Doodle. 136

Abbildung 10.1: Die Noten einer Tonleiter erhalten Nummern. 142

Abbildung 10.2: Die ganze Intervall-Familie. 143

Abbildung 10.3: Machen Sie sich mit großen Sekunden vertraut. 144

Abbildung 10.4: Eine kleine Sekunde 144

Abbildung 10.5: Große und kleine Terzen zusammen im selben Stück 145

Abbildung 10.6: Große Terzen zur religiösen Erbauung 145

Abbildung 10.7: Eine kleine Terz 145

Abbildung 10.8: Die reine Quarte in Aktion 146

Abbildung 10.9: Mit der reinen Quarte unter die Haube 146

Abbildung 10.10: Die reine Quinte, ein strahlender Stern 147

Abbildung 10.11: Absteigende Quinten 147

Abbildung 10.12: Die große und die kleine Sexte 147

Abbildung 10.13: Von Septimen werden wir noch hören, wenn es um die Septakkorde geht. 148

Abbildung 10.14: Oktave von C nach C in dem Wort »Somewhere« 148

Abbildung 10.15: Alle Intervalle auf einen Blick 149

Abbildung 10.16: America, the Beautiful 150

Abbildung 10.17: Wir harmonisieren »Yankee Doodle«. 151

Abbildung 11.1: Mit unbekanntem Ziel: Wie man eine Tonart verlässt und wieder in die »Heimat« zurückkehrt. 160

Abbildung 11.2: Art und Zahl der Vorzeichen verrät die Tonart. 161

Abbildung 11.3: Auch das tiefere F im ersten Zwischenraum wird zum Fis. 161

Abbildung 11.4: Vorzeichen für beide Hände 162

Abbildung 11.5: Mit Kreuzen die Tonart bestimmen 163

Abbildung 11.6: Mit ♭s die Tonart bestimmen. 164

Abbildung 11.7: Nicht alle Fs sind ein Fis. 164

Abbildung 11.8: The Star-Spangled Banner. 165

Abbildung 12.1: Ein einfacher Dreiklang 168

Abbildung 12.2: Aus dem C-Dreiklang abgeleitete Akkorde. 169

Abbildung 12.3: Dur-Akkorde 169

Abbildung 12.4: Moll-Akkorde sind auch sehr wichtig. 171

Abbildung 12.5: To a Wild Rose. 171

Abbildung 12.6: Übermäßige Akkorde 172

Abbildung 12.7: Verminderte Akkorde 172

Abbildung 12.8: Rags and Riches 173

Abbildung 12.9: sus-Akkorde 174

Abbildung 12.10: Wir lösen die Spannung auf. 175

Abbildung 12.11: Eindrucksvolle Septakkorde 175

Abbildung 12.12: Auf vereinfachten Notenblättern stehen die Akkordsymbole über der Notenzeile. 177

Abbildung 12.13: Piano. 178

Abbildung 12.14: Töne zu einem Akkord zusammensetzen 180

Abbildung 12.15: Fingergymnastik mit Akkorden 180

Abbildung 12.16: Weniger Anstrengung und hört sich toll an 181

Abbildung 12.17: Akkorde in der Grundstellung 181

Abbildung 12.18: Der Grundton (Pfeile) ganz oben 182

Abbildung 12.19: Der Grundton in der Mitte 182

Abbildung 12.20: Die dritte Umkehrung bei Septakkorden 182

Abbildung 13.1: Vorschlagsnoten klingen viel sanfter als ihr Name vermuten lässt. 187

Abbildung 13.2: Der Sound eines Trillers 189

Abbildung 13.3: Triller rund um eine Note 190

Abbildung 13.4: Blitz und Donner auf dem Notenblatt 192

Abbildung 13.5: Abwärts mit der rechten Hand 192

Abbildung 13.6: Aufwärts mit der rechten Hand 193

Abbildung 13.7: Abwärts mit der linken Hand 193

Abbildung 13.8: Aufwärts mit der linken Hand 193

Abbildung 13.9: To Gliss is Bliss 194

Abbildung 13.10: Ein Tremolo 195

Abbildung 13.11: Tremoloakkorde 196

Abbildung 13.12: Crescendo und Diminuendo auf dem Notenblatt 200

Abbildung 13.13: Erst lauter, dann leiser. 201

Abbildung 14.1: Arpeggios. 205

Abbildung 14.2: »Zupfen« Sie mal. 206

Abbildung 14.3: Der klassische Boogie-Riff 222

Abbildung 14.4: »Hank the Honky-Tonk« 223

Abbildung 14.5: Essstäbchen als Riff 224

Abbildung 15.1: Ein Ausschnitt aus Mozarts »Sonate in C-Dur« 226

Abbildung 15.2: Eine kleine Schmachtmusik 227

Abbildung 15.3: Ein Ausschnitt aus Griegs Klavierkonzert 228

Abbildung 15.4: Dixie à la Grieg 228

Abbildung 15.5: Shake, Rattle und Rock 229

Abbildung 15.6: Jerry Had a Little Lamb 230

Abbildung 15.7: Der Zwölf-Takt-Blues 232

Abbildung 15.8: Wir überarbeiten den Zwölf-Takt-Blues. 233

Abbildung 15.9: Von Dur nach Moll im Blues 234

Abbildung 15.10: Die gute alte Country Music 235

Abbildung 15.11: Michael, Ride Your Horse Ashore 236

Abbildung 15.12: Romantik nach Noten 237

Abbildung 15.13: Go Tell Aunty Rhody You Love Her 238

Abbildung 15.14: Der Motown-Sound 239

Abbildung 15.15: Hier kommt der Funk. 241

Abbildung 15.16: For He's a Funky Good Fellow 242

Abbildung 15.17: »Merrily We Roll Along« 244

Abbildung 15.18: »Merrily We Roll Along« 1 245

Abbildung 15.19: »Merrily We Roll Along« 2 245

Abbildung 15.20: »Merrily We Roll Along« 3 245

Stichwortverzeichnis

(Kreuz) 161
♭ (B) 161
2001 Odyssee im Weltraum 195
8va 66
8vb 66

A

A Hot Time in the Old Town Tonight 79
a-Moll-Tonleiter 119
Abhängigkeit 253
Achtel-Arpeggio 132
Achtelnote 75, 77
Achtelpause 87
Achteltriole 77
Add-ons 82
Airplane Sonata 197
Ais 115
Akkolade 135
Akkordaufbau 180
Akkorde 128, 167, 204, 229, 231, 242
Akkordinstrument 141
Akkordpositionen 181
Akkordsymbol 176, 178, 179
Akkordtypen 178
Akkordumkehrungen 180, 181
Akkordzupfen 206
Akustisch 25
Alles einsteigen 218
Alterierte Töne 50
America the Beautiful 149
Ammons, Albert 292
Amos, Tori 284, 285
An der schönen blauen Donau 80
Anordnung der Saiten 29
Anordnung der Tasten 112
Antheil, George 197
Argerich, Martha 276, 277
Arme 38
Arpeggio 131, 135, 137, 204
Arpeggionoten 131
Arpeggios mit drei Noten 131

Arpeggios mit vier Noten 132
Artikulation 185, 190
Auf die Plätze, fertig, los 215
Auflösender Akkord 174
Auflösungszeichen 164
Aufrüsten 257
Auftakt 89
Auld Lang Syne 155
Ausbildung 296
Ausprobieren 260
Aussehen 250

B

B (♭) 115, 161
Bänke 39
Bach, Johann Sebastian 33, 34, 108, 116, 273, 275
Balken 75
Bands 291, 307
Bassharmonien 154
Bassmuster 210
Bassnoten 61, 127
Basssaiten 29
Bassschlüssel 59, 61, 128
Beats 70
Beats per minute 70
Beethoven, Ludwig van 145, 274, 275
Begleitmuster 128, 131
Begleitphrasen 203
Beidhändig 136
Berry, Chuck 211
Berry-Style Blues 211
Beweglichkeit 41
Bingo 177
Blues 189, 212, 230
Blues-Tonleiter 122
Bluesakkordsequenz 233
Boogie-Woogie-Basslinie 212
Boogie-Woogie-Trio 292
Bop 280
Borodin, Alexander 198
bpm 70
Brahms, Johannes 176
Brian Setzer Orchestra 95
Brother John (Frère Jacques) 101

Brown, James 241
Brubeck, Dave 279, 281
Bum-Ba-Di-Da 212

C

C4 64
Cage, John 197
Camptown Races 186, 254
Can Can 81
Carlos, Wendy 35
C-Dur-Tonleiter 113, 116, 142, 157
CD-ROM-Laufwerk 257
Cembalo 26, 31, 297
Changing It Up 82
Chariots of Fire – Original Soundtrack 36
Charles, Ray 285, 287
Cherry Poppin' Daddies 95
Chiapanecas 104
Chopsticks 49
Clavichord 26
Cliburn, Van 281, 282
Clinton, George 241
c-Moll-Tonleiter 117
Computer-Festplatte 257
Controller 262
Country Music 206, 234
Cowell, Henry 197
C-Position 101, 126, 127, 131, 146
Cramer, Floyd 286, 287
cresc 200
Crescendo 200
Cristofori, Bartolomeo 30
C-Tonleitern 117

D

Dämpfer 26, 51, 52
Danny Boy 115
Daumenuntersatz 106, 114
Davis, Miles 279
Deckel 28, 29
Der weiße Hai 144
Die Firma 197
dim 200
Diminuendo 200

Dirigenten-Pianisten 276
Dixie à la Grieg 228
Do-Re-Mi 111
Doppelsystem 63
Down by the Station 169
Dr. John 194, 286, 287
Dreiklänge 168
Dreiviertelnote 91
Dreivierteltakt 78, 79, 92, 104, 131, 133
Dritte Umkehrung 182
Duett 291
Duette 39
Duo 291
Dur-Tonleiter 113, 142
Dynamik 198
Dynamikbezeichnungen 200

E

Eastwood, Clint 294
Effekte 51, 190, 220, 258, 260
Effektprozessoren 260
Einhundertachtundzwanzigstel 77
Einstieg für Stammgäste 217
Einstieg, um Zeit zu gewinnen 217
Ellington, Duke 288, 289
e-Moll-Tonleiter 117
Ende 71
Ensembles 291
Erfahrung 296
Erhöhte Töne 50
Erhöhungssymbol 161
Erhöhungszeichen 61
Erniedrigte Noten 61
Erniedrigte Töne 50
Erniedrigungszeichen 61, 161
Erste Umkehrung 181
es (Zusatz) 50
Essstäbchen 49
Evans, Bill 242, 279, 281, 297

F

f (Forte) 198
F-Dur-Tonleiter 114, 115, 119
F-Schlüssel 59
Fähnchen 75
Füße 38
Fünfte Symphonie 145
Fünfviertaktakt 82, 279

Fake Book 135
Fakebook 176
Falsche Noten 190
Federkiele 32
Feelings 146
Fehler 190
Feinberg, Alan 28
Finger 42, 99, 125, 194
Fingerfertigkeit 111
Fingerkreuzen 107, 108, 114
Fingernägel 41, 194
Fingersätze 42
Fingersatz 102
Fingerstellung 100
Fingerzahlen 102
Flügel 27, 29
Flügelschlitten 269
Flat 50
For He's a Jolly Good Fellow 242
Fork 49
Forte 198
Fortepedal 51
Fortissimo (ff) 199
Foster, Stephen 94
Franklin, Aretha 238
Freude, schöner Götterfunken 102
Funk 241

G

Gabel 49
Ganze Note 74
Ganze Pause 86
Ganztonschritt 112
G-Dur-Tonleiter 114, 116
Gebrauchtes Klavier 254
Gebrochener Akkord 131
Geduld 298
Gefühle 146, 185, 225
Geldanlage 250
Gershwin, George 288, 289
Gewichtete Tasten 258
G-Linie 60
Glissando 190, 191, 229
Go Tell Aunty Rhody You Love Her 237
Goldblum, Jeff 294
Good Night, Ladies 158
Gould, Glenn 281, 283
G-Position 105, 126, 127
Greensleeves 119

Grieg, Edvard 227
Größe 250, 252
Große Intervalle 143
Große Sekunde 144
Große Septime 147
Große Sexte 147
Große Terz 145
Grundton 61, 112, 157, 168
Gruppe 291
Grusin, Dave 28, 197
G-Schlüssel 59

H

Haken 32
Halbe Note 73
Halbe Pause 86
Halbtonschritt 112
Halbtonschritte 51
Haltepedal 51
Haltung 37
Hämmer 30
Hammertasten 258
Hancock, Herbie 280, 281
Hände 38, 42, 44, 99, 125
Handeinsatz 20
Handhaltung 41
Happy Trails 212
Harmonie 128, 141, 167
Harmonische Moll-Tonleiter 121
Harmonisches Intervall 148
Harmonium 34
Helfgott, David 275
Here Comes the Bride 146
Hersteller 255, 258
Hilfslinien 64, 65
Hitpianisten 284
Hofmann, Józef 278
Höhe 41
Home on the Range 240
Honorar 299
Horowitz, Wladimir 276, 277
Hotline 268
House of the Rising Sun 117
Humoresque 58
Hüpfende Intervalle 229
Hydraulis 26

I

I'm Called Little Buttercup 153

I've Been Working On The
   Railroad   93, 146
Ich liebte dich, doch du gingst
   fort   218
Improvisation   242
   echte   243
   indirekte   243
Interpretation   225
Interpreten   273
Intervalle   141, 210
   absteigendes   143
   aufsteigendes   143
Intro   213
Inversion   180
is (Zusatz)   50

J

Jarre, Jean-Michel   36
Jarre, Maurice   36
Jazz   159, 189, 242, 279, 292
Jesu, meine Freude   116
Joel, Billy   284, 285
John, Elton   285
Johnson, Pete   292
Joplin, Scott   28, 286, 287
Jumping Octaves   209

K

Karpaltunnelsyndrom   44
Kauf   249
Kaufverhandlungen   261
Keine Terz   145
Key, Francis Scott   165
Keyboard
   akustisches   250
   elektronisches   252
   Standort   263
   Wartung   266
Kirchenorgel   26, 33, 51
Kissin, Jewgenij   276, 277
Klänge   256
Klangeffekt   35
Klangfarbe   158
Klangquelle   35
Klangwelle   35
Klassische Musik   225
Klavier   27, 29
   Kauf   254
   Standort   253
Klavierbank   39
Klavierbauer   266
Klavierdeckel   197

Klavierduo   291
Klavierrollwagen   269
Klavierstimmer   29, 266
Klavierstuhl   38
Klaviertransport   269
Klaviertrio   292
Klavierunterricht
   Kosten   299
Klavierzubehör (Extras)   21
Kleine Intervalle   143
Kleine Sekunde   144
Kleine Septime   147
Konzerte   33
Konzertpianisten   37
Kopfhörer   252
Kosten   250, 252
Krämpfe   41
Kraftwerk   35
Kreuz   61, 161
Kuckucksruf-Intervall   145
Kum-bah-yah   103, 145

L

Landowska, Wanda   277
Lautstärke   198
Lautstärkemodulation   253
Lautstärkepedal   53
Leadsheets   176
Lehrer   295
Lehrmethode   298
Leidenschaft   185
Lemmon, Jack   294
Lernhilfen   262
Lewis, Jerry Lee   76, 194, 229,
   283, 284
Lewis, Meade Lux   292
LH   100, 125
Liberace   283, 284
Ligatur   91
Linke Hand   125
Liszt, Franz   227, 274, 275
Little Brown Jug   129
Little Richard   283, 284

M

m (für Moll)   170
MacDowell, Edward   171
Mager, Jörg   36
Manuale   32, 34
Marianne   152
Marschtakt   80
Mary Had a Little Lamb   230

Mechanisches Klavier   289
Mehrnoten-Polyphonie   257
Melodie   99, 128, 212
Melodien   167, 237
Melodische Moll-Tonleiter
   121
Melodisches Intervall   148
Menuett   146
Menuett (Bach)   108
Merrily We Roll Along   245
Metrum   78
Mezzoforte (mf)   199
Mezzopiano (mp)   199
Michael Row the Boat Ashore
   235
MIDI   258, 262
MIDI-Box   262
MIDI-CDs   262
MIDI-Sequencing   289
MIDI-Software   262
Mieten   251, 252
Mission Impossible   279
Mittleres C   64, 125
Moderatorpedal   52
Moll-Akkorde   233
Moll-Tonleiter   113, 116
Monk, Thelonious   280, 281
Moore, Dudley   294
Motown-Sound   239
Mozart, Wolfgang Amadeus
   226, 278
Musiknoten   48
My Bonnie Lies Over the
   Ocean   147

N

Nachteile   249, 250, 252
Natürlicher Anschlag   258
New Age Music   287
Nixon, Richard M.   294
Noten   48, 57, 59
Notenhals   72
   nach oben oder nach unten
   73
Notenkopf   72
Notenlänge   69
Notenlinie   57
Notennamen   48
Notenschlüssel   59
Notenzeile   59, 125
Notieren von Musik   20
N-V-M   161

O

Octaves in the Left 208
offbeat 94
Offbeat-Phrasen 94
Oh Susannah 89
Oktavenposition 208
Oktaventremolo 195
On Top of Old Smokey (Song) 137
Orchester 307
Orgeln 26, 51
Oszillator 35
Ottava 66
Ottava bassa 66
Ottavina 34
Outro 213
Oxygene 36

P

p (Piano) 198
Pärt, Arvo 197
Patterns, rhythmische 204
Pause 85, 89, 106
Pedale 51
    Funktionen 51
Petzold, Christian 146
Pfeifen 33
Pflege 252
Phantom of the Opera 34
Pianissimo (pp) 199
Pianisten 273
Piano 51, 198
Pianoforte 31
Pianola 289
Pianopedal 52
Picking and Grinning 206
Plektrum 32
Polowezer Tanz 198
Pop
    Goes the Weasel 188
Popballade 236
Popmusik 236, 284
Positionen 100, 126
Positionswechsel 106
Präpariertes Piano 197
Preis 254, 256, 261
    Limit 261
Programmänderungen 53
Prominente 294
Psalter 34
Punkt 91
Punktierte Achtelnote 93
Punktierte halbe Note 91
Punktierte Viertelnote 93
Purcell, Henry 191

Q

Quart-Vorhalt-Dreiklang 173
Quartett 292
Quinte 142, 143, 154
Quinten 168
Quintenzirkel 166

R

Rachmaninow, Sergej 52, 274, 275
Racks 41
Rags and Riches 173
Ragtime 286
Rechtshänder 126
Red River Valley 167
Redding, Otis 238
Referenzen 296
Register 34
Reine Intervalle 143
Reine Oktave 148
Reine Quarte 146
Reine Quinte 146
Reparaturen 268
Residents, The 36
Resonanzboden 253
RH 100, 125
Rhythmus 69, 70, 83, 94, 238, 243
Richter, Swjatoslaw 282, 283
Rimski-Korsakow, Nikolai 92, 144
Rock'n'Roll 194, 197, 228, 283
Rock-Keyboarder 37
Rockin' Intervals 210
Rockit 280
Rogers, Roy 212
Round Midnight 280
Row, Row, Row Your Boat 109
Rubinstein, Arthur 277
Rückenlehne 39, 40
Ruckers, Hans 32

S

Saint-Saens, Camille 34
Saiten 26, 28
Sampler 252, 256, 259
Satie, Erik 28
Scarlatti, Domenico 33
Scheherazade 92, 144
Schlaflied 176
Schmidt, Helmut 294
Schritte 112
Schrittfolge 113, 116
Schubert, Franz 28
Schwarze Tasten 48, 61
SCSI 257, 258
Sechzehntelnote 76
Sechzehntelpause 87
Sehnenscheidenentzündung 44
Senkrechte Linien 66
Septakkord 175, 182
Septime 175
Sequenzer 258
Sexte 151, 237
Sharp 50
She'll Be Coming Round the Mountain 89
Shifrin, Lalo 279
Shine 275
Shuffle 96
Sitzen 37
Skala 111
Skip to My Lou 103
Somewhere Over the Rainbow (Song) 148
Sonate 33
Sostenuto-Pedal 52
Soul 238
Sound Editing 258
Soundkarten 257
Sousa, John Phillip 189
Spannung 175
Speicher 257
Spezialeffekte 53
Spieltechnik 42
Spinett 34
Stammtöne 48
Standort des Keyboards 263
Star Wars 146
Stauraum 40
Stehen 37
Stil 225
    Blues 230
    Country Music 234
    Funk 241
    Jazz 242
    Klassische Musik 225
    Popmusik 236
    Rock'n'Roll 228
    Soul 238
Stilrichtung 214
Straight, No Chaser 280
Strauß, Johann 80

Stromquelle 252
Stühle 38
Stuhllehne 39
Stutzflügel 27
Stützstab 28
sus2 173
sus4 173
Sustenuto-Pedal 52
Swanee River 94
Swing Low, Sweet Chariot 129, 145
Swingbeat 95
Swingers 95
Switched-On Bach 35
Symbole 21
Synkope 239, 241
Synthesizer 36, 51, 250, 252, 256, 259, 307

T

Tabula rasa 197
Takt 70, 279
Taktschläge 70
Taktstrich 70
Taktstricharten 71
Taktwechsel 81
Tanzen 238
Tastatur 32, 59
Tasten 26, 30, 47, 112, 142, 258
Tasteninstrumente
 akustische 25
 erste Schritte 20
 verschiedene Arten 25
Tatum, Art 280, 281
Täuschen 190
Technik 185
Tempo 70, 75, 77
Temptations, The 239
Tennisbälle 42
Terz 142, 168
The Banshee 197
The Farmer in the Dell 119
The Sound of Music 111
The Star-Spangled Banner 165
The Wizard of Oz 148
This Old Man 145, 227
Tiefe Tasten 125
To a Wild Rose 171
Toccata und Fuge in d-Moll 34
Tonales Zentrum 157
Tonart 157, 214

Chrarakter der 158
 erkennen 160
 mit erhöhten Noten 163
 mit erniedrigten Noten 164
 Vorzeichen merken 166
Tongeschlecht 157
Tonhöhe 57
Tonhöhenmanipulation 258
Tonleiter 111, 112, 128, 168
 alternative 120
Tonqualität 253
Tonschritte 142
Top-Ten-Teil 21
tr (Triller) 189
Tragegurte 269
Transponieren 158, 215
Tremolo 195, 217, 235
Tremoloakkorde 195
Triole 77, 95, 116
Triolen 218
Triolenakkorde 222
Truman, Harry S. 294
Trumpet Voluntary 191
Twinkle, Twinkle Little Star 146

U

Überbindung 91
Übermäßige Akkorde 172
Übersetzen 107
Übung 111
Umkehrung 204
Una-corda-Pedal 52
Unterarme 38
Untersetzen 106
Upgrading 257

V

Vangelis 36
Veralten 253, 256
Verminderte Akkorde 172
Vibration 26, 274
Vibrato 53
Vielseitigkeit 252
Vier-Noten-Dur-Arpeggio 132
Vier-Noten-Moll-Arpeggio 132
Viertel 72
Viertel-Achtel-Triole
Viertelakkorde 204

Viertelnote 72
Viertelpause 87
Vierundsechzigstel 77
Viervierteltakt 78, 79, 131, 133
Violinschlüssel 59, 60
Virginal 34
Vivaldi, Antonio 33
Volume-Pedal 53
Vorführinstrumente 254
Vorhaltakkord 173
Vorschlagsnoten 187, 190, 217, 235
Vorspiel zu einer süßen Ballade 216
Vorteile 249, 250
Vorzeichen 160, 163, 297
 für beide Hände 162
 Merksätze für 166
Vorzeichnung 161

W

Waiting for a Note 88
Waller, Fats 289
Walzertakt 80
Wartung 266
 elektronisches Keyboard 267
 Klavier 266
Wasserorgel 26
Webber, Andrew Lloyd 34
Wert 250
When the Saints Go Marching In 89
Wiederholung 71
Williams, John 144
Winston, George 28, 287, 288
Witness – Original Soundtrack 36
Wonder, Stevie 238, 278

Y

Yankee Doodle 136, 151, 243
Yanni 287, 288

Z

Zusatzgeräte 261
Zweite Umkehrung 182
Zweiunddreißigstel 77
Zweiviertheltakt 80
Zwölf-Takt-Schema 231

Diese Bücher könnten Sie auch interessieren

M. Pawlak und R. Pawlak

Klavierakkorde für Dummies

1. Auflage 2018   **ISBN:** 978-3-527-71546-6

373 Seiten

Format: 176 mm x 240 mm

Ladenpreis: 22,- €*

Zum Klavierspielen sind sie unerlässlich: die Akkorde. In "Pianoakkorde für Dummies" lernen Sie über 600 Akkorde kennen und einsetzen.

M. Renaud

Klavier für Wiedereinsteiger für Dummies

1. Auflage 2021   **ISBN:** 978-3-527-71838-2

380 Seiten

Format: 176 mm x 240 mm

Ladenpreis: 24,- €*

Möchten Sie Ihre Klavier-Kenntnisse auffrischen? Dieses Buch bietet Ihnen ein gut durchdachtes Programm für zwei Monate. Gewinnen Sie anhand von kurzen Übungen und ersten kleinen Musikstücken Ihre Fingerfertigkeit zurück. Hilfreich dabei: Videos der Übungen zum Download.

M. Pilhofer, H. Day und O. Fehn

Notenlesen für Dummies Pocketbuch

2., aktualisierte Auflage 2017   **ISBN:** 978-3-527-71271-7

125 Seiten

Format: 105 mm xx 165 mm

Ladenpreis: 6,99 €*

Verstehen Sie bei einem Blick auf ein Notenblatt nur Bahnhof? Mit diesem Buch können Sie etwas dagegen tun und spielend leicht Noten lesen lernen, um Ihr musikalisches Potenzial enorm zu erhöhen. Jetzt mit praktischen Übungen!

*Der €-Preis gilt nur für Deutschland. Preisänderungen und Irrtümer vorbehalten.

www.ingramcontent.com/pod-product-compliance
Lightning Source LLC
LaVergne TN
LVHW060136080526
838202LV00049B/4006